Waldemar Czuchra

UML in logistischen Prozessen

Aus dem Programm

Datenbanken und Softwareentwicklung

Grundkurs Java
von D. Abts

Softwareentwicklung – kompakt und verständlich
von H. Brandt-Pook und R. Kollmeier

Software Engineering
von R. Dumke

SQL mit ORACLE
von W.-M. Kähler

Grundkurs Software-Engineering mit UML
von S. Kleuker

Grundlegende Algorithmen mit Java
von D. Logofătu

Grundkurs Software-Entwicklung mit C++
von D. May

Java will nur spielen
von S. E. Panitz

Objektorientierte Systementwicklung
von K.-H. Rau

Grundkurs Algorithmen und Datenstrukturen in JAVA
von A. Solymosi und U. Grude

Management der Software-Entwicklung
von C. Steinweg

Profikurs Eclipse 3
von G. Wolmeringer und T. Klein

Waldemar Czuchra

UML in logistischen Prozessen

Graphische Sprache zur Modellierung der Systeme

Mit 120 Abbildungen und 4 Tabellen

STUDIUM

VIEWEG+
TEUBNER

Bibliografische Information der Deutschen Nationalbibliothek
Die Deutsche Nationalbibliothek verzeichnet diese Publikation in der Deutschen Nationalbibliografie; detaillierte bibliografische Daten sind im Internet über <http://dnb.d-nb.de> abrufbar.

Höchste inhaltliche und technische Qualität unserer Produkte ist unser Ziel. Bei der Produktion und Auslieferung unserer Bücher wollen wir die Umwelt schonen: Dieses Buch ist auf säurefreiem und chlorfrei gebleichtem Papier gedruckt. Die Einschweißfolie besteht aus Polyäthylen und damit aus organischen Grundstoffen, die weder bei der Herstellung noch bei der Verbrennung Schadstoffe freisetzen.

1. Auflage 2010

Lektorat: Christel Roß | Walburga Himmel

Vieweg+Teubner Verlag ist eine Marke von Springer Fachmedien.
Springer Fachmedien ist Teil der Fachverlagsgruppe Springer Science+Business Media.
www.viewegteubner.de

Umschlaggestaltung: KünkelLopka Medienentwicklung, Heidelberg

Gedruckt auf säurefreiem und chlorfrei gebleichtem Papier.

ISBN 978-3-8348-0796-0

Vor-Vorwort

„Vorwörter liest doch eh keine Sau" hatte angeblich Harald Schmidt reagiert, als ihn Eckart von Hirschhausen gebeten hat, ein Vorwort zu seinem Bestseller zu schreiben[1] . Diese Behauptung mag stimmen. Trotzdem würde ich Ihnen, liebe Leserinnen und Leser, empfehlen, das Vorwort doch zu lesen. Aus dem einfachen Grunde, dass Sie herausfinden können

- ob Sie das richtige Buch in der Hand halten,
- wie Sie es lesen sollten, falls die obige Bedingung erfüllt ist.

Ich hoffe, dass die Antwort auf die erste Frage auch nach dem letzten gelesenen Kapitel genauso lautet und „JA" heißt.

[1] E. von Hirschhausen : *Die Leber wächst mit ihren Aufgaben,* Rowohlt Verlag, 2008

Vorwort

Für wen ist dieses Buch?

Die Fortschritte in der Kommunikation zwischen den Menschen kann man ohne Zweifel als Beschleunigungsfaktor der Weltentwicklung betrachten. Diese Fortschritte können in mehreren Dimensionen ihre Ausprägung haben. Die Ideen und Gedanken erreichen die Menschen schneller, zuverlässiger, umfangreicher und kostengünstiger. Des Weiteren sind die Informationen einfacher zu reproduzieren, und die Anzahl der potenziellen Empfänger vergrößert sich.

Abgesehen von der telepathischen Übertragung der Gedanken, die außerhalb der Betrachtung in diesem Buch stehen, haben die Menschen hauptsächlich zwei Wege, um zu kommunizieren: das gesprochene Wort und das auf einem Medium festgehaltene Wort bzw. Bild. In der Menschheitsgeschichte hat es viele Medien zur Speicherung der Gedankenübertragung gegeben. Angefangen mit der Felswand mit den realistischen Abbildern von größeren Tieren in der Höhle von Lascaux im Tal der Vézère, über Papyrus und Inschriften an den Tempeln in der Antike, Pergament aus Tierhäuten im mittelalterlichen Europa bis zum Papier. Heutzutage findet dies auf magnetischen, elektronischen und optischen Speichermedien statt.

Die Anerkennung in dem positiven (aber leider auch im negativen) Sinne des Einzelnen wächst immer mit dem Verbreitungsgrad seiner Gedanken, Ideen, Erzählungen, Bilder oder Befehle. Sie hängt auch davon ab, wie und ob die Botschaften des Verfassers wahrgenommen werden können.

Das Sprichwort „Ein Bild sagt mehr als tausend Worte" hat bestimmt jeder mehrmals gehört. Am 8. Dezember 1921 veröffentlichte Fred R. Barnard in einer Zeitschrift der Werbebranche, *Printers' Ink*, eine Anzeige mit dem Slogan „One Look is Worth A Thousand Words" [1]. Die Anzeige warb für den Gebrauch von Bildern in Werbeaufdrucken auf Straßenbahnen. Einen Mehrwert von Bildern gegenüber ausschließlichem Text kann keiner in der modernen Gesellschaft bestreiten.

1 Wikipedia - http://de.wikipedia.org/wiki/Ein_Bild_sagt_mehr_als_tausend _Worte

Sehr komplexe und komplizierte Sachverhalte lassen sich mit den Bildern einfacher, schneller, verständlicher erklären. Der Mensch besitzt die Fähigkeit, den Inhalt eines Bildes schneller zu erfassen und diesen sich einzuprägen, als den Inhalt einer entsprechenden textuellen Beschreibung des gleichen Sachverhaltes.

Um die Systeme, Anlagen und gesellschaftlichen Strukturen gestalten zu können, die wegen der Komplexität immer mehr Beteiligte benötigen, müssen diese Mitwirkenden miteinander kommunizieren. Schon Leonardo da Vinci skizzierte beispielsweise Fluggeräte, um seine Ideen darzustellen. Die Ingenieure bringen die Konzepte ihrer Anlagen und die Architekten ihre Bauwerke in der Form technischer Zeichnungen zu Papier. Zum Beispiel haben bei der Entwicklung des berühmten Jumbo Jets Boeing 747 2700 amerikanische Konstrukteure ca. 75000 Zeichnungen erstellt [18]. Die bildhafte Darstellung von Konzepten ist aus dem Ingenieurwesen nicht wegzudenken.

In Folge der Softwareherstellung entstehen meist nicht greifbare Produkte, was im Kontrast zu den Anlagen des Maschineningenieurs zu sehen ist. Die Flüchtigkeit und physische Gestaltlosigkeit kennzeichnen das Arbeitsresultat eines Informatikers. Deshalb mussten viele Jahre vergehen, bis eine graphische Ausdrucksweise entstand, um den Aufbau einer Software darzustellen. Es ist die Rede von UML – *Unified Modeling Language*. **Im Weiteren werden wir kurz über die Entstehung von UML und sehr ausführlich über die Konzepte dieser grafischen Sprache berichten. Das Ziel des Buches ist, den Leser mit den Einzelheiten der UML vertraut zu machen und ihn zum UML-Einsatz zu motivieren.**

Die DV-Systeme erhalten in der modernen Welt überall eine höhere Präsenz – beginnend mit der Steuerung einer Spülmaschine in der Küche bis zu einem Roboter auf dem Mond. Genauso sind sie in der Umgebung eines Logistikers unerlässlich. Ich nehme hier nur Bezug auf zwei Zitate: „Da der Austausch von Daten und Informationen sowie Wissen zwischen Unternehmen eine übergeordnete Rolle spielt, wird das Supply Chain Management zukünftig enorm vom Internet profitieren“ [7, S.289]. Oder: „… sich die logistische Leistung eines Systems im Sinne der Erbringung eines optimalen Lieferservice zu minimalen Kosten nur dann erreichen lässt, wenn Materialfluss und Informationsfluss aufeinander abgestimmt werden. In vielen Fällen bedeutet dies auch, einen dem physischen Materialfluss vorauseilenden Informationsfluss zu schaffen … „ [13, S.16]. In der letzten Aussage sollte das Wort „vorauseilenden“ dick unterstrichen werden.

Die logistische Leistung besteht nicht nur darin, die Ware von A nach B zu liefern, sondern auch die Informationen über den Zeitpunkt der

Lieferung, Zusammensetzung der Lieferung, Transportmittel, Verpackung, Gefahrstoffrelevanz, usw. vor dem Eintreffen der Ware bereitzustellen. Erst dann können die logistischen Prozesse am Empfangsort optimal organisiert werden. Dadurch agiert der Logistiker immer öfter als der Gestalter des Informationsflusses. Wenn die Weitergabe der Informationen einwandfrei gemanagt wird, fließt die Ware hinterher „fast von selbst".

Deshalb wird sich zukünftig der Logistiker mehr und mehr vom „Logistiker der Warenströme" zum „Logistiker der Datenflüsse" wandeln. Logistiker übernehmen immer öfter die Leitung bei DV-Projekten und bei der Einführung von DV-Systemen in Unternehmen oder nehmen einen immer größeren Einfluss. Damit diese Verfahren optimal verlaufen können, scheint der Bedarf an einer reibungslosen Kommunikation zwischen dem Logistiker und dem Informatiker unerlässlich. Dies kann gewährleistet werden, wenn die beiden eine gemeinsame Sprache sprechen. UML hat sich als Standard (seit 1997) etabliert. Mittlerweile wurden auch zahlreiche Tools für die Erstellung der Diagramme in UML entwickelt. Deshalb ist es wichtig, dass auch Logistiker diese Sprache nicht nur passiv, sondern auch aktiv einsetzen können.

In diesem Buch wird gezeigt, wie man die logistischen Prozesse und Strukturen in UML darstellen kann, um dadurch die Anwendung dieser Sprache in der Praxis zu erleichtern bzw. zu deren Anwendung zu motivieren.

Ausgehend von der Annahme, dass das Buch nicht primär für Informatiker vorgesehen ist, werden nicht alle möglichen Elemente und Details des UML-Standards dargestellt. Der Fokus wird auf die am häufigsten verwendeten Diagramme gelegt. Dazu zählen Nutzfall-, Klassen-, Interaktions-, Aktivitäts-, Zustands- und Paketdiagramme. Statt auf formale Feinheiten wird das Augenmerk auf verständliche Erklärung der Syntax und Semantik der Diagramme gelegt.

Durchgehend werden die Sprachelemente von UML vorwiegend mit Beispielen aus der Logistik vorgestellt. Jedoch werden auch Beispiele aus anderen Anwendungsgebieten wie Bankwesen, Verwaltung oder Technik verwendet, um zu zeigen, dass UML eine domänenübergreifende Sprache zur Beschreibung von Systemen geworden ist. Dadurch hoffen wir, dass dieses Buch auch für Informatiker von Interesse sein könnte.

"Individuals and interactions over processes and tools" (Individuen und Interaktionen gelten mehr als Prozesse und Tools) lautet einer der 4 „agilen Werte" [19]. Sie bilden das Fundament der modernen Softwareentwicklung – der agilen Softwareentwicklung. Die UML trägt

zur Stärkung der Kommunikation der Individuen während der Softwareentwicklung bei. Der Anspruch des Buches ist, die Leserinnen und Leser besser zur Mitwirkung an den aktuellen DV-Projekten vorzubereiten.

Wie soll das Buch gelesen werden?

Dem Leser, der bisher über keine Kenntnisse der UML verfügt bzw. sich nur flüchtig einige UML-Diagramme angeschaut hat, wird geraten, sich mit allen Kapiteln des ersten Teils auseinander zu setzten. Dort wird ein Einblick in die Elemente und Bedeutung der am häufigsten eingesetzten Diagramme gegeben.

Das Kapitel 1 „Einführung" beschäftigt sich mit der Vorstellung der zugrundeliegenden Konzepte der Modellierung im Allgemeinen und speziell mit der Modellierung durch UML. Des Weiteren wird auch kurz auf die Entstehung des UML-Standards eingegangen. In der Einführung werden auch die UML-Diagramme kurz vorgestellt.

Die Kapitel des ersten Teils sollen möglichst linear bearbeitet werden, da einige der dort verwendeten Beispiele aufeinander aufbauen. Durch eine andere Lesefolge kann die Nachvollziehbarkeit erschwert werden. Jedes Kapitel schließt mit den Testfragen ab.

Die Kapitel des zweiten Teils können schon nach berechtigtem Interesse an den gewissen Diagrammtypen frei gewählt gelesen werden. In diesen Kapiteln beschäftigt man sich mit der Darstellung solcher Elemente der Diagramme, die den Detaillierungsgrad der Modellierung steigern und dadurch die Systeme noch umfassender spezifiziert werden können.

Wie sollen die Beispiele im Buch wahrgenommen werden?

Nicht ohne Grund wurde der Titel diese Buches „UML in logistischen Prozessen" und nicht etwa „Logistische Prozesse in UML" gewählt. Die Gestaltung des Titels sollte auf den Schwerpunkt des Buches hindeuten. Es werden nicht die Logistikprozesse in ihrer Gesamtheit und Komplexität beschrieben und als Beschreibungstool die UML verwendet. **Das Ziel ist die UML vorzustellen und mit ausgewählten Beispielen aus der Logistik diese zu veranschaulichen.**

Aus diesem Grund dürfen die im Folgenden vorzufindenden Beispiele in keinem Fall als abgeschlossene Darstellungen bestimmter Systeme wahrgenommen werden. Sie stellen in keinem Fall das Modell eines konkreten Systems dar und beziehen sich auf viele unterschiedliche Logistikbereiche. Um die Beispiele übersichtlicher zu halten, wurde auf viele Elemente des Systems verzichtet, die in einem echten Modell vorkommen werden. Diese müssten aber aus der UML-Perspektive keine neue Kategorie darstellen.

OnlinePlus - Service

Begleitend zum Buch werden im Internet auf den Verlagsseiten einige Zusatzmaterialien zur Verfügung gestellt. Es handelt sich dabei um:

- Abbildungen zu den einzelnen Kapiteln im jpg-Format
- Projektdateien, erstellt mit dem Programm „Visual Paradigm for UML 7.0". In dieser Software wurden die UML Diagramme für das Buch verfasst. Dadurch erhält der Leser die Möglichkeit selber die Diagramme zu modifizieren.
- Antworten zu den Testfragen, die jeweils am Ende der Kapitel 1 bis Kapitel 11 gestellt werden.

Die Dateien mit den entsprechenden Inhalten finden Sie unter http://www.viewegteubner.de und der Angabe der ISBN bzw. des Buchtitels oder des Verfassers und dem Klick auf das nebenstehende Symbol.

Danksagungen

Seit vielen Jahren unterrichtet der Autor angehende Logistiker im Fach Software Engineering. Ein Bestandteil dieses Unterrichts ist auch die UML. Durch die Korrektur der studentischen Projekte hat sich eine gewisse Sensibilität entwickelt, welche Begriffe einfacher und welche schwieriger wahrgenommen werden. Diese Erkenntnis wurde bei der Gestaltung des Buches angewendet. Daher geht der erste Dank an alle Studentinnen und Studenten des Studiengangs Transportwesen/Logistik der Hochschule Bremerhaven. An dieser Stelle möchte ich mich bei meinem (noch) Studenten C. Wiehe bedanken, der sich mit der Korrektur des Texts beschäftigt hat. Der besondere Dank geht an die Absolventen und schon seit vielen Jahren tätigen Logistikpraktiker, die entweder das Manuskript gelesen und Ihre Verbesserungen vorgeschlagen haben bzw. von denen die Ideen für einige Beispiele stammen. Zu diesem Kreise zählen die Dipl. Wirtschaftsingenieure Klaus Hillmer, Sebastian Kiel und Nikolai Wessalowski. Mein ganz besonderer Dank gilt Prof. Hans Rummel und Herrn Michael Lose. Ich bedanke mich auch für die angenehme Zusammenarbeit mit den beiden Mitarbeiterinnen des Verlages, Frau Dr. Christel Roß und Frau Walburga Himmel.

im Juni 2010 Waldemar Czuchra

Inhaltsverzeichnis

Teil 1

Die ersten Schritte

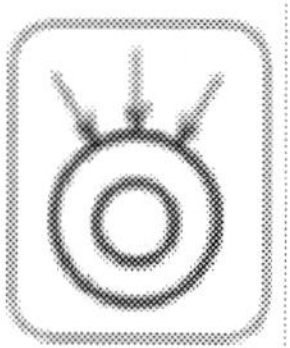

1 Einführung

Der Logistiker hat im Rahmen seiner Tätigkeit vielfältige operative und strategische Herausforderungen zu meistern. Entscheidungen im operativen Bereich betreffen zumeist nur einen kurzen Zeithorizont und geringe wirtschaftliche Folgen für das Unternehmen. Zweifellos bestimmen sie in der Summe das finanzielle Ergebnis und die Stärke eines Unternehmens in vielerlei Hinsicht. Operative Entscheidungen basieren vorwiegend auf zuvor in Unternehmen entwickelten wiederkehrenden Verfahren. Hingegen stellen sich strategische Herausforderungen nicht tagtäglich. Ihr Zeithorizont ist wesentlich länger, und die wirtschaftlichen Konsequenzen können über das florierende Geschäft entscheiden oder den Weg in den Konkurs bedeuten.

Stellen Sie sich bitte einmal vor, Sie wären Hafenbetreiber, beipielsweise des Überseehafens Bremerhaven, und es ist Ihnen ein Container verloren gegangen. Die Suche nach dem Container auf einer Fläche von rund 3.000.000 m^2, das entspricht in etwa der Fläche von 360 Fußballfeldern, dürfte sich zumindest als schwierig, wenn nicht sogar aussichtlos gestalten. Nun wird dieses Buch keine Lösung für das konkret beschriebene Problem liefern können. Aber es wird diesem Problem auf einer abstrakteren Ebene begegnet: Wie lautet eine Methode, um einen verlorenen Container zu finden. Und noch genauer: Wie kann solch eine Methode, falls sie existiert, beschrieben werden, damit alle Beteiligten sie verstehen und umsetzen können. Möglicherweise kann mit Hilfe dieser Beschreibung als Grundlage eine Software erstellt werden und das alles mit dem ehrgeizigen Ziel, zukünftig mit der Hilfe einer guten Software einen verlorenen Container mit geringerem Aufwand wieder zu finden.

Sie sind eingeladen, sich mit kreativen Aufgaben dieser Art zu beschäftigen. Mit Aufgaben von großer Komplexität, deren Struktur unbekannt bzw. undurchsichtig ist und auf denen der Umgebungseinfluss schwer zu erfassen scheint. Für diesen Zweck braucht man ein Modell, das das Verständnis der Struktur und des Verhaltens solcher komplexen Aufgaben bzw. Systeme überhaupt ermöglicht.

1.1 Modellierung in der Technik

Die Aufgabe eines Modellierers, d.h. eines Menschen oder Teams, kann man beispielsweise mit der Aufgabe eines Kartographen vergleichen [32]. Falls die Karte die geographischen Gegebenheiten wahrheitsgemäß wiedergibt, befindet sich jeder, der diese Karte nutzt und die Bezeichnungen auf der Karte versteht, in der Lage, das gewünschte Ziel zu erreichen. Jeder Disponent und jeder Fahrer weiß es zu schätzen, wenn ihm eine Anfahrt zu einem angepeilten Ort auf der Karte skizziert wird. Dies ist besonders wertvoll, sofern plötzlich ein unerwartetes Ereignis eintrifft – ein Unfall hat sich ereignet oder eine Demonstration findet statt und Straßen sind gesperrt. Einen Umweg in einer unbekannten Stadt ohne Karte zu finden, das erscheint schwierig zu sein – mit einer Skizze kann man zumindest eine richtige Richtung der weiteren Fahrt bestimmen.

Schichten

Die Karte besitzt noch weitere Eigenschaften, die aus Sicht der Modellierung sehr wichtig sind. Sie stellt eine schichtweise Beschreibung einer Gegend dar. Wenn man von einer Stadt zur anderen fährt, dann reicht vorerst die Karte mit dem Netz der Autobahnen. Wenn man die Stadt bereits erreicht hat, dann wird der Stadtplan unerlässlich. Sofern man sich schließlich dem Werksgelände genähert hat, dann wird der Lageplan der Produktionshallen, Lager und Bürogebäude unvermeidbar, um das richtige Tor zu erreichen. Die Karten, in Form des Autobahnnetzes, des Stadtplans und Lageplans, stellen die immer detaillierteren Schichten der Gegend dar. Der gleiche Ansatz wird bei der Modellierung der Systeme betrachtet. Es wäre nicht rational gewesen, die Darstellung der ganzen Route mit der Beschreibungsgenauigkeit eines Lagers zu erstellen. Wir benötigen unterschiedliche Sichten eines Systems, sonst ist die Komplexität sehr schwer zu bewältigen.

Notation

Die zweite Eigenschaft der Karte, die angesprochen werden muss, ist ihre Notation (so wird dies in der Informatik genannt). Auf der Karte entspricht sie der Legende. Mit ihrer Hilfe erfährt man beispielsweise, dass die rote, breite Linie eine Autobahn darstellt, und die weiß gestreifte hingegen deutet auf eine geplante. Das Zeichen Ⓟ steht für einen Parkplatz und das Zeichen ✞ symbolisiert eine Kirche auf der Karte. Diese Symbolsprache der Karten ist auf der ganzen Welt fast gleich.

Um das Modell zu beschreiben, wird eine Darstellungssprache benötigt, die möglichst einfach, eindeutig und erweiterbar ist. Sie sollte außerdem standardisiert sein, damit alle Beteiligten unter denselben Symbolen das gleiche verstehen – damit die Automaten bzw. Roboter diese immer auf dieselbe Art und Weise interpretieren können. Somit wird eine Situation angestrebt, in der wir, als intelligente Wesen, durch die Modelle vorgeben, wie Systeme, Produkte, Objekte auszusehen haben und Maschinen daraus entsprechende Konstruktionspläne erstellen können.

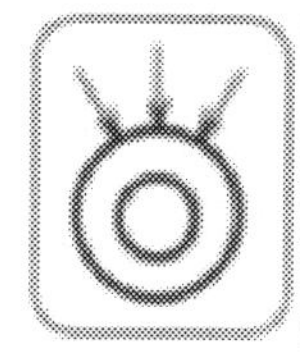

Dynamik

In dem Kartenbeispiel wurde bislang die Karte nur als eine statische, passive Darstellung der Welt aufgezeigt. Betrachten wir nun die Karte eines Navigationssystems, das in einem Fahrzeug verwendet wird. Diese Systeme empfangen TMC (*Traffic Message Channel*) Verkehrsmeldungen, die von einem Navigationssystem angezeigt und direkt zur Routenplanung genutzt werden können. Dadurch werden z.B. Staus auf der Autobahn dargestellt, d.h. Situationen, die nur zeitlich begrenzt existieren. Es gibt auch Navigationssysteme bei denen die Auflösung der Karte mit der Geschwindigkeit des Fahrzeugs variiert. Auf diese Weise wurde die dritte Eigenschaft einer Karte entdeckt, die, aus der Sicht der Modellierung, von großer Bedeutung ist. Die Rede ist von der Dynamik. Die Modelle sollen „leben" können, d.h. von einem Zustand zu einem anderen wechseln können. Diese Änderungen können durch äußere oder innere Einwirkungen entstehen und das innere Verhalten des Systems wiedergeben.

Es wurden in den vorangegangen Ausführungen drei wichtige Aspekte eines Modells angesprochen:

- schichtweise Darstellung
- eindeutige, simple Notation
- Berücksichtigung der Dynamik

Die Sprache, die zur Beschreibung der Modelle benötigt wird, sollte über diese Eigenschaften verfügen.

Vor der Begriffsdefinierung des Modells wird vorerst ein Begriff eingeführt, dessen Verständnis bei der Modellierung unverzichtbar ist.

Abstraktion

> Abstraktion ist eine selektive Analyse bestimmter Aspekte eines Problems bzw. eines Systems, in dem wichtige Aspekte unter Berücksichtigung des ausgewählten Ziels isoliert und unwichtige Aspekte ignoriert werden.

In der Philosophie bezeichnet Abstraktion oft eine Art des Denkens. Von konkreten Objekten der Wirklichkeit (etwa dieser Baum hier, jener Baum dort usw.) werden allgemeine Eigenschaften „abgezogen", aus denen dann allgemeine Begriffe entwickelt werden (etwa: die Gattung Baum). Dazu muss offenbar von bestimmten individuellen Eigenschaften der konkreten Objekte abgesehen werden, sodass die abstrahierten Merkmale auch auf mehrere andere Objekte zutreffen[1].

Modell

Ein Modell ist eine Abstraktion, die dazu dient, ein System zu verstehen [28].

Im Original wird diese Definition noch um einen Zusatz erweitert „... bevor es gebaut wird“[2]. Diese Einschränkung wurde hier weggelassen, da die Modelle nicht nur erstellt werden, um neue Dinge zu erschaffen. Auch werden diese konstruiert, um bereits existierende Systeme zu repräsentieren, um ihre Struktur bzw. das Verhalten besser zu verstehen. Bei Ausbildungen oder Schulungen kommen diese Modelle sehr häufig zum Einsatz.

Der Mensch nutzt verschiede Arten der Modelle wie:

- Architekturmodelle für Bauherren,
- maßstabsgetreue Flugzeugmodelle zum Testen in einem Windkanal,
- Bleistiftskizzen für Skulpturen.

Sie werden erstellt, um

- ein physikalisches System zu verstehen und zu testen, bevor es gebaut wird,
- Struktur und Verhalten zu spezifizieren und sie zu dokumentieren,
- Verringerung der Komplexität zu erreichen,
- Kommunikation mit dem Kunden zu ermöglichen und zu vereinfachen (durch Visualisierung).

Mathematische Modellierung

In der mathematischen Modellierung, die ihren Einsatz vor allem in Bezug auf technische Systeme findet, setzt sich ein Modell aus einer Menge von Variablen und Funktionen, die die Eigenschaften des Systems vertreten, zusammen. Die Variablen sind Argumente von Funktionen, wodurch Beziehungen zwischen den Variablen dargestellt werden. Der Modellierer kann die Werte dieser Variablen ändern und dadurch mit dem Modell experimentieren.

Mit der graphischen Modellierungssprache UML werden jedoch keine Strukturen und Verhaltensweisen des Systems durch Variablen und Funktionen beschrieben. Dazu werden verschiedene Diagrammtypen und Diagrammelemente genutzt. Der Vorteil dieser Art der

1 Wikipedia - http://de.wikipedia.org/wiki/Abstraktion

2 In dem neuesten Buch [3], bei dem einer der Verfasser von [28] mitgeschrieben hat, findet man den oben angesprochen Zusatz nicht.

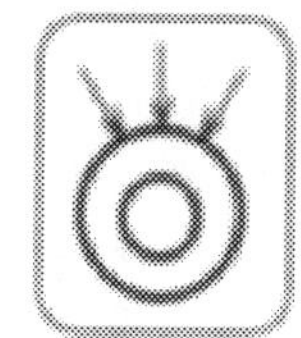

Modellierung besteht darin, dass sie verständlicher und übersichtlicher ist und sich für eine weit größere Anzahl der realen Systeme eignet. Dagegen ist die mathematische Modellierung wesentlich präziser. Zugleich verlangt sie aber ein gewisses mathematisches Verständnis, was bei vielen Benutzern fehlt.

Die Modellierung wird in eine *black-box*-Modellierung und in eine *white-box*-Modellierung unterteilt. Die Art der Information, die der Modellierer über das jeweilige System besitzt, bestimmt die Wahl des Ansatzes.

black- und white-box Modell

Das black-box-Modell stellt das System dar, von dem wenig gewusst wird. Bekannt ist lediglich die Menge der Input- und Outputvariablen. Durch Manipulation des Inputs und Beobachtung des Verhaltens des Outputs wird versucht, auf ein Wissen über das System zu schließen. Das white-box-Modell hingegen stellt ein System dar, in dem der Aufbau und die Funktionsweise des Systems bekannt sind. In der Realität finden sich die Modelle meist zwischen diesen zwei Extremen wieder.

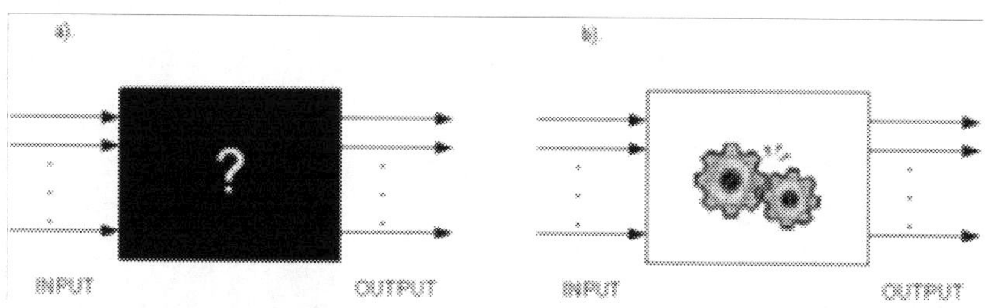

Abbildung 1-1 Modellierungsarten. a) black-box-Modellierung, b) white-box-Modellierung.

Durch den Einsatz der UML ist man der white-box-Modellierung näher als der black-box-Modellierung. Es treten dabei zwei Situationen auf. Im ersten Fall wird das existierende System modelliert, um es besser zu verstehen oder weil es verändert werden soll. Dies bedeutet, dass die aktuelle Struktur und das Verhalten bekannt sind. Im zweiten Fall wird erst ein zu erstellendes System modelliert. Die Struktur und das Verhalten werden nur in Form von Konzepten und Vorstellungen festgehalten, trotzdem sind sie bekannt. An dieser Stelle ist dahingestellt, ob sich so ein Konzept des Systems in der Wirklichkeit als tauglich erweisen wird.

1.2 Rolle des Objektes in der Modellierung

Im Vorwort wurde darauf hingewiesen, dass die Kommunikation zwischen den Menschen als Voraussetzung für den Fortschritt angesehen wird. Der Fortschritt besteht unter anderem darin, dass neue Produkte, Anlagen und Einrichtungen entstehen. Sie werden im Rahmen des Buches, unabhängig des Umfangs, als Systeme[3] bezeichnet. Bei der Herstellung von technischen Systemen werden vorwiegend diese drei Rollen der Stakeholder (der Begriff Stakeholder wird in Kapitel 2.1 definiert) betrachtet:

Beteiligte - Rollen

- Auftraggeber – damit ist derjenige gemeint, der sich die Herstellung eines Systems wünscht,
- Auftragnehmer – ist derjenige, der dieses System tatsächlich herstellt,
- Nutzer – ist einer, der das System verwendet.

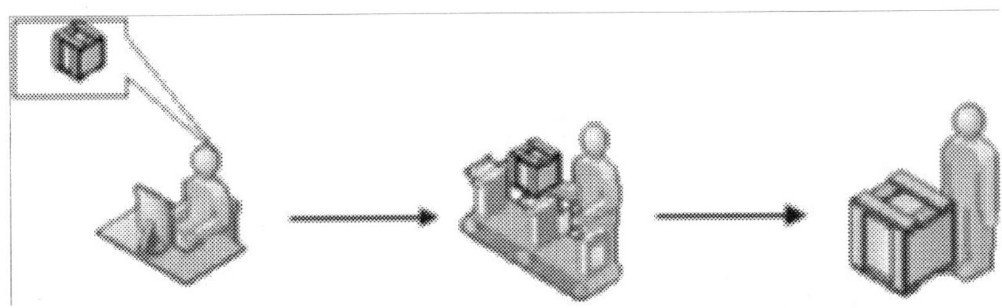

Abbildung 1-2: Auftraggeber – Auftragnehmer – Nutzer

An dieser Stelle wird speziell von „Rollen" und nicht von Beteiligten gesprochen, da ein physischer Beteiligter in besonderen Fällen zwei oder sogar alle drei Rollen gleichzeitig wahrnehmen kann. Abgesehen von diesem Fall, dass der Auftraggeber und Auftragnehmer dieselbe Person, dasselbe Team oder Unternehmen sind, müssen beide Rollen miteinander kommunizieren, um das System herzustellen. Ein Auftrag entsteht als Ergebnis dieser Kommunikation. Nur selten findet dies durch einen einmaligen Akt statt.

3 An dieser Stelle wird bereits das abstrakte Denken gefragt: wegen seiner Komplexität könnte man, ohne Zweifel, für den Motor eines LKW die Bezeichnung „System" verwenden. Ist aber eine Schraube in diesem Motor auch ein System? Aus der atomaren Perspektive – doch. Das könnte maßlos übertrieben erscheinen, kommt aber der Verallgemeinerung des Ansatzes zu gute.

Normalerweise besteht ein ständiger Austausch von Informationen. In dem Auftrag wird das System spezifiziert, d.h. seine Eigenschaften und Funktionalität werden festgehalten.

Die Spezifikation des Systems soll für alle Rollen verständlich sein. Die Bedeutung der verwendeten Begrifflichkeiten muss für alle Beteiligten dieselbe sein. Sofern dies nicht 100%-ig gewahrt wird, können die folgenden Beschwerden auftreten:

- Das gelieferte System stellt nicht das gewünschte System dar. (Auftraggeber)
- Welche Anforderungen wurden eigentlich an das System gestellt? (Auftragnehmer)
- Das System besitzt keinen Schutz gegenüber Dritten. (Auftraggeber)
- Die Funktionen des Systems sind nicht ergonomisch gestaltet. (Auftraggeber)
- Verspätung in der Herstellung ist durch den Preisdruck des Auftraggebers entstanden. (Auftragnehmer)
- usw.

Jeder, der schon an einigen Projekten als Auftraggeber bzw. als Auftragnehmer beteiligt war, kann diese Liste bestimmt um weitere Punkte erweitern. Gibt es trotzdem eine Gegenmaßnahme? Die Antwort auf diese Frage lautet „ja", falls eine systematische, überlegte Methode der Herstellung existiert und angewendet wird. Sofern nicht alle oben beschriebenen Beschwerden, vermieden werden können, so werden sie zumindest reduziert. Die Methode umfasst drei grundsächliche Elemente:

- Notation – Modellierungssprache, die zum Beschreiben des Systems verwendet wird,
- Technik – Sammlung von Richtlinien, die das Vorgehen zur Erstellung eines Systemmodells beschreiben,
- Technischer Prozess – geordnete Folge der Arbeitsgänge, um das System herzustellen.

Software Engineering

Dieser Ansatz existiert seit langem in verschiedenen etablierten ingenieurmäßigen Ansätzen menschlichen Schaffens, wie im Maschinenbau, Gebäudebau oder in der Rohstoffgewinnung. In der Herstellung von Computerprogrammen, die im Vergleich zu den zuvor genannten Bereichen noch relativ jung ist und wobei der Herstellungsprozess stark intellektuell geprägt ist, fehlte lange Zeit eine gängige Methode – Software Engineering. Erst 1997 wurde ein erster Standard für die Notation in Software Engineering veröffentlicht (zu der Entstehung von UML in Kapitel 1.4 mehr). Die UML 1.0 und ihre weiteren Nachfolgerversionen sind vergleichbar mit den technischen Zeichnungen der klassischen Ingenieurswissenschaft. Diese werden jedoch schon seit „geraumer" Zeit genutzt. Daher existieren dafür schon entsprechende Normen (z.B. Bemaßung bei technischen Zeichnungen oder Standardisierung von Kommunikationsprotokollen).

In der Notation von UML spielt der Begriff Objekt eine herausragende Rolle. Das System kann selber ein Objekt sein, wird aber vielmehr als ein Teil des Systems verstanden. In Software Engineering werden auch virtuelle Objekte benötigt. Aus diesem Grund wird die Definition dieses Begriffs allgemeiner gefasst, damit nicht nur physische Objekte darunter verstanden werden können.

Objekt

Ein Objekt ist ein Ding, über das wir denken und reden können [26].

Für den Bedarf der Systemmodellierung reicht es, wenn von dieser philosophischen Definition ein wenig abgerückt und sie enger ausgelegt wird. In [28] findet man folgende Formulierung: „Ein Objekt ist einfach eine Sache oder ein Konzept, die bzw. das in einem bestimmten Anwendungskontext eine Bedeutung besitzt". Und noch eine weitere Definition, die sehr im Sinne der UML ausgedrückt wurde:

Ein Objekt ist ein Ding, das über Eigenschaften und Verhalten verfügt und Beziehungen zu anderen Objekten unterhalten kann.

In dem Herstellungsprozess eines Systems geht es darum, die Objekte in der Modellierung so zu erfassen, dass die Eigenschaften, Beziehungen und das Verhalten genauso vom Auftraggeber und Auftragnehmer wahrgenommen werden.

Werden die Betrachtungen auf Software Engineering beschränkt, dann würde es selten den Fall geben, dass der Informatiker als Auftragnehmer die Domäne des Auftraggebers kennt – das Fachvokabular beider Parteien hat nur eine kleine Schnittmenge.

Anwendungsdomäne

Für die reibungslose Kommunikation zwischen den beiden Rollen ist es wichtig, bedeutungsvolle Objekte in der Modellierung zu wählen und diese richtig zu beschreiben. In der Modellierung, im Rahmen der Software Engineering, hat sich der Ansatz durchgesetzt, dass die Objekte, zumindest in der Analyse- und Entwurfsphase, aus der Domäne des Auftraggebers, der später meistens auch der Nutzer sein wird, stammen sollten.

Durch den Begriff Objekt haben beide Partner viele Vorteile. Der Auftraggeber erkennt die Dinge aus seinem Alltag als Objekte. Er

kann ihren Aufbau, ihre Funktionsweise und die Relationen von Objekten gut unterscheiden. Für den Informatiker dürfen die Objekte eine recht komplexe Struktur und ein recht komplexes Verhalten besitzen, die sich aber schichtweise darstellen lassen sollten. Dadurch ermöglichen die Objekte die Verwirklichung der nötigen Abstraktion – die komplexen Objekte setzen sich aus anderen einfacheren Objekten zusammen, diese bestehen wiederum selber aus noch einfacheren Objekten.

Matrjoschka-Prinzip

Das Prinzip kann man mit der bekannten russischen Schachtelpuppe Matrjoschka veranschaulichen. Diese, aus Holz gefertigte, bunt bemalte, ineinander schachtelbare, eiförmige russische Puppe kann zu einem gewissen gewünschten Grad auseinander genommen werden (s. Abbildung 1-3). Dementsprechend besteht die Möglichkeit einer Zerlegung der Struktur des Objektes in der Form, wie es durch den momentanen Bedarf der Analyse vorgeschrieben wird. Falls die Einstimmigkeit über den Aufbau und das Verhalten des Objektes zwischen den Kommunikationspartnern gegeben ist, so muss sich nicht über eine interne Struktur unterhalten werden. Herrscht Uneinigkeit, so wird die äußere Puppe geöffnet und die folgende Holzfigur betrachtet. Dies wird solange fortgesetzt, bis alle Details geklärt sind.

Abbildung 1-3: Matrjoschka-Prinzip

Objektarten

Es werden folgende Arten von Objekten unterschieden

- **konkrete** – z.B. LKW Actros, Hochregallager, Kommissionierauftrag;
- **konzeptionelle** – z.B. FIFO-Strategie, Savings-Heuristik, Zeus.

Wie aus den Beispielen hervorgeht, besteht ein konkretes Objekt aus einer gewissen physischen Form. Somit ermöglicht es uns das Betrachten, Fühlen oder Spüren des Objekts. Folglich können wir diese Gegenstände mit menschlichen Sinnen wahrnehmen oder mit Sensoren bzw. Messgeräten erfassen. Dagegen stellt ein konzeptionelles Objekt ein gedankliches Konstrukt dar.

Identität

Jedes Objekt besitzt eine eigene inhärente Identität – zwei Objekte sind klar voneinander zu unterscheiden. LKW Actros eines Spediteurs mit dem Kennzeichen XY-Z1234 und der andere mit dem Kennzeichen AB-C5678 verfügen über das gleiche Zulassungsgewicht, die gleiche Achsenanzahl, den gleichen Motor und Kraftstoffverbrauch sowie die gleiche Farbe Silber-Metallic. Dennoch sind es zwei individuelle LKW – haben verschiedene Kennzeichen, fahren nacheinander aus dem Garagenhof und werden zur gleichen Zeit, durch zwei unterschiedliche Fahrer gelenkt. Die Eigenschaftswerte zweier oder mehrerer Objekte dürfen gleich sein, stellen aber durch ihre Existenz verschiedene Objekte dar.

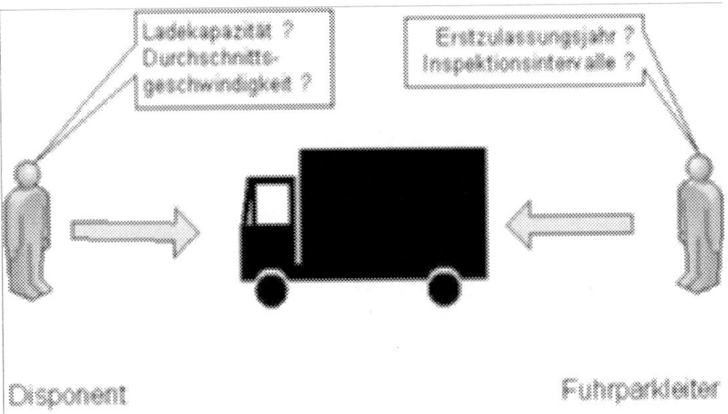

Abbildung 1-4: Unterschiedliche Sichtweisen auf dasselbe physische Objekt

Ein Objekt ist eine Abstraktion eines Dings aus der modellierten Welt mit klaren Abgrenzungen und eindeutiger Bedeutung für die betreffende Domäne. Falls ein LKW aus der Sicht des Disponenten betrachtet wird, dann ist es beispielsweise wichtig, über welche maximale Ladekapazität und Durchschnittsgeschwindigkeit dieser LKW verfügt. Aus der Sicht des Fuhrparkleiters sind dagegen z.B. das Erstzulassungsjahr und die Inspektionsintervalle wichtig. Es ist hier der gleiche physische LKW gemeint, trotzdem findet eine Unterscheidung zwischen dem Objekt LKW in der Disponentendomäne und in der Fuhrparkleiterdomäne statt.

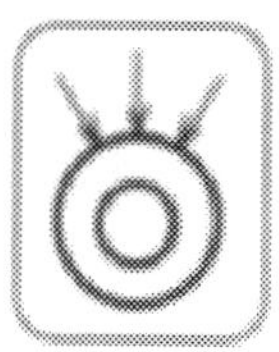

Der objektorientierte Ansatz bei der Modellierung besteht nun darin

- die Objekte in der Problemdomäne zu erfassen,
- die Eigenschaften und das Verhalten der Objekte zu definieren,
- die Struktur der Objekte zueinander zu beschreiben,
- die gegenseitige Beeinflussung der Objekte (die Dynamik des ganzen Systems) zu erfassen.

Objektorientierter Ansatz

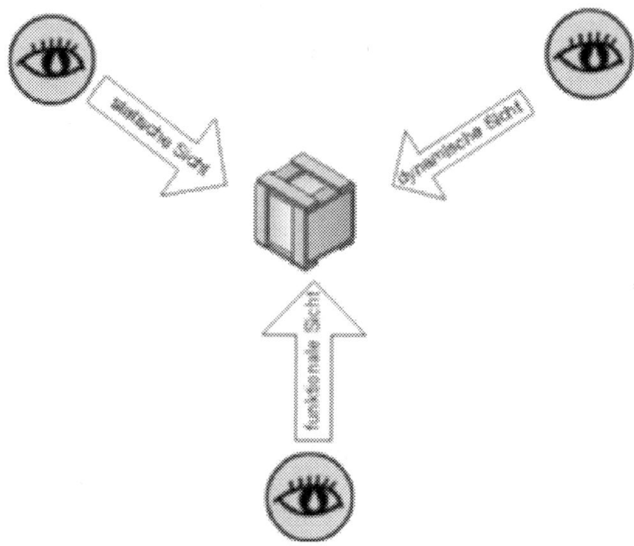

Abbildung 1-5: Drei Blickwinkel auf das Objekt

Dieser Ansatz ist nicht nur für den Auftragnehmer sehr nützlich. Auch wird die Sicht des Auftraggebers durch Objekte verstärkt dargestellt. Wird z.B. ein Lager durch den Logistiker betrachtet, so analysiert dieser zugleich die Eigenschaften wie: Palettenstellplätze, Umschlagszahl, Anzahl der Tore, Gesamtfläche, Betriebskosten, usw. und das Verhalten wie: LKW-Abfertigung, Wareneinnahme, Warenausgang, Kommissionierung, usw. Er untersucht das Objekt ganzheitlich. Die Eigenschaften und das Verhalten sind unzertrennlich, sie bilden eine Einheit. In dem objektorientierten Ansatz wird dies als ein Kapselung-Phänomen eines Objekts (dazu mehr in Kapitel 1.3) erfasst.

Drei Blickwinkel

Wegen der Komplexität mancher Objekte wird Ihre Beschreibung aus drei Blickwinkeln vorgenommen [28]:

- statische Sicht,
- dynamische Sicht,
- funktionale Sicht.

Das statische Modell stellt die zeitunabhängigen, strukturellen, datenbezogenen Aspekte des Objekts bzw. der Menge aller Objekte, die ein System bilden, dar. Wie der Name „statisch" schon besagt, sind Zustandsänderungen in diesem Modell nicht relevant. Das dynamische Modell repräsentiert die verhaltensmäßigen, steuerungsbezogenen Aspekte. Es werden die Operationsfolgen beschrieben, unabhängig davon, was sie tun, worauf sie ausgeführt und wie sie implementiert werden. Um die Übergangs- und Funktionsaspekte zu beschreiben wird das funktionale Modell benutzt. Bei diesem Modell ist es nicht relevant, wie oder wann die Transformationen stattfinden. Um eine vollständige Beschreibung des Objekts zu erhalten, benötigt man jedoch alle drei Typen der Modelle als eine Einheit. Selbstverständlich kann eine Sicht des zu betrachtenden Objekts stärker oder weniger stark ausgeprägt sein.

Wenn wir auf das Beispiel des Lagers zurückgreifen, dann können unter dem statischen Modell u.a. Regalreihen, Gassen, Regalbediengeräte und Lagerverwaltungssoftware verstanden werden. Das dynamische Modell enthält die Beschreibung, wie sich der Zustand beispielsweise eines Regalfaches ändern kann oder wie die Kommissionierpalette fertig gestellt wird. In dem funktionalen Modell werden die Verfahren dargestellt, die sich z.B. mit der Ermittlung von Losgrößen oder Sicherheitsbeständen beschäftigen.

Durch diese drei Blickwinkel auf das Objekt kann man die Darstellungsweise vereinfachen und die Struktur übersichtlicher gestalten. Die Verknüpfungen zwischen den Sichten bleiben begrenzt und sind definiert. In ihrer Gesamtheit bleibt die vollständige Beschreibung des Objektes erhalten.

1.3 Rolle der Klasse in der Modellierung

In Kapitel 1.1 wurde der Begriff Abstraktion erläutert. Es wurde dargestellt, auf welche Art und Weise von einem individuellen Baum zur Gattung Baum übergegangen wird. Diese Denkweise wendet man für den allgemeinen Fall an. Die Objekte mit der gleichen Struktur (die durch Attribute wiedergegeben wird) und dem gleichen Verhalten (durch Operationen zusammengefasst) werden zu einer Klasse gruppiert.

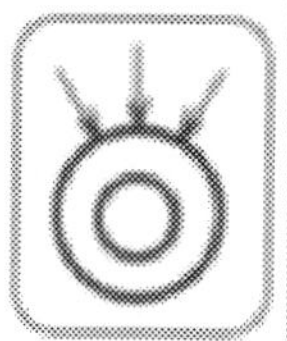

Es wird nochmals auf die Beispiele aus dem vorangegangenen Unterkapitel eingegangen, um die Arten der Klassen einzuführen:

- **konkrete** – z.B. LKW Actros gehört der Klasse der `Fahrzeuge` an, Hochregallager gehört der Klasse `Lager` an, Kommissionierauftrag gehört der Klasse `Auftrag` an;
- **konzeptionelle** – z.B. FIFO-Strategie gehört der Klasse `Auslagerungsstrategie` im Lager an, Savings-Heuristik gehört der Klasse `Tourenplanungsalgorithmus` an, Zeus gehört der Klasse `Gott` an.

Klasse

Eine Klasse ist eine Abstraktion einer Gruppe von Objekten, in der die ähnlichen Eigenschaften, gemeinsames Verhalten, gemeinsame Einschränkungen und Relationen zu anderen Objekten beschrieben werden, die für die Anwendung wichtig sind und der Rest ignoriert wird.

Den gedanklichen Schritt vom Objekt zur Klasse veranschaulichen die Abbildungen 1-6 und 1-7. Sowohl in dem `Fahrzeug`-Beispiel als auch in dem `Polygon`-Beispiel wurden die Attribute und Operation beispielhaft gewählt und sind nicht als vollständige Liste zu betrachten.

Im Folgenden wird das Verständnis des Begriffs Klasse durch einige Anmerkungen vertieft.

Beliebigkeit der Klasse

Die Wahl der Klasse ist immer beliebig und hängt von der Anwendung ab. Genauso wie der Disponent und der Fuhrparkleiter in Kapitel 1.2 das Objekt LKW unterschiedlich betrachten, werden für die Bedarfe der beiden Rollen unterschiedliche LKW-Klassen definiert. Das Ziel ist es, ein möglichst schlankes Modell zu erarbeiten, das an die Problemdomäne gut angepasst ist. Dadurch wird kein Modell angestrebt, in dem Klassen ungeheuer allgemein gültig sind und für viele Anwendungen passen. Das Ziel der breiten Anwendbarkeit kann mit anderen Mitteln erreicht werden. Darauf wird später im Buch näher eingegangen.

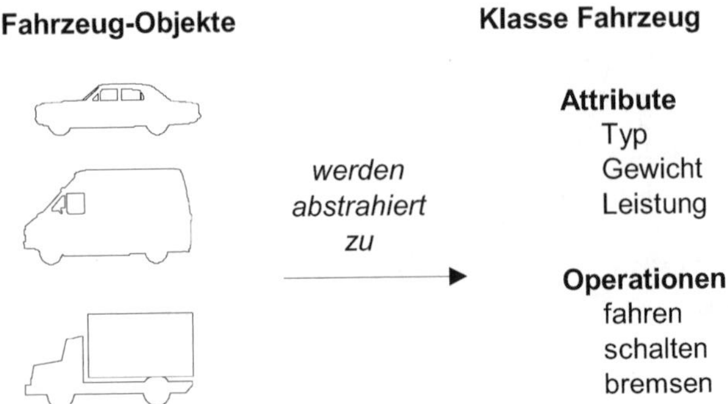

Abbildung 1-6: Abstraktion von `Fahrzeug`-Objekten zur `Fahrzeug`-Klasse

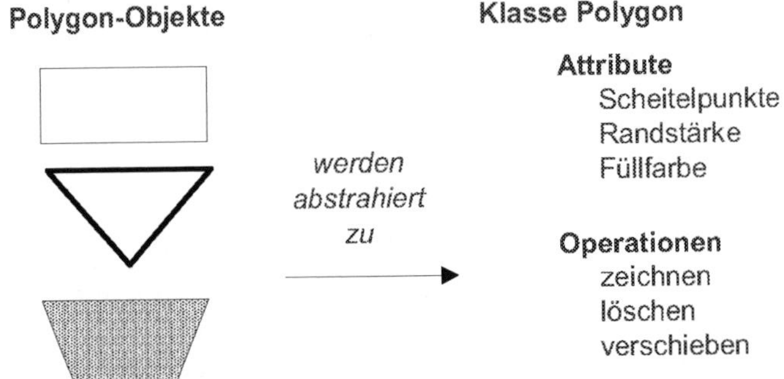

Abbildung 1-7: Abstraktion von `Polygon`-Objekten zur `Polygon`-Klasse

Semantischer Zweck

Die Objekte einer Klasse sollen einen gemeinsamen semantischen Zweck besitzen. Die Bedeutung der Objekte in einer Klasse ist anwendungsabhängig. Betrachten Sie das folgende Beispiel: das Objekt `LKW` kann durch zwei Attribute wie `RadAnzahl`, `Gewicht` und eine Operation `ort_ändern` beschrieben werden. Das Objekt `Rollschuh` kann auch durch solche zwei Attribute wie `RadAnzahl`, `Gewicht` und eine Operation `ort_ändern` definiert werden. Es ist klar, dass es seltsam wäre, diese Objekte zu einer Klasse zu vereinen. Wenn aber nun Rollschuh und LKW als Transportmittel betrachtet werden, dann könnte man sich eine gemeinsame Klasse `Transportmittel` vorstellen. Hierbei spielt nur ein Attribut `Transportgut` eine maßgebende Rolle und kann von Radanzahl und Gewicht abstrahiert werden. Demnach ist diese semantische Bedeutung einer Klasse eine Ermessenssache.

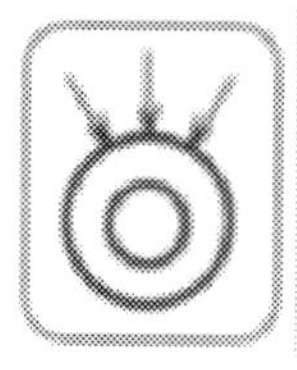

Menge der Objekte

Jede Klasse beschreibt eine möglicherweise unendliche Menge individueller Objekte. Üblicherweise macht man keine Annahmen über die Anzahl der Objekte, die in einer Klasse sind. Daher wird davon ausgegangen, dass sie so viele Objekte umfasst, wie es gibt oder wie viele generiert werden. Es können selbstverständlich Klassen abstrahiert werden, bei denen die Anzahl der Objekte eine bestimmte Grenze nicht überschreiten darf. Nehmen wir das Beispiel einer Kaje im Hafen. Solch eine Kaje darf aus Platz- und Sicherheitsgründen nur mit einer bestimmten Anzahl an Brücken ausgestattet werden. Deshalb kann die Klasse `Hafenbrücke` in einer bestimmten Anwendung von oben, bezüglich ihrer Objektanzahl, begrenzt werden.

Instanz

Eine Klasse wird als eine Art Muster betrachtet, aus dem die Objekte erstellt werden können. Dieses Muster enthält den Namen der Klasse, eine Menge der Eigenschaften (Attribute) und eine Reihe von Operationen. Durch die Objekte dieser Klasse werden dann die Operationen ausgeführt bzw. mit denen werden diese ausgeführt. Folglich kann ein Objekt von sich aus Operationen ausführen und/oder den Operationen unterliegen. Ein Objekt, das nach dem Muster der Klasse erstellt wird, nennt man eine Instanz der Klasse. Das Verfahren zur Erstellung von Objekten wird somit oft als Instanziierung bezeichnet.

Identität

Alle Instanzen der Klasse besitzen die gleichen Eigenschaftsnamen (Attributnamen) und das gleiche Verhalten (gleiche Operationen). Nur die Attributwerte sind von Instanz zu Instanz unterschiedlich. Dadurch erhält das Objekt seine Identität. Falls alle Attributwerte gleich sein sollten (z.B. zwei oder mehrere gleiche Paletten) und in der modellierten Welt das entsprechende Attribut nicht existiert, dann wird zusätzlich ein Attribut hinzugefügt, um diese Identität zu gewährleisten. Dieses Attribut wird üblicherweise `ID` (*Identification / Identifier*) genannt. Jedes Objekt existiert nur ein einziges Mal, kann aber ein Mitglied mehrerer Klassen sein. Je nach Anwendung ist die Papierrolle aus der Abbildung 1-8 ein Transportgut wie ein Fernsehgerät, Apfel oder eine Maschine. Sie kann auch bei anderer Anwendung als Packmittel wie eine Palette, Schachtel oder Kiste betrachtet werden.

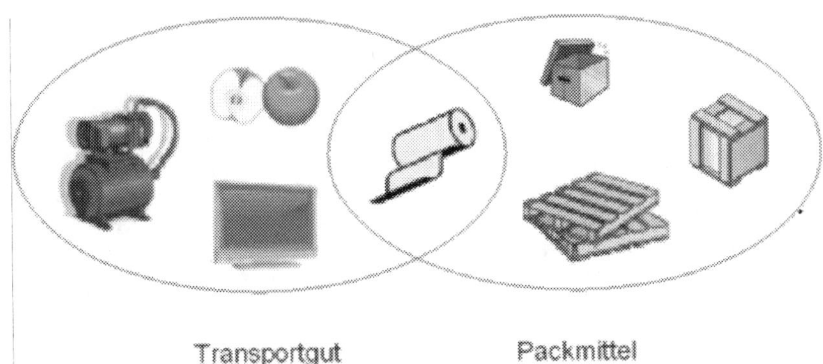

Abbildung 1-8: Ein Objekt kann zwei Klassen angehören

Referenz

Ein Objekt enthält eine implizite Referenz auf seine eigene Klasse. In anderen Worten, jedes Objekt weiß, aus welcher Klasse es instanziiert wurde. Diese Eigenschaft mag auf den ersten Blick seltsam erscheinen. In Bezug auf Lebewesen kann man dies problemlos nachvollziehen. Ein gewisser `HansRaser` weiß, dass er der Klasse `SchnellFahrer` angehört. Aber ob ein `Apfel` „weiß", dass er eine Instanz der Klasse `Transportgut` ist, kann man zu Recht bezweifeln. Dieser Ansatz ist jedoch sehr nützlich, was später noch gezeigt wird.

Es werden nun zwei Themen angesprochen, die in dem objektorientierten Ansatz eine wichtige Rolle spielen, da sie bei der Implementierung der Software entscheidende Vorteile mit sich bringen. Ihre Bedeutung ist für die UML nicht primär, stellt aber eine gewisse zusätzliche Rechtfertigung dar, weswegen der objektorientierte Ansatz in der Informatik einen Meilenstein darstellt.

Kapselung

> Als Kapselung bezeichnet man das Verbergen von Daten vor dem Zugriff von außen.

Der direkte Zugriff auf die interne Datenstruktur wird unterbunden und erfolgt stattdessen über definierte Schnittstellen. D.h. die Attributwerte des Objektes dürfen nur über die Operationen des eigenen Objektes manipuliert werden. Dadurch entsteht der kontrollierte Zugriff auf Attribute. Objekte können den internen Zustand anderer Objekte nicht in unerwarteter Weise lesen und/oder ändern.

Eine Klasse hat eine Schnittstelle, die darüber bestimmt, auf welche Weise mit der Klasse interagiert werden kann. Die Kapselung bewirkt, dass nur die Informationen nach außen sichtbar werden "**Was**" die Klasse leistet, jedoch nicht "**Wie**" (die interne Repräsentation) sie es umsetzt.

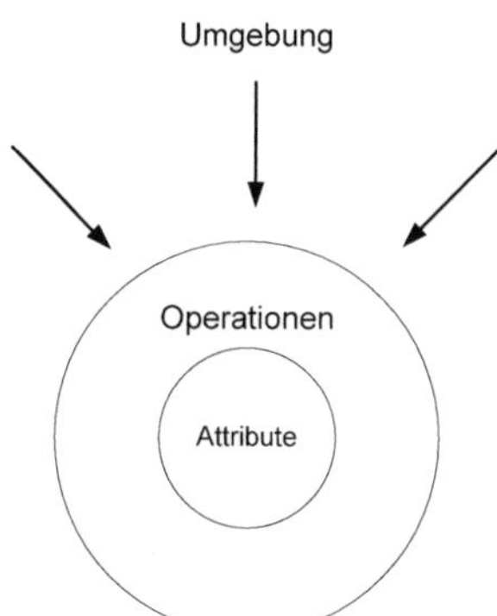

Abbildung 1-9: Kapselung des Objektes

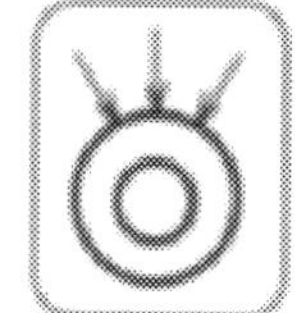

Kapselung verhindert, dass Interaktionen zwischen den Objekten existieren, die unerwünschte Nebeneffekte auslösen können. Bei der Implementierung einer Software sind solche Fehler sehr schwer zu finden.

Polymorphismus

Polymorphismus kann man als Vielgestaltigkeit übersetzen. Abhängig vom Kontext kann ein Element unterschiedliche Formen annehmen.

Um dies näher zu erklären, wird angenommen, dass eine Klasse einer anderen untergeordnet ist. Das Konzept der Unter- und Oberklassen ist ein gängiges Konzept in Modellierung (mehr darüber finden Sie in Kapitel 3.3.2). Es wird wieder auf das Beispiel der Klassen `LKW` und `Rollschuh` zugegriffen. `Transportmittel` stellt nun eine Oberklasse dar. Die Objekte der Klasse `Transportmittel` sind sowohl die Objekte aus der Unterklasse `LKW` als auch aus der Unterklasse `Rollschuh`. In den Unterklassen haben wir die Operationen `ort_ändern` definiert. Beide Klassen ermöglichen dem Transportgut eine Ortsveränderung. Die Durchführung der Operation `ort_ändern` geschieht jedoch auf eine jeweils unterschiedliche Art und Weise in den Unterklassen `LKW` und `Rollschuh`. Was wird nun passieren, wenn ein beliebiges Objekt aus der Klasse `Transportmittel` durch die Operation `ort_ändern` bewegt werden soll? Es besteht die Möglichkeit, dass es sowohl ein Objekt der Unterklasse `LKW` als auch eins der Unterklasse `Rollschuh` ist. Wie wird die Änderung des Ortes durchgeführt? An dieser Stelle wird die Referenz benötigt – das Objekt weiß, welcher Klasse es angehört. Dadurch wird die richtige, eigene Operation ausgeführt.

Eine berechtigte Frage wäre – was bringt das? Der Vorteil liegt in der Einsparung im Programmcode, der solche Operationen implementiert. Diese Feststellung wird nicht weiter ausgeführt, weil dies zu weit in die objektorientierte Programmierung hineingeht.

1.4 Kurze Geschichte von UML

Dieses Kapitel hat in doppelter Hinsicht das Adjektiv „kurz" verdient. Zum einen sollte der Leser nicht zu lange mit der Entstehung von UML beschäftigt werden. Der Autor vertritt aber die Meinung, dass es interessant ist, wie neue Konzepte zustande gekommen sind. Deshalb wird Ihnen die Vorstellung der Entwicklung von UML nicht vorenthalten, aber kurz gefasst. Zum anderen begannen die offiziellen Arbeiten an UML in der zweiten Hälfte der 90er Jahre des vorangegangenen Jahrhunderts [3]. So gesehen hat dieses Konzept noch nicht die „silberne Hochzeit" erreicht. Andererseits könnten 10 Jahre in der Informatik als Jahrhundert gesehen werden, gemessen an den Fortschritten in anderen Technikbereichen.

Strukturierter Ansatz

Bis zu den 90er Jahren des 20. Jahrhunderts gab es viele unterschiedliche Ansätze in der Modellierung von Systemen. Diese Zeit wurde durch den strukturierten Ansatz dominiert. Zwischen den verschiedenen wissenschaftlichen und industriellen Organisationen wurden intensive methodologische Streite ausgetragen, um eigene Ideen im Software Engineering durchzusetzen. Das größte Versprechen des strukturierten Ansatzes – die automatische Programmcodegenerierung – wurde leider nicht eingehalten.

CASE Software

Verschiedene Konzepte, die zur Vereinheitlichung der Softwareherstellung und Einführung der DV-Systeme beigetragen haben, fanden keine allgemeine Akzeptanz. Dennoch führten sie dazu, dass viele nützliche Tools im Bereich des Software Engineering entstanden. Diese Tools werden unter dem Begriff CASE (*Computer-Aided Software Engineering*) geführt.

Nachdem der strukturierte Ansatz keine allgemeine Akzeptanz erhielt, hat man sich in den 90er Jahren immer stärker einem anderem Paradigma gewidmet – der Objektorientierung. Es gab schon früher objektorientierte Programmiersprachen wie Simula oder SmallTalk. Diese Sprachen konnten sich aber nie richtig durchsetzen. Es geschah genauso, wie in der Geschichte der Computermäuse. Die erste Kugelmaus wurde Anfang der 1970er Jahre in der Firma Xerox PARC entwickelt. Fast 20 Jahre später, erst mit der Einführung von graphischen Oberflächen, zählt die Maus nun zu den primären (außer Tastatur) Eingabegeräten. Etablieren konnte sich der Begriff Objekt in die Informatik jedoch erst, als die schon weit verbreitete Programmiersprache C um die Objektorientiertheit erweitert wurde

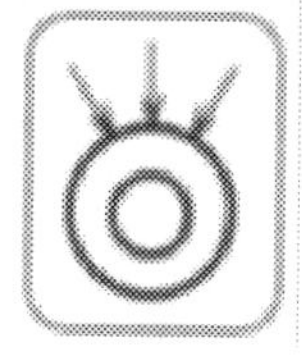

Objektorientierter Ansatz

und die Sprachen wie C++, C-Objective und Eiffel entstanden (zweite Hälfte der 1980er Jahre). Infolgedessen wurden auch viele andere Programmiersprachen durch das Objektkonzept erweitert.

Der objektorientierte Ansatz hat sich nicht nur in den Programmiersprachen durchgesetzt. Er findet auch Verwendung in den Verfahren der Softwareherstellung (z.B. *Rational Unified Process*), Datenbanken und Modellierung der Systeme. Diese Bereiche wurden nicht von dem Einfluss dieses Paradigma „verschont".

Die drei Ansätze, deren Beitrag zur Entstehung von UML am größten war, lauten:

- Object Modelling Technique (OMT) von Roumbaugh [27]
- Object Oriented Analysis and Design (OOAD) von Booch [2]
- Object Oriented Software Engineering (OOSE) von Jacobson [14]

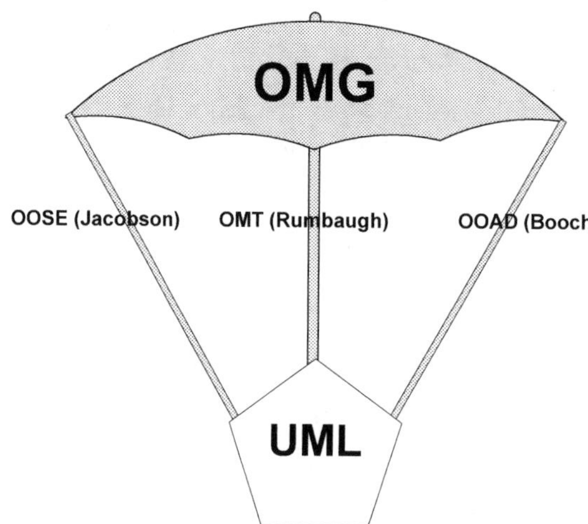

Abbildung 1-10: Vereinigung der Ansätze OOSE, OMT und OOSE zu UML unter dem Schirm von OMG

OMG

Die Arbeit an UML begann, als die drei Wissenschaftler (Rumbaugh, Booch und Jacobson) in die Firma Rational wechselten, was in den 1990er Jahren erfolgte. Es gab vorläufige Versionen von UML. Die erste offizielle Version UML 1.0 wurde zur Standardisierung jedoch erst im Januar 1997 der *Object Management Group* (OMG) vorgelegt. Die OMG ist ein 1989 gegründetes Konsortium, das sich mit der Entwicklung von Standards für die herstellerunabhängige, systemübergreifende objektorientierte Programmierung beschäftigt. Der OMG gehörten zur Gründung elf Firmen, darunter IBM, Apple und Sun an.

UML Versionen

Seit 1997 und in den folgenden Jahren wurden ständig Verbesserungen in den Standard eingebracht. Es waren unterschiedliche redaktionelle Korrekturen sowie Erweiterungen um neue Diagramme bzw. neue Modellierungselemente auf bestehenden Diagrammen. So gab es die Versionen UML 1.1 (Ende 1997), UML 1.2 (1998), UML 1.3 (1999), UML 1.4 (2001) und UML 1.5 (2003). Die folgenden Jahre, nach 2003, wurden mit einer umfassenden Überarbeitung des Basisstandards 1.0 und der Integration einer Vielzahl neuer Eigenschaften verbracht. Zusätzlich wurden bestehende Elemente geändert. Dabei wurden zahlreiche Beiträge und Erfahrungen von Praktikern und Wissenschaftlern aus allen Regionen der Welt und allen Branchen berücksichtigt. Die dadurch entstandene Version UML 2.0 wurde ein Jahr lang durch eine Arbeitsgruppe unter der Leitung von Bran Selic von IBM getestet. Die offizielle neue Version wurde Anfang des Jahres 2005 durch die OMG anerkannt.

UML 2.0

Die UML 2.0 wird in diesem Buch als Grundlage für die Diagramme wahrgenommen. Obwohl Ende 2008 die Beta 1 der UML Version 2.2 durch die OMG veröffentlicht wurde, wird man sich der Version 2.0. bedienen. Einer der Gründe ist, dass die meisten kommerziellen und Open Source CASE Tools diesen Standard unterstützen.

Die Modellierungssprache UML entstand nicht als Ergebnis der Arbeit einer Person bzw. eines kleinen Teams, wie es bei vielen Programmiersprachen der Fall gewesen ist (z.B. Pascal wurde 1971 von N. Wirth formuliert [34] oder C durch D. Ritchie in den frühen 1970er Jahren an den Bell Laboratories [16]). Die Konzepte von UML lassen sich auf die Arbeiten zahlreicher Entwickler zurückführen. Der erste Standard entstand, als sich eine bestimmte „kritische Masse" an Ideen und Bedarf angesammelt hatte. Die Aktivitäten bis dato könnte man als mehr oder weniger unorganisiert und verstreut bezeichnen. Nach der Veröffentlichung von UML 1.0 verläuft schon die Weiterentwicklung in festen Bahnen und unter Aufsicht von internationalen Gremien (OMG).

1.5 Diagramme von UML

In dem vorangegangenen Unterkapitel wurde skizziert, wie sich die Modellierungssprache UML entwickelt hat. Wie kann man diese Sprache umschreiben? In dem offiziellen Dokument der OMG [25] findet man folgende Definition:

UML Definition

Die UML ist eine graphische Sprache für Visualisierung, Spezifizierung und Dokumentierung der Artefakte der DV-Systeme. Die UML bietet den standardisierten Weg an, den Bauplan des Systems darzustellen.

Mit UML können Geschäftsprozesse und Systemfunktionen, wie auch reale Dinge z.B. Anweisungen der Programmiersprachen, Datenbankenschemata oder wiederverwendbare Softwarekomponenten dokumentiert werden.

Die Gesamtspezifikation der UML ist in den letzten Versionen so umfangreich geworden, dass die OMG die Spezifikation auf vier Dokumente verteilt hat.

- **UML-Infrastrukur** – stellt die Grundlagen der Syntax von UML dar; dadurch wird ein Metamodell beschrieben, das erlaubt, die Superstruktur zu definieren und nach Bedarf zu erweitern [23].
- **UML-Superstrukur** – stellt die elementaren Modellierungskomponenten dar, die in den Diagrammen verwendet werden [24]; das ist der Teil, der für den typischen Benutzer am bedeutendsten ist.
- **OCL** – spezifiziert *Object Constraint Language* (OCL), eine formale Sprache, die verwendet wird, um die Ausdrücke in UML-Modellen zu beschreiben. Solche Ausdrücke werden üblicherweise eingesetzt, um invariante Bedingungen zu formulieren, die durch das modellierte System eingehalten werden müssen [21].
- **XMI** - *XML Metadata Interchange* ist ein Standard der Object Management Group und wird zunehmend als Austauschformat zwischen Software-Entwicklungswerkzeugen verwendet [20]; die in diesem Format gespeicherten Modelle können zwischen CASE-Tools ausgetauscht werden.

Anforderungen an UML

Die Modellierungssprache UML fungiert als eine Art Vermittler zwischen der menschlichen Wahrnehmung, wie die Systeme funktionieren, und ihrer physischen Realisierung. In einem engeren Sinne – nur auf Datenverarbeitung bezogen – steht das UML-Modell zwischen der Funktionsfähigkeit eines Computerprogramms und dem Quellcode dieses Programms. Aus diesem Grunde muss UML bestimmte Forderungen erfüllen:

- es müssen die Paradigmen der Objektorientierung eingehalten und entsprechende Strukturen modelliert werden können;
- die eingesetzte Syntax und Semantik (entspricht – Grammatik und Bedeutung) muss auf viele und neue Anwendungsbereiche erweiterbar sein;

- durch UML soll nicht nur das Modellieren von Datenverarbeitungssystemen ermöglicht werden, sondern auch das Erstellen von Geschäftsprozessen aus vielen Einsatzgebieten;
- die Modellierungssprache sollte unabhängig von Programmiersprachen und Verfahren des Software Engineerings sein;
- UML sollte auf moderne und hochkomplexe Systeme Rücksicht nehmen, damit die Modellierungssprache keine eigene Grenze für bestimmte Projektgrößen darstellt.

Einheitliche Symbolik

Um diese anspruchsvollen Ziele erfüllen zu können, wurde ein breites Angebot an Diagrammen konzipiert. Diese Diagramme sind logisch durch die wiederkehrenden Elemente miteinander verknüpft. Es wird außerdem eine einheitliche Symbolik verwendet. Konkret bedeutet das, dass in allen Diagrammtypen beispielsweise ein Rechteck zur Darstellung einer Klasse bzw. eines Objektes und eine gestrichelte Linie eine Abhängigkeit zweier verknüpfter Elemente darstellt. An dieser Stelle kann auf einen Vergleich mit den Programmiersprachen zurückgegriffen werden – in einer Programmiersprache wird nur eine begrenzte Anzahl an Schlüsselwörtern benötigt, um den Quelltext eines Programms zu erstellen. So hat man sich auch in UML auf eine überschaubare Anzahl an Rechtecken, abgerundeten Rechtecken, Rauten, Kreisen, Pfeilen mit unterschiedlichen Spitzen, Linienarten, usw. verständigt, um die Notation der Diagramme zu definieren.

Diagramm-vielfalt

Es wäre unrealistisch zu denken, dass sich ein komplexes, umfangreiches System mit einer Hand voll Diagrammen darstellen lässt. Die Beschreibung eines Systems wird stückweise verteilt und auf verschiedenen Diagrammen zu finden sein. Diese Diagramme dürfen untereinander hierarchisch aufgebaut werden, so dass der gewünschte Detaillierungsgrad erreicht werden kann, um diese an das Konzept des Betrachters anpassen zu können. Dies verlangt ein umfangreiches Spektrum an Sichtweisen, die der Systemanalytiker und der Programmierer benötigen. Das breite Angebot an Diagrammen ermöglicht auch, dass verschiedene Blickwinkel auf das System gerichtet werden können – sowohl die Statik als auch die Dynamik des Systems werden abgebildet.

Klassifizie-rung

Die Klassifizierung der UML-Diagramme stellt die Abbildung 1-11 dar. Auf der Abbildung finden Sie sowohl abstrakte als auch konkrete Diagramme. Die abstrakten Diagramme wurden zum Zwecke der Strukturierung der ganzen Diagrammpalette eingeführt. Ihre Namen werden mit Kursivschrift gekennzeichnet. Die Nummern bei den konkreten Diagrammen beziehen sich auf die Anordnung in der Tab.1-1. Diese haben sonst keine andere Bedeutung (z.B. Wichtigkeit des Diagramms). Die grau gekennzeichneten Diagrammtypen werden kurz im zweiten Teil des Buches beschrieben.

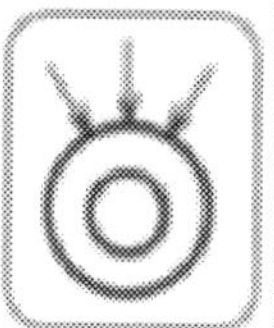

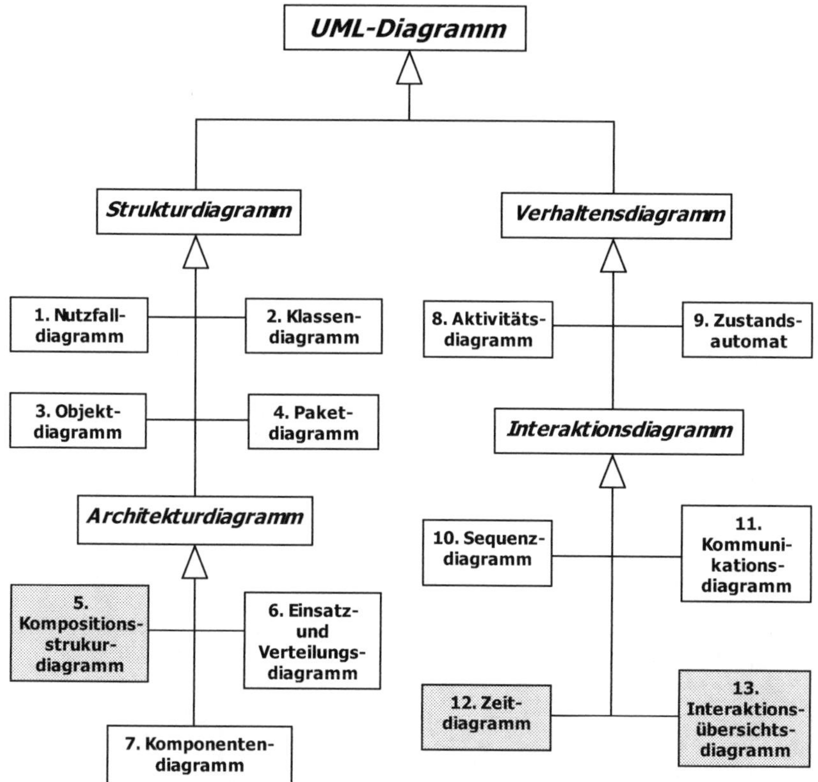

Abbildung 1-11: UML-Diagramme

Die Abbildung 1-11 folgt dem Gedanken der statischen und dynamischen Sichtweise auf das System. Die Diagramme auf der linken Seite werden genutzt, um die Struktur des Systems zu modellieren. Mit den Diagrammen auf der rechten Seite kann die Systemdynamik modelliert werden.

In dem offiziellen Dokument der OMG zum UML-Standard [24] gibt es eine ähnliche Taxonomie der Diagramme. Sie unterscheidet sich von der Darstellung in Abbildung 1-11 in einem Punkt. Bei der Kategorisierung der Diagramme wird hier der Auffassung von [22] gefolgt, nach dem ein Nutzfalldiagramm ein Strukturdiagramm ist. Es betrachtet die Struktur von Nutzfällen und Akteuren, jedoch beschreibt das Diagramm selbst keine Abläufe und Verhaltensweisen. Viele Autoren von UML-Büchern ordnen die Nutzfalldiagramme den Verhaltensdiagrammen zu, da der Nutzfall selber ein Verhalten darstellt. Aus diesem Grunde könnte eigentlich eine eigene Kategorie für das Nutzfalldiagramm geschaffen werden.

Nun werden die konkreten Diagramme aus der Abbildung 1-11 in der Tab.1-1 kurz vorgestellt. In den folgenden Kapiteln des Buches werden diese dann genauer beschrieben.

Tabelle 1-1 UML-Diagramme

Nr	**Diagramm** ***(englischer Name)***	**Beschreibung**	**Kapitel**
1	Nutzfalldiagramm (*Use Case Diagram*)	Nutzfälle und Akteure aus der modellierten Domäne sowie deren Beziehungen zueinander	2
2	Klassendiagramm (*Class Diagram*)	Klassen aus der modellierten Domäne sowie deren statische Beziehungen zueinander	3
3	Objektdiagramm (*Object Diagram*)	Basieren auf Klassendiagrammen und geben die momentane Struktur der Modelle wieder	4
4	Paketdiagramm (*Package Diagram*)	Logische Struktur des Systems als eine Sammlung von Paketen und deren Beziehungen zueinander	5
5	Kompositionsstrukturdiagramm (*Composite Structure Diagram*)	Stellt die Teile des Gesamtsystems mit dem Schwerpunkt der gegenseitigen Zusammenarbeit dar	13.1
6	Einsatz- und Verteilungsdiagramm (*Deployment Diagram*)	Netz der verknüpften Systemelemente mit den dort platzierten Artefakten und Kommunikationswegen	7

7	Komponentendiagramm (*Component Diagram*)	Organisation und Struktur der Komponenten	6
8	Aktivitätsdiagramm (*Activity Diagram*)	Sequentielle bzw. nebenläufige Darstellung der Steuerung und Datenflüsse zwischen geordneten Folgen von Aktivitäten, Aktionen und Objekten	8
9	Zustandsdiagramm (*State Machine Diagram*)	Verhalten als diskrete und endliche Menge der Zustände sowie deren Transformationen	9
10	Sequenzdiagramm (*Sequence Diagram*)	Die Interaktionen zwischen den Elementen des Systems in Form des Austausches von Nachrichten	10
11	Kommunikationsdiagramm (*Communication Diagram*)	Die Interaktionen zwischen den Elementen des Systems aus der Sicht der Struktur der Kommunikationswege	11
12	Zeitdiagramm (*Timing Diagram*)	Auf der Zeitachse werden die zulässigen Zustandstransformationen dargestellt	13.2
13	Interaktionsübersichtsdiagramm (*Interaction Overview Diagram*)	Steuerung zwischen den Sequenz- bzw. Aktivitätsdiagrammen	13.3

Diagramme als Graphen

Die UML-Diagramme enthalten eine Sammlung von graphischen Symbolen für Klassen, Zustände, Aktivitäten, Nachrichten, Pakete und vieles mehr. Aus der mathematischen Sicht können diese Diagramme als Graphen (die Strukturen mit Knoten und Kanten) betrachtet werden. Klassen werden beispielsweise als Rechtecke dargestellt. Falls eine Abhängigkeit zwischen diesen existiert, so werden die Klassen mit einer Linie verbunden. Dies bedeutet, dass die beiden Rechtecke die Knoten des Graphen und die Verbindungslinie die Kante des Graphen darstellen. Selbstverständlich ist dies auch auf mehrere Klassen und zahlreiche weitere Verbindungen erweiterbar.

Abbildung 1-12: Beispiel eines UML-Diagramms ohne Rahmen

Die Abbildung 1-12 stellt ein banales UML-Diagramm dar. Das Beispieldiagramm besitzt keinen Rahmen, was völlig konform mit dem Standard ist.

Das Diagramm kann auch mit Hilfe eines Rahmens inkl. einer Bezeichnung ergänzt werden. Der Rahmen wird durch ein Rechteck dargestellt. Die Bezeichnung (Name des Diagramms) befindet sich oben links in einem kleinen Rechteck mit abgeschnittener Ecke. Ein Diagrammrahmen ist ein optionales Element und muss nicht verwendet werden.

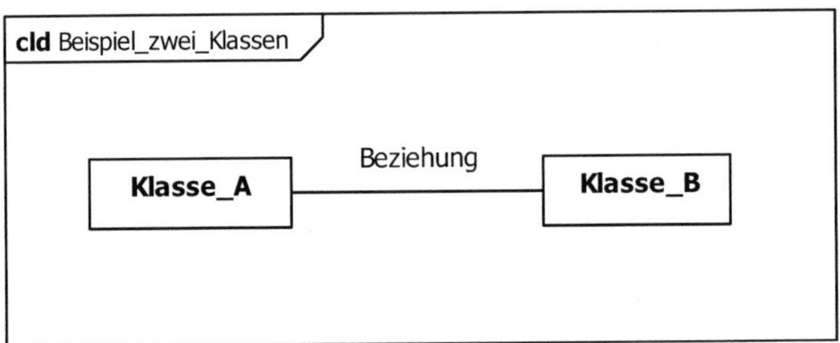

Abbildung 1-13: Beispiel eines UML-Diagramms mit Rahmen

Die Bezeichnung eines Diagramms in einem Rahmenkopf stellt eine Zeichenkette dar, die nach dieser nachfolgenden Syntax aufgebaut wird:

```
[<typ>]<name>[<parameter>]
```

Diese Definition gibt vor, dass lediglich der Name (`<name>`) verbindlich ist, der Rest ist optional – darauf weisen die eckigen Klammern in der Syntax hin. Durch den Rahmenkopf wird der Geltungsbereich von Diagrammelementen spezifiziert.

- Der `<name>`-Teil des Rahmenkopfs sollte auf den Inhalt des Diagramms hinweisen und möglichst komprimiert gewählt werden.

Tabelle 1-2 Diagrammtypen im Rahmenkopf

Nr	Diagramm	Voller Typ	Kürzel
1	Nutzfalldiagramm (*Use Case Diagram*)	`use case`	`uc`
2	Klassendiagramm (*Class Diagram*)	`class`	`cld`
3	Objektendiagramm (*Object Diagram*)	`object`	`od`
4	Paketdiagramm (*Package Diagram*)	`package`	`pkg`
5	Kompositionsstruktur-Diagramm (*Composite Structure Diagram*)	`composite`	`csd`
6	Einsatz- und Verteilungsdiagramm (*Deployment Diagram*)	`deployment`	`dd`
7	Komponentendiagramm (*Component Diagram*)	`component`	`cmp`
8	Aktivitätsdiagramm (*Activity Diagram*)	`activity`	`act`
9	Zustandsdiagramm (*State Machine Diagram*)	`state machine`	`stm`
10	Sequenzdiagramm (*Sequence Diagram*)	`interaction`	`sd`
11	Kommunikationsdiagramm (*Communication Diagram*)	`communication`	`cd`
12	Zeitdiagramm (*Timing Diagram*)	`timing`	`td`
13	Interaktionsübersichtsdiagramm (*Interaction Overview Diagram*)	`overview`	`iod`

- Der <typ>-Teil kann die volle bzw. gekürzte Typenbezeichnung des Diagramms beinhalten (s. Tab. 1-2).
- Der <parameter>-Teil kann zusätzliche Detaillierungsparameter für das Diagramm enthalten.

Notiz

Die Modellierungselemente dürfen in den Diagrammen mit zusätzlichen Notizen (Anmerkungen, Kommentaren) versehen werden, um z.B. Aussagekraft bzw. Verständlichkeit des Diagramms zu steigern.

Eine Notiz ist eine Anmerkung zu einem Modellelement oder Diagramm.

Eine Notiz hat keine inhaltliche (semantische) Bedeutung für das Modell. Sie gibt aber dem Modellierer die Möglichkeit, für sich selbst oder für einen anderen die Informationen niederzuschreiben, die nützlich sein können. Die Notiz kann jedem Element zugeordnet werden.

Notation der Notiz

Eine Notiz wird als ein Rechteck mit einem Eselsohr oben rechts dargestellt. Der Notiztext befindet sich innerhalb des Rechtecks. Das Rechteck wird mit dem kommentierten Element durch eine gestrichelte Linie verbunden. Diese Linie ist optional. Falls sie verwendet wird, erläutert die angehängte Notiz das betroffene Element. Ansonsten besitzt die Notiz einen allgemeinen Charakter.

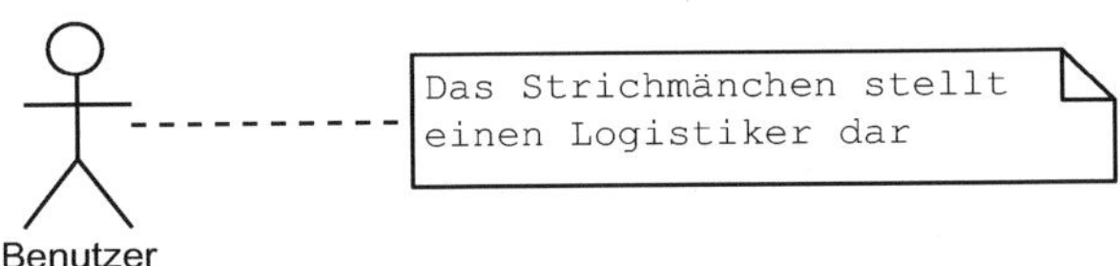

Abbildung 1-14: Beispiel einer Notiz im Diagramm

Die Abbildung 1-14 zeigt ein Beispiel einer Notiz in einem Diagramm. Die Notation der Notiz ist in allen Diagrammtypen dieselbe, weshalb sie in den Darstellungen der einzelnen Diagrammtypen nicht mehr gesondert erwähnt wird.

Es wird in der Regel auf den Einsatz von Anmerkungen in diesem Buch verzichtet, da die Diagramme im Text ausführlich kommentiert werden. In einem realen UML-Modell sollten die Bilder für sich sprechen. Durch die Verwendung von Notizen können diese Aussagen, wenn nötig, ergänzt werden.

Diagramm-vielfalt

Am Ende dieses Abschnitts scheint es angebracht zu sein, eine zusätzliche Anmerkung bezüglich der Auswahl der Diagrammtypen zu tätigen. Es besteht die Möglichkeit, ein System zu modellieren, indem

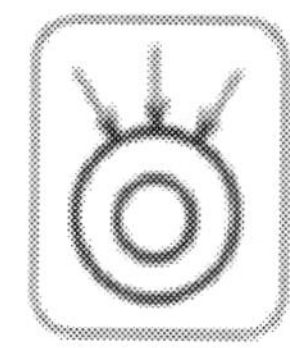

entsprechende, passende Diagrammtypen aus der Tabelle 1-1 ausgewählt werden. Die Diagrammvielfalt resultiert aus der Absicht, ein möglichst breites Spektrum an Anwenderdomänen abzudecken. Das soll nicht bedeuten, dass das Modell eines Systems alle Diagrammtypen enthalten muss. Der UML-Einsteiger sollte sich durch diese Vielfalt nicht überwältigt fühlen. Der Anwender soll sich auf eine Auswahl beschränken, mit der das zu beschreibende Modell durch diese Diagrammtypen nach seinem Ermessen möglichst präzise dargestellt wird.

1.6 Typographie im Buch

Für die bessere Übersichtlichkeit und schnelleres Vorfinden der gesuchten Konzepte im Text des Buches werden folgende typographische Regeln eingehalten.

- Alle ungeraden Seiten des Kapitels, die einem bestimmten Typ des UML-Diagramms gewidmet werden, weisen am oberen, rechten Rand ein entsprechendes Sinnbild des Diagramms auf.
- Ein Thema bzw. ein Begriff der UML, das bzw. der an einer bestimmten Stelle des Textes definiert bzw. erläutert wird, ist am Rande des Textes (links bzw. rechts) genannt (wie nebenan gezeigt).

Begriff

- Die Elemente eines Modells tragen Namen. Für die Schreibweise dieser Eigennamen wird diese `Schrift` verwendet. Falls die Syntax der UML eine fette **`Schrift`** (z.B. bei Klassennamen) oder eine kursive *`Schrift`* (z.B. bei Namen der abstrakten Klassen) vorsieht, wird sie entsprechend eingesetzt.
- In der Informatik ist es üblich, die Bezeichnung eines Elements, falls sich diese Bezeichnung aus einigen Worten zusammensetzt, zusammenzuschreiben, z.B.: `NameAusVierWörtern`. Um das Lesen zu erleichtern, verwendet man dabei die sog. Kamel-Schreibweise, d.h. jedes einzelne Teilwort beginnt mit einem Großbuchstaben. Diese Art einer Bezeichnung, ohne die Verwendung eines Leerzeichens zur Trennung der Wörter, wird durch viele Programmiersprachen vorgeschrieben. Üblicherweise werden solche Bezeichnungen vorwiegend in Strukturdiagrammen verwendet, damit die entsprechenden Generatoren die Quelltexte der Programme direkt aus den Diagrammen erstellen können. In den Verhaltensdiagrammen dagegen werden des Öfteren die Wörter

in einer zusammengesetzten Bezeichnung getrennt geschrieben (d.h. mit dem Einsatz von Leerzeichen).

- Es können ziemlich lange Bezeichnungen vorkommen, wie beispielsweise der Name: `Es_ist_ein_langer_Name_aus_3-7_Zeichen`. Durch den Texteditor werden solche Namen nach Bedarf gesplittet und enthalten daher einen Bindestrich. Dieser Bindestrich gehört der eigentlichen Bezeichnung nicht an (der Name hat 37 Zeichen und nicht „3-7" bzw. 38 Zeichen).

Testfragen[4]

1. Welche Aspekte sollen bei dem abstrakten Denken über ein Problem berücksichtigt werden?

A alle
B nur problemrelevante
C nur dynamische
D nur statische

2. In welcher Art des Systemmodells sind der Aufbau und die Funktionsweise des Systems bekannt?

A open-box-Modell
B closed-box-Modell
C black-box-Modell
D white-box-Modell

3. Die UML beschreibt...

A Notationen der Systemmodellierungselemente
B Standards, wie ein Systemmodell zu erstellen ist
C Tools, um das UML-Modell in ein Computerprogramm zu konvertieren
D eine geordnete Folge der Arbeitsgänge, um das System herzustellen

4. Welche Aussage ist über ein Objekt in objektorientierten Modellierung nicht richtig?

A Ein Objekt kann über Eigenschaften verfügen
B Ein Objekt kann über Verhalten verfügen
C Objekte können Beziehungen zueinander unterhalten
D Es können viele Objekte mit gleicher Identität existieren

5. Was besitzt eine Identität im objektorientierten Ansatz?

A Modell
B System
C Klasse
D Objekt

---

4 Bei allen Testfragen in diesem Buch sind mehrere richtige Antworten möglich.

6. Wie erfolgt die Definition einer Klasse?

A Für eine Gruppe von Objekten ist die Klasse einmalig

B Alle Objekte haben die gleiche Identität in ihrer Klasse

C Die Wahl der Attribute und Operationen hängt von der Anwendung ab

D Die Attribut- und Operationsmengen können nicht leer sein

7. Welche Rolle spielt die Object Management Group (OMG) in Bezug auf UML?

A Legt Standards für objektorientierte Programmierung fest

B Entwickelt objektorientierte Modelle

C Schützt Eigentumsrechte der Hersteller von UML-Tools

D Verwaltet nationale (auch deutsche) Versionen von UML

8. Welches dieser Dokumente gehört der Spezifikation der UML nicht an?

A UML-Infrastrukur

B UML-Hiperstrukur

C UML-Superstrukur

D OCL

9. Was stellt ein Diagramm in UML aus der mathematischen Sicht dar?

A Menge

B Graph

C Matrix

D Vector

10. Welche dieser Aussagen trifft auf eine UML-Notiz nicht zu?

A Sie hat keine inhaltliche Bedeutung für das Modell

B Sie kann keinem Element zugeordnet werden

C In einer Ecke verfügt sie über ein Eselsohr

D Die Anzahl der Notizen auf dem Diagramm ist begrenzt

2 Nutzfalldiagramme

2.1 Verwendungszweck

Ein einzelner Modellierer oder ein Team wird vor eine Aufgabe gestellt, ein System zu entwerfen. Er bzw. das Team hat bereits an Schulungen teilgenommen oder an einigen Projekten mitgewirkt. Nun besteht das Problem, einen Einstieg in das Projekt zu finden. Dies lässt sich als *"white sheet of paper syndrome"* bezeichnen. Dies ist selbstverständlich nicht nur ein Phänomen, das nur auf die Modellierung mit der UML zutrifft. Selbst die Schriftsteller bzw. Dichter berichten, wie lange sie vor der leeren Papierseite gesessen haben, bevor der erste Satz aufgeschrieben worden ist[1]. Bezüglich dessen haben es die UML-Anwender leichter – üblicherweise wird mit dem Nutzfalldiagramm begonnen. Jedoch wird nicht gesagt, wie der erste Nutzfall auszusehen hat.

Stakeholder

Nutzfalldiagramme werden zur Modellierung der Dienste des Systems benutzt: Es wird hier von Diensten gesprochen, um die Nutzbarkeit des Systems zu unterstreichen. Die Dienste werden in den Kontext gestellt, d.h. es stellt sich die Frage, **WER** davon betroffen ist. Der Betroffene wird als Stakeholder erfasst [5].

Ein Stakeholder ist jemand oder etwas mit einem ureigenen Interesse am Verhalten des Nutzfalles.

Ein System wird nicht nur aus Existenzwünschen geschaffen, sondern vielmehr aus Gründen, die zur Erfüllung bestimmter Aufgaben eines Stakeholders dienen.

In der Fachliteratur werden außer der Bezeichnung Nutzfalldiagramm auch die Bezeichnungen Use-Case-Diagramm und Anwendungsfalldiagramm verwendet.

Rein sprachlich, wird ein Anwendungsfall als Verarbeitungssequenz bzw. Szenario verstanden. Anwendungsfälle und Geschäftsprozesse

---

[1] Vergl. z. B. die Aussage von Günther Grass für „Spiegel On-line" : „Papier bleibt immer noch erschreckend weiß" [9]

werden oft verwechselt. Ein Geschäftsprozess beschreibt eine Folge von Aktivitäten, die nacheinander ausgeführt werden. Dadurch sollte ein geschäftliches oder betriebliches Ziel erreicht werden. Das besagt aber nicht, dass einige dieser Aktivitäten auch außerhalb der eigenen Organisationseinheiten ausgeübt werden können. Dadurch ist der Geschäftsprozess sehr breit ausgelegt. Bezüglich des Anwendungsfalldiagramms finden alle modellierten Tätigkeiten innerhalb des Systems statt. Das erlaubt eine klare Grenze zwischen dem System und seinem Kontext zu ziehen.

Die englische Bezeichnung „*Use Case*" wird durchaus in vielen deutschen Büchern aus diesem Bereich verwendet. In diesem Buch wird es direkt als „Nutzfall" übersetzt und zur Modellierung der Systemdienste eingesetzt.

Nutzfall

Der UML-Standard definiert einen Nutzfall wie folgt [24]:

> Ein Nutzfall stellt eine, durch das System, durchgeführte Folge von Aktionen dar, die sich in einem offensichtlichen Ergebnis ausdrücken, d.h. einen Wert für einen bzw. mehrere Akteure und/oder Stakeholder des Systems haben.

In anderen Worten geht es darum, die Systemanforderungen durch Nutzfälle darzustellen. In [5] kann folgende Erklärung des Nutzfalles gefunden werden. Ein Nutzfall „erfasst eine Übereinkunft, die zwischen den Stakeholdern eines Systems über dessen Verhalten getroffen wird." Und weiter – der Nutzfall „beschreibt das Verhalten des Systems unter verschiedenen Bedingungen, während es auf eine An-frage eines der Stakeholder, (...) reagiert".

In der oben zitierten Beschreibung des Nutzfalles kommt der Begriff des Stakeholders vor. Im UML-Standard wird dieser Begriff nicht benutzt. Darunter werden eher die berechtigten Interessen am Verhalten des Systems betrachtet, wie mit dem Begriff Akteur, der in UML verwendet wird. Unter den Stakeholdern sind auch solche zu verstehen, die nicht direkt mit dem System interagieren, obwohl sie vom Verhalten des Systems betroffen sind.

Betrachten wir ein Beispiel. Grundsätzlich besitzt ein Fuhrparkleiter einer Spedition nicht die Aufgabe eines Disponenten – Fahrzeuge des Fuhrparks zu disponieren. Somit obliegt es dem Disponenten, die Fahrzeuge zu disponieren. Diese Aufgabe übernimmt der Fuhrparkleiter nicht. Die Art aber, wie disponiert wird, beeinflusst indirekt seinen Zuständigkeitsbereich. Es muss davon ausgegangen werden, dass die gefahrenen Touren mit den zu transportierenden Ladungen den Verschleiß und die Kapazitätsauslastung des Fuhr-

parks beeinflussen. Beachten Sie bitte an dieser Stelle, dass hier die Rede von Rollen ist – zum einen von der Rolle des Fuhrparkleiters und zum anderen des Disponenten. Beide Rollen können in einer kleinen Spedition in einer Person vereint sein, deshalb eignet sich der Begriff der Rolle besonders gut (mehr darüber in Kapitel 13.1). Mit Hilfe dieser Begriffsverwendung können die Zuständigkeitsbereiche gut auseinander gehalten werden.

Akteur

Ein Akteur stellt eine Rolle des Anwenders oder eines anderen Systems dar, die mit dem modellierten System interagiert.

Die Entwickler von UML schließen durch diese Definition einen Teil der Interessen des Stakeholders aus – nämlich die, die eher einen passiveren Charakter haben. Wie z.B. des Fuhrparkleiters, der keinen Einfluss auf die Tourenplanung besitzt, aber die Auswirkungen der Touren durch das Tourenplanungssystem des Disponenten zu spüren bekommen kann.

2.2 Nutzfall

Wird nun die Definition des Nutzfalls aus dem vorangegangenen Unterkapitel betrachtet, so wird daraus nicht ersichtlich, wie der Nutzfall in UML dargestellt wird. Die Definition legt nur den Zweck des Nutzfalles fest. Das Symbol dafür bestimmt das offizielle Dokument [24].

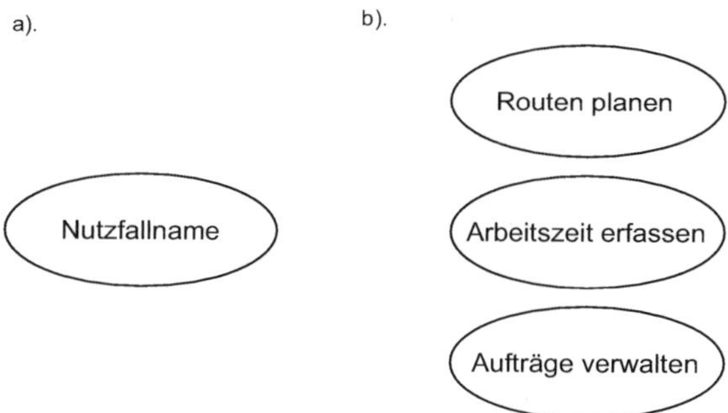

Abbildung 2-1: Darstellung des Nutzfalls: a) Syntax; b) Beispiele

Notation

Jeder Nutzfall wird durch seinen Namen identifiziert. Dieser Name soll innerhalb eines Systems einmalig sein. Syntaktisch gesehen, ist ein Name eine Zeichenkette (auch String genannt). Der Nutzfall wird anhand seines Namens in einer Ellipse graphisch dargestellt, wie dies die Abbildung 2-1 zeigt.

Es gibt keine formalen Vorgaben zu der Wahl des Nutzfallnamens, dennoch sollten einige Hinweise beachtet werden:

- Der Name kann aus üblichen Zeichen eines beliebigen Textes (Buchstaben, Ziffer, Satzzeichen) bestehen, jedoch sollte der Doppelpunkt vermieden werden (der Grund dafür wird wieter in Kapitel 3.2 erklärt).
- Die Ausgestaltung des Namens sollte auf ein Verhalten oder eine Tätigkeit hinweisen, die aus der Domäne des zu modellierenden Systems stammt.

Um dies näher zu verdeutlichen wird der Beispielnutzfall aus der Abbildung 2-1 betrachtet. Anstatt `Routen planen` kann auch `Routenplanung` verwendet werden. An dieser Stelle wäre aber der erste Name eine bessere Wahl, da unter `Routenplanung` ein Modul einer Software verstanden werden kann. Bei dem Nutzfalldiagramm geht es jedoch darum, die Dienste zu benennen und nicht den Aufbau einer Software darzustellen.

Folge von Aktionen

In der Definition des Nutzfalles wird darauf hingewiesen, dass darunter eine Folge von Aktionen zu verstehen ist. In dem Beispiel `Routen planen` könnten Aktionen enthalten sein, die möglicherweise das Erfassen von Fahrzeugen, Aufträgen und Depots, die Wahl eines Routenoptimierungsverfahrens, Ermittlung der Touren und Darstellung der Ergebnisse beinhalten. Die Durchführung eines Nutzfalles enthält üblicherweise die Interaktion mit den Akteuren. Dies führt zu Änderungen des Zustands des Systems bzw. seiner Umgebung.

Die angesprochenen Aktionen müssen keine Sequenz (lineare Folge) darstellen – es dürfen Varianten der Abläufe vorkommen, die abhängig vom aktuellen Zustand ausgewählt werden. Falls beispielsweise die verfügbare Anzahl an Fahrzeugen nicht ausreicht, um alle Aufträge abzuarbeiten, könnte ein Dialog erscheinen, der es ermöglicht, zwischen der Erweiterung der Einsatzzeit der Fahrzeuge und dem Einsatz zusätzlicher Fahrzeuge zu wählen.

Ausnahmen

Typischerweise enthält der Nutzfall auch die Fehlerbehandlungsvorschriften. Die sind notwendig, um die unrealistischen oder falschen Eingaben des Benutzers abzufangen (z.B. die Eingabe einer größeren Depotanzahl als verfügbar) oder unzulässige Operationen zu verhindern (z.B. das Splitten der Ladung einer Palette auf zwei Fahrzeuge).

Die in dem Nutzfall enthaltenen Aktionen sollten als eine in sich komplette, geschlossene Menge verstanden werden. Ein Nutzfall wird als beendet betrachtet, falls nach seiner Durchführung keine weiteren Eingaben getätigt werden müssen und somit keine weiteren Aktionen anstehen. Zu diesem Zeitpunkt kann der Nutzfall wieder

von Anfang an durchgeführt werden. In einer speziellen Situation kann der Nutzfall durch eine Fehlerbehandlungsroutine abgeschlossen werden.

Nutzfallquellen

Es können zwei Gründe für die Entstehung von Nutzfällen genannt werden. Zum einen sind das Forderungen, die aus der Systemumgebung stammen. Das Beispiel des Nutzfalls `Routen planen` ist ein solcher Fall. Weitere Beispiele als Dienste für den Disponenten wären noch: `Aufträge verwalten` oder `Fahrzeug Tracking & Tracing`. Sie werden als externe Nutzfälle bezeichnet. Die zweite Art der Nutzfälle sind Dienste, die als interne Nutzfälle charakterisiert werden. Sie sind notwendig, um die externen durchführen zu können. Als Beispiel wäre der Nutzfall `Kunde verwalten` oder in einem Dispositionssystem `Lieferrestriktionen erfassen` als ein interner Nutzfall zum Zwecke der Kundenverwaltung zu nennen, da diese individuell für jeden Kunden angelegt werden müssen und nur einen Sinn in Verbindung mit dem entsprechenden Nutzfall Informationen ergeben. `Lieferrestriktionen erfassen` wurde als ein separater Nutzfall definiert, da er in sich schon sehr kompliziert und umfangreich sein kann, falls man Zeitfenster, Zulieferwege zum Kunden oder Tore am Wareneingang berücksichtigen möchte.

Externe und interne Nutzfälle

Umfang des Nutzfalls

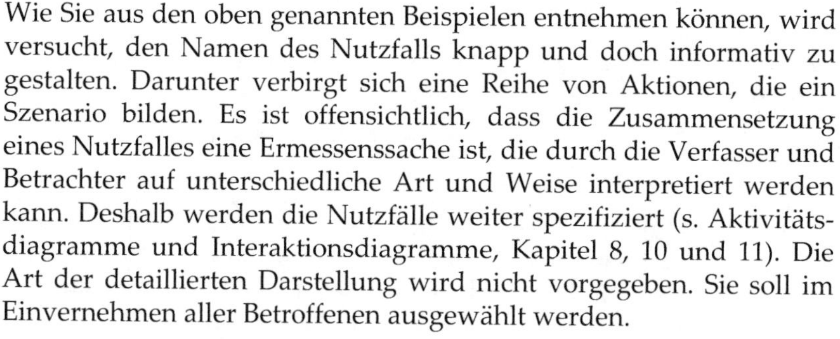

Wie Sie aus den oben genannten Beispielen entnehmen können, wird versucht, den Namen des Nutzfalls knapp und doch informativ zu gestalten. Darunter verbirgt sich eine Reihe von Aktionen, die ein Szenario bilden. Es ist offensichtlich, dass die Zusammensetzung eines Nutzfalles eine Ermessenssache ist, die durch die Verfasser und Betrachter auf unterschiedliche Art und Weise interpretiert werden kann. Deshalb werden die Nutzfälle weiter spezifiziert (s. Aktivitätsdiagramme und Interaktionsdiagramme, Kapitel 8, 10 und 11). Die Art der detaillierten Darstellung wird nicht vorgegeben. Sie soll im Einvernehmen aller Betroffenen ausgewählt werden.

Im Folgenden wird auf die textuelle Darstellung eingegangen, die nicht als UML-Standard gilt, jedoch von vielen Praktikern bevorzugt wird. Detaillierte Informationen finden Sie in [5]. Der Autor beschäftigt sich fast ausschließlich mit der Formulierung der Nutzfälle in natürlicher Sprache.

Nutzfall in Tabellenformat

Die Beschreibung eines Nutzfalles kann nach [5] wie in Tabelle 2-1 strukturiert werden. Der Inhalt der Tabelle kann selbstverständlich weniger formlos auch als Text formuliert werden. In der Literatur finden sich zahlreiche Variationen solcher Beschreibungen des Inhalts (z.B. in [15]). Die Auswahl der Beschreibungspositionen bleibt Ermessenssache.

Tabelle 2-1: Tabellenformat eines Nutzfalles.

Position	**Inhalt**
Bezeichner und Nutzfall-name	Der Name in einer verbalen Form mit einer sach-orientierten Nummerierung
Nutzfall-kontext	Eine längere Beschreibung des Anwendungs-kontexts, falls nötig
Umfang	Das zu modellierende System
Ebene	Die Stellung im System (Überblick, Hauptauf-gabe, Subfunktion)
Primär-akteur(e)	Eine Rolle oder ihre Beschreibung
Stakeholder	Name und seine Interessen
Vor-bedingungen	Der zu Grunde gelegte Stand der Dinge. Alle Be-dingungen, die erfüllt sein müssen, damit dieser Nutzfall ausgeführt werden kann. Gibt es keine Vorbedingungen, so findet "keine" Verwendung.
Invarianten	Die in jedem Fall geschützten Interessen
Nach-bedingungen	Die befriedigten Interessen bei dem erfolgreichen Ausgang
Trigger	Die Aktion des Systems oder der Anlass, die oder der den Nutzfall auslöst
Ablaufschritte	Hier wird der eigentliche normale Ablauf darge-stellt. Mit normal ist der Idealfall bzw. häufigster regulärer Ablauf gemeint. Die Ablaufschritte werden nummeriert und meist in strukturierter Sprache beschrieben.
Alternative Ablaufschritte	Sie stellen Abweichungen oder Verzweigungen der normalen Ablaufschritte dar.
Technik- und Daten-variationen	Ausnahmen und Erweiterungspunkte
Hinweise	Kurze Erklärungen zum besseren Verständnis, Hinweise zu Nebeneffekten, Mengengerüsten soweit erforderlich und weitere Informationen, die nicht weiter oben dargestellt werden können.

Es folgt nun in der Tabelle 2-2 ein Beispiel für die Beschreibung des Nutzfalls nach dem Muster der Tabelle 2-1.

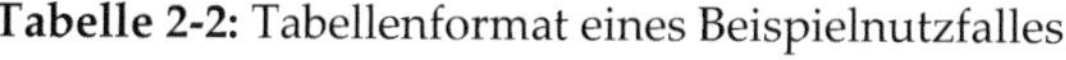

Tabelle 2-2: Tabellenformat eines Beispielnutzfalles.

Position	**Inhalt**
Bezeichner und Nutzfallname	N3.04 Routen planen[2]
Nutzfallkontext	Der Disponent hat die Möglichkeit, den ausgewählten Aufträgen ausgewählte Fahrzeuge zuzuordnen. Die Zusammenstellung der Aufträge und Fahrzeuge ist frei definierbar. Ein Optimierungskriterium kann für die Disposition ausgewählt werden. Das Ergebnis wird in Listenform und auf einer Karte dargestellt.
Umfang	Disposition
Ebene	Hauptaufgabe
Primärakteur(e)	Disponent
Stakeholder	Fahrer – muss die Route abfahren Kunde – als Ergebnis des Abfahrens der geplanten Tour bekommt er seine Lieferung Buchhaltung – Frachtkosten für die Lieferung werden ermittelt
Vorbedingungen	Der Disponent muss sich im System authentifizieren. Die Verbindungen zu den Systemen der Auftragsverwaltung und Buchhaltung müssen bestehen.
Invarianten	Es sind genügend Informationen über Fuhrpark, Straßenverbindungen, Kunden und Restriktionen vorhanden, damit die Planung der Routen erfolgen kann.

[2] Der Bezeichner „N3.04" ist hier frei erfunden

Nachbedingungen	Die Aufträge werden den Fahrzeugen zugeordnet und in Listenform und als Kartenansicht präsentiert.
Trigger	Der Disponent führt aus, falls noch nicht disponierte Aufträge vorliegen.
Ablaufschritte	1. Die zur Disposition stehenden Fahrzeuge werden ausgewählt. 2. Die zu disponierenden Aufträge werden ausgewählt. 3. Die verfügbaren Fahrer werden ausgewählt. 4. Das Optimierungsverfahren wird ausgewählt. 5. Die Routenplanung wird durchgeführt. 6. Die Dispositionsliste und Dispositionskarte mit den Routen werden angezeigt. 7. Für den Fahrer werden die Unterlagen gedruckt.
Alternative Ablaufschritte	2.1. Fehlende Auftragsdaten, die zur Durchführung der Routenplanung notwendig sind, (z.B. Lieferrestriktionen, Kühlvorgaben, usw.) werden ergänzt. 5.1. Einsatz von virtuellen Fahrzeugen bei einem Fahrzeugengpass. 5.2. Falls die Anzahl der Stammfahrer nicht ausreicht, werden Leihfahrer in Anspruch genommen. 6.1. Eine erneute Planung mit gelockerten Restriktionen wird angeboten, falls nicht alle Aufträge disponiert werden konnten.
Technik- und Datenvariationen	5a. Die Aufträge, die aufgrund von Engpässen nicht disponiert werden konnten, stehen zum Outsourcing frei. 5b. Leihfahrerfirma kann ausgewählt werden. 6a. Die manuelle Nachdisposition auf der Karte wird ermöglicht.

Hinweise	Die Schritte der manuellen Nachdisposition werden zwischengespeichert, um diese Operationen rückgängig machen zu können. Der Ausdruck der Dispositionsliste kann individuell für jeden Fahrer oder in der Gesamtheit erfolgen.

Das tabellarische Format der Beschreibung eines Nutzfalles aus der Tabelle 2-1 sollte als ein möglicher Vorschlag wahrgenommen werden. Es besteht aber nicht die Pflicht der Einhaltung dieses Formats. Zum einen muss eine Beschreibung nicht in einer Tabelle umgesetzt werden – jede strukturierte Beschreibung ist besser als eine formlose. Zum anderen sind die gewählten Positionen der Tabelle weder verpflichtend noch abschließend. Sie dürfen z.B. um Angaben wie:

- Status – wie weit der aktuelle Bearbeitungszustand fortgeschritten ist,
- Änderungsgeschichte – Protokoll der Änderungen im Nutzfall,
- Nutzfallkarte – Versionierung, Name des Autors, Datum

ergänzt werden. Wie man den bisherigen Ausführungen entnehmen kann, geht es bei der Beschreibung eines Nutzfalls nicht darum, wie dort enthaltene Operationen realisiert werden. Die Modellierung der Nutzfälle entsteht auf konzeptioneller Ebene. Daher ist es noch „zu früh" für Implementierungsdetails.

2.3 Akteur

Ein Akteur (auch von vielen Autoren als Handlungsobjekt bezeichnet) wurde bereits in Kapitel 2.1 als eine Rolle des Anwenders oder eines anderen Systems definiert, die mit dem modellierten System interagiert. Grundsätzlich wird eine Person mit dem Akteur in Verbindung gebracht. Im Sinne der UML ist jedoch eine zusätzliche Betrachtung bezüglich der Geräte oder anderer Systeme notwendig. Diese Wahrnehmung des Akteurs sollte besonders hervorgehoben werden, da seine graphische Notation als irreführend angesehen werden könnte (vergl. Abbildung 2-2).

Strichmännchen

Die Notation der Rolle wird durch ein Strichmännchen inkl. der Bezeichnung umgesetzt (üblicherweise unten oder oben). Sofort wird eine Assoziation mit einer Person geweckt. Aus diesem Grund ermöglicht der UML-Standard die Verwendung eines Rechtecks, wie in

Abbildung 2-3: zu sehen ist. Dadurch kann man dieser falschen Assoziation direkt entgegenwirken.

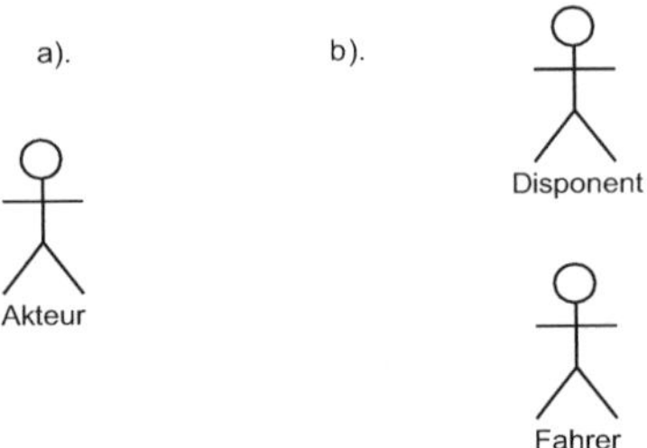

Abbildung 2-2: Darstellung des Akteurs: a) Syntax; b) Beispiele

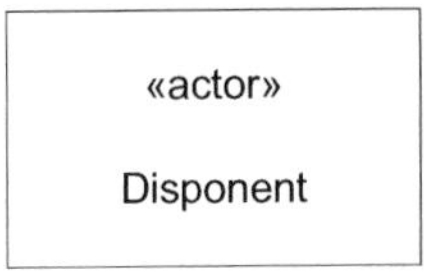

«actor»

Disponent

Abbildung 2-3: Alternative Darstellung des Akteurs

Rolle

Nicht ohne Grund hat man in der Definition des Akteurs das Wort „Rolle" verwendet. Manchmal ist eine einzelne Person damit gemeint. Nicht selten aber wird darunter eine Gruppe von Personen (Handlungsobjekten) verstanden, die mit dem System interagieren. Beispielsweise ist `HansWichtig` der Geschäftsführer und `WalterWenigerwichtig` der Disponent in einer Spedition. Im Sinne der UML wird entsprechend `HansWichtig` als Akteur – **`Geschäftsführer`** und `WalterWenigerwichtig` als Akteur – **`Disponent`** modelliert. In einer kleinen Spedition kann der Geschäftsführer zugleich auch der Disponent sein. In diesem Falle agieren zwei Rollen in einer Person. Eine weitere Möglichkeit besteht, dass in einer großen Spedition nicht nur `WalterWenigerwichtig` sondern auch `RobertZiemlichwichtig` als der zweite Disponent eingesetzt werden. So werden unter dem Akteur – `Disponent` beide verstanden, da sie die gleiche Funktion ausüben. Aus den Beispielen geht hervor, dass eine Rolle durch mehrere physische Objekte durchgeführt werden und ein Objekt viele Rollen ausüben kann.

Singular Hauptwort

Das letzte Beispiel wird aus einer anderen Perspektive beleuchtet: vielleicht ist es Ihnen bereits aufgefallen, dass für die Namen der Akteure **`Disponent`**, **`Geschäftsführer`** und **`Fahrer`** der Singular

gewählt wurde. Es können mehrere Disponenten in einer Spedition tätig werden, aber ihre Rolle ist dieselbe, nämlich `Disponent`. Daher wird der Plural bei den Bezeichnungen der Akteure vermieden.

Interaktion

Ein Akteur interagiert mit dem System, d.h. tauscht mit dem System Signale oder Informationen aus. Dies kann in Form einer Nachricht geschehen, eine Schaltfläche wird auf der Maske angeklickt, ein Knopf wird gedrückt oder der Nutzfall wird auf einem anderen Weg ausgelöst. Es gibt jedoch Situationen, in denen der Akteur nicht der Auslöser ist. Es kann ein Nutzfall zeitgesteuert initiiert werden (z.B. durch den automatischen Start der Disposition, morgens um 6:00Uhr).

Umgebung

Die bisherigen Ausführungen zeigen deutlich, dass die Akteure zur Modellierung der Umgebung des Systems verwendet werden, d.h. den Akteuren (die sich außerhalb des Systems befinden) werden Dienste der Nutzfälle (die sich inmitten des Systems befinden) angeboten.

2.4 Assoziation

Assoziation

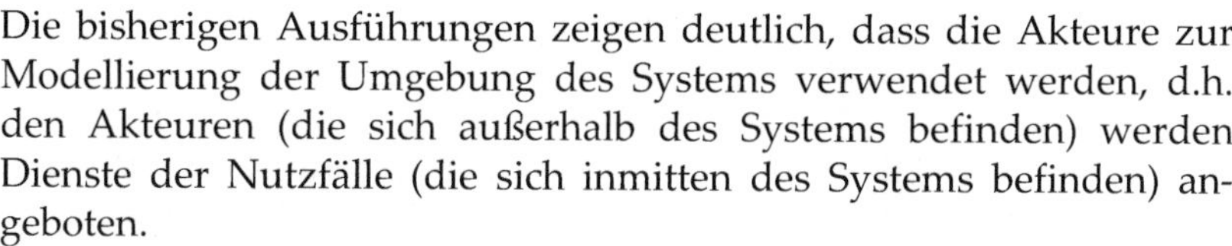

Eine Assoziation stellt die Relation zwischen einem Akteur und einem Nutzfall dar.

Üblicherweise wird eine Assoziation als eine bidirektionale Beziehung betrachtet, d.h. beide Richtungen der Interaktionen sind gleichwertig. Eine gerichtete Assoziation stellt hingegen eine Modellierung dar, bei der es eine Initiative in der Beziehung gibt, d.h. wer die Interaktion beginnt. Solch eine Richtungsangabe ist jedoch optional.

Notation

Graphisch wird die Assoziation durch eine Linie zwischen den Elementen (z.B. einem Akteur und einem Nutzfall) dargestellt. Bei der gerichteten Assoziation zeigt der Pfeil von dem initiierenden Element auf das initiierte Element. Falls die Interaktion ausschließlich in eine der beiden Richtungen läuft, kann die Assoziation am Ende mit einem Kreuz versehen werden. In der Abbildung 2-4 werden die Fahrunterlagen für den `Fahrer` gedruckt. Er hat keinen Einfluss auf den Inhalt. Der Fahrer fungiert lediglich als Empfänger (übt eine passive Rolle aus).

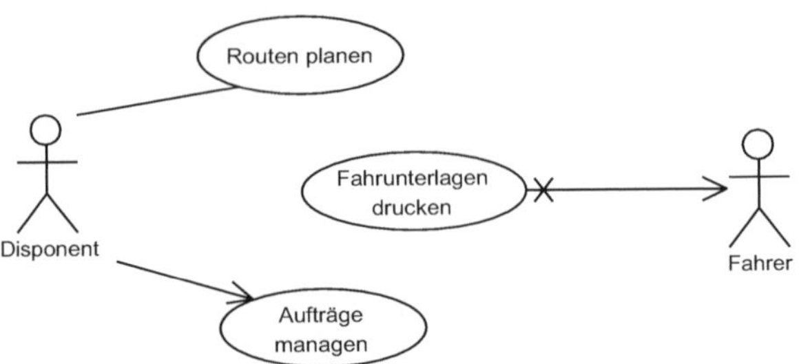

Abbildung 2-4: Assoziation zwischen Akteur und Nutzfall

2.5 Systemkontext

Eine der grundsätzlichen Entscheidungen muss beim Entwurf eines beliebigen Systems getroffen werden: Welche Elemente befinden sich innerhalb und welche außerhalb des Systems? In einem Dispositionssystem einer Spedition sind innerhalb des Systems beispielsweise Tourenplanung, Verwaltung der Aufträge oder Verwaltung der Daten über den Fuhrpark vorzufinden. Dagegen sind Elemente wie Fahrer, Disponent oder Kunde außerhalb des Systems anzutreffen. Die in der Mitte befindlichen ersten Elemente stellen das Verhalten des Systems dar und führen die Funktionen aus, die von ihnen aus der Umgebung des Systems erwartet werden. Somit bilden die äußeren Elemente (Akteure) den Kontext des Systems ab.

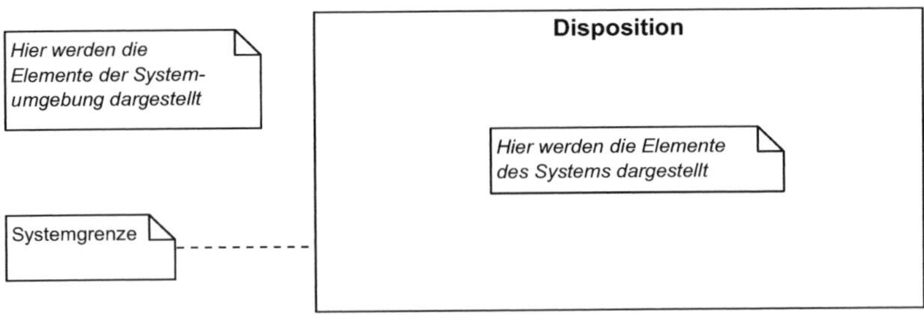

Abbildung 2-5: System `Disposition` und Anmerkungen

Notation

Von diesem Gesichtspunkt ausgehend, hat man als graphische Darstellung des Systems ein Rechteck gewählt: die Kanten des Rechtecks teilen die Fläche des Diagramms in zwei Bereiche; der innere Bereich des Rechtecks stellt das System dar, wobei der umschließende Rest

des Diagramms die Umgebung des Systems ist. Auf diese Weise wird die Grenze zwischen dem System und seiner Umgebung gezogen.

Das Rechteck kann mit der Bezeichnung des modellierten Systems versehen werden, wie in Abbildung 2-5 zu sehen ist (der Name `Disposition`).

2.6 Aufbau eines Nutzfalldiagramms

Die Nutzfalldiagramme enthalten üblicherweise folgende Elemente:

- ein System,
- Nutzfälle,
- Akteure,
- Assoziationen,
- Anmerkungen,
- Pakete, die verwendet werden, um Elemente in größeren Einheiten zusammenzufassen (Pakete werden weiter in Kap. 5. betrachtet).

Der Inhalt des Nutzfalldiagramms stellt die Dienste und die Umgebung eines Systems dar. Es wird im Folgenden mit einem Beispiel des Systems `Disposition` die Erstellung eines Nutzfalldiagramms veranschaulicht.

Die Abbildung 2-6 stellt die Nutzfälle und Akteure des `Disposition`-Systems dar. Die Aufgaben des Systems können durch folgende Dienste zusammengefasst werden:

- `Kunden verwalten`
- `Fahrer verwalten` (wird üblicherweise nicht von dem Disponenten, sondern Fuhrparkleiter gemanagt; der Disponent muss jedoch auf Fahrer zugreifen können)
- `Aufträge managen`
- `Routen planen`
- `Fahrzeug Tracking & Tracing`

Die Umgebung des Systems stellen dar:

- `Disponent`
- `Fahrer`
- `Kunde`
- `Buchhaltung`

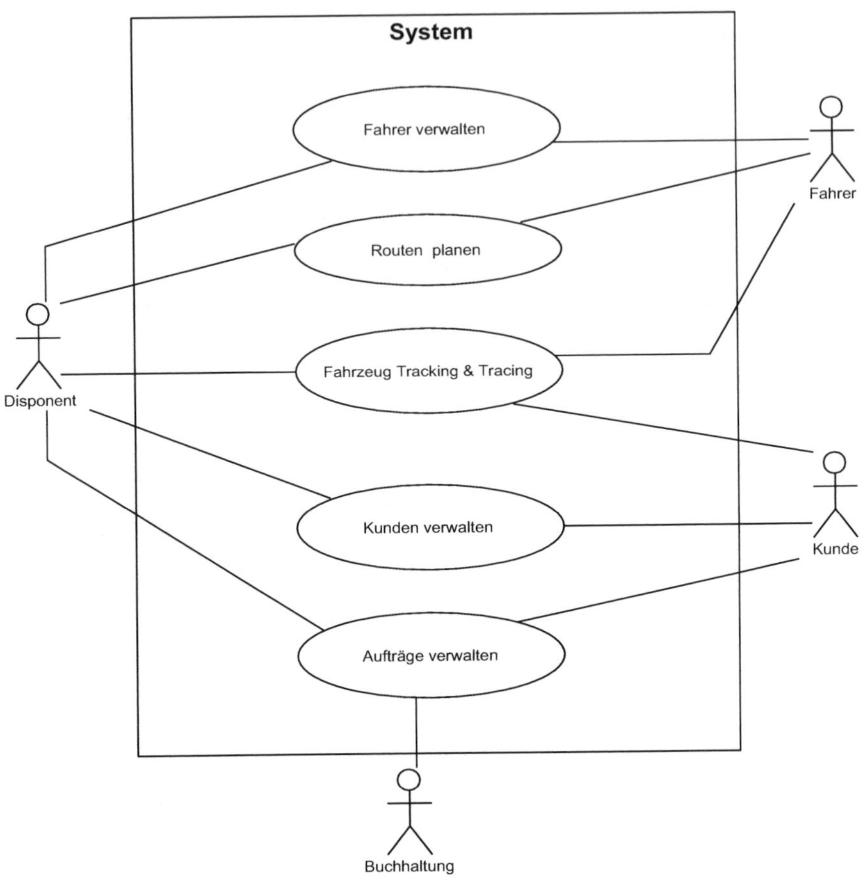

Abbildung 2-6: Nutzfalldiagramm für das System `Disposition`

Beachten Sie bitte, dass `Buchhaltung` keine Person ist, sondern ein womöglich weiteres System im Unternehmen darstellt. Die Interaktionen zwischen den Akteuren und den Nutzfällen wurden durch Linien modelliert. Dabei sollten kreuzende Linien vermieden werden, um keine Zweifel aufkommen zu lassen, welcher Nutzfall mit welchem Akteur interagiert. CASE-Tools erlauben über eine geradlinige Assoziation hinaus auch eine rechtwinklige oder geknickte Verbindung, um undeutliche Kennzeichnungen effektiver zu minimieren. Das gut überlegte Positionieren der Nutzfälle im Rechteck und der Akteure am Rand des Rechtecks, kann des Weiteren die Übersichtlichkeit des Diagramms verbessern.

Übersichtlichkeit

Es wird großer Wert auf Übersichtlichkeit gelegt, da die Nutzfalldiagramme ein Bestandteil der Spezifikation des zu bestellenden

Systems sind und dadurch Teil des Vertrages darstellen. Beide Parteien des Vertrages müssen den Inhalt des Diagramms gleich gut und identisch verstehen können. Die zusätzlichen Beschreibungen der einzelnen Nutzfälle, wie in Kapitel 2.2 gezeigt, sorgen für die Übereinkunft zwischen den Vertragspartnern.

Kein Szenario

Das Nutzfalldiagramm stellt, in seiner Gesamtheit, kein Szenario eines Systemeinsatzes dar. Die Ordnung der Nutzfälle hat inhaltlich keine Bedeutung. Die Durchführung eines einzelnen Nutzfalles verläuft dagegen nach einer gewissen Ereignissequenz. Die Schritte des Szenarios werden in einer zusätzlichen Beschreibung oder in einem anderen Diagramm (s. Interaktions- bzw. Aktivitätsdiagramme, Kapitel 8, 10 und 11) zusammengefasst. Viele CASE-Tools ermöglichen auch, eine textuelle Beschreibung in einem Zusatzeditorfenster zu verfassen, so dass diese Beschreibung direkt mit dem Element verbunden ist und einen Teil der Gesamtspezifikation darstellt.

Dynamik vs. Statik

Ein Nutzfall fasst bestimmte Aspekte der Systemdynamik zusammen. Die Sammlung aller Nutzfälle in einem Nutzfalldiagramm wird verwendet, um lediglich eine statische Darstellung der Zusammenhänge zwischen den Akteuren und Nutzfällen wiederzugeben. Es gibt jedoch keinen Hinweis auf die Reihenfolge der auszuführenden Nutzfälle.

Die Detaillierung (oder anders gesagt Granularität) der Nutzfälle ist ein Problem in sich, das durch den Standard nicht abgedeckt wird und auch nicht abgedeckt werden kann. Somit bleibt die Tiefe der Modellierung Ermessenssache und muss von Fall zu Fall unterschiedlich vereinbart werden.

2.7 Enthältbeziehung

Das Einführen von internen Nutzfällen kann teilweise zu einer besseren Struktur des Systems verhelfen. Über dieses Thema handeln dieses und das nächste Unterkapitel, in denen die Beziehungen zwischen den Nutzfällen besprochen werden.

In der UML wurden zwei Arten von Relationen zwischen den Nutzfällen eingeführt: eine Enthält- und Erweitertbeziehung.

Enthältbeziehung

> Eine Enthältbeziehung (auch Inklusionsbeziehung genannt) zwischen zwei Nutzfällen stellt ein Verhältnis dar, in dem der enthaltene Nutzfall in einem anderen integriert wird.

Der integrierte Nutzfall wird zur Durchführung des Basisnutzfalles gebraucht. Im Kontext der Programmiersprache würde man sagen, dass der enthaltene Nutzfall von dem Basisnutzfall „aufgerufen" wird und ein logischer Teil desselben ist.

Richtung

Die Enthältbeziehung ist eine gerichtete Beziehung – ein Nutzfall X enthält einen anderen Nutzfall Y. Sie kann nicht zugleich lauten: der Nutzfall Y enthält den Nutzfall X. Diese Formulierung würde einen Widerspruch in sich tragen. Eine weitere Konsequenz der Enthältbeziehung lautet: Das Ergebnis eines Basisnutzfalls hängt vom Ergebnis des enthaltenen Nutzfalls ab und nicht andersherum. Die korrekte Ausführung des Basisnutzfalles verlangt die Ausführung des enthaltenen Nutzfalls.

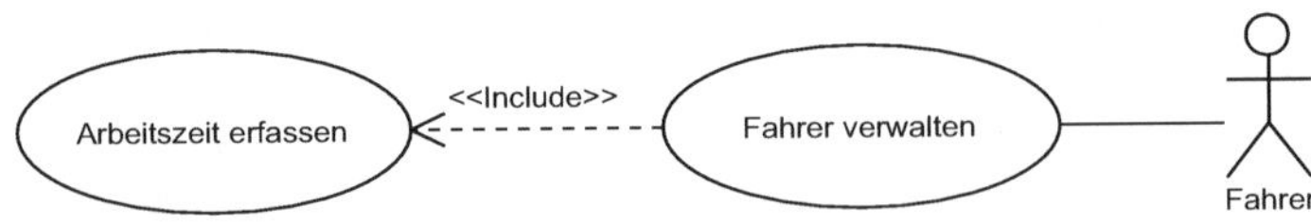

Abbildung 2-7: Enthältbeziehung.

«include»

In Abbildung 2-7 wird gezeigt, dass die Verwaltung der Fahrer die Erfassung der Arbeitszeit enthält. Diese Beziehung wird durch einen gestrichelten Pfeil mit offener Spitze in Richtung des enthaltenen Nutzfalls dargestellt. Der Pfeil wird zugleich mit «include» beschriftet.

Auch in den Fällen, in denen zwei oder mehrere Nutzfälle einen identischen Teil besitzen, kommt die Enthältbeziehung zum Einsatz. An dieser Stelle wäre es vernünftig, den gemeinsamen Teil der betroffenen Nutzfälle in einen neuen, separaten Nutzfall auszulagern. Dadurch wird für die Implementierung die Möglichkeit der Wiederverwendung von gemeinsamen Komponenten schon auf der Ebene der Modellierung geschaffen. Der ausgelagerte Teil des Basisnutzfalles wird in bestimmten Schritten ausgeführt. Wenn der ausgelagerte Teil beendet wird, kehrt die Steuerung wieder zum Basisnutzfall zurück.

Die Lieferrestriktionen in der Abbildung 2-8 kann man bei der Erfassung der Kundendaten bestimmen. Damit können diese Daten für jeden Auftrag des Kunden gelten. Dennoch soll die Möglichkeit bestehen, bei der Erfassung der Auftragsdaten, dieselben Schritte und Eingabefenster zu verwenden, da möglicherweise für den Auftrag geänderte Zeitfenster eingesetzt oder die Besonderheiten des betroffenen Auftrages eingegeben werden müssen. Deshalb wird Lieferrestriktionen erfassen in die Nutzfälle Kunden verwalten und Aufträge managen integriert.

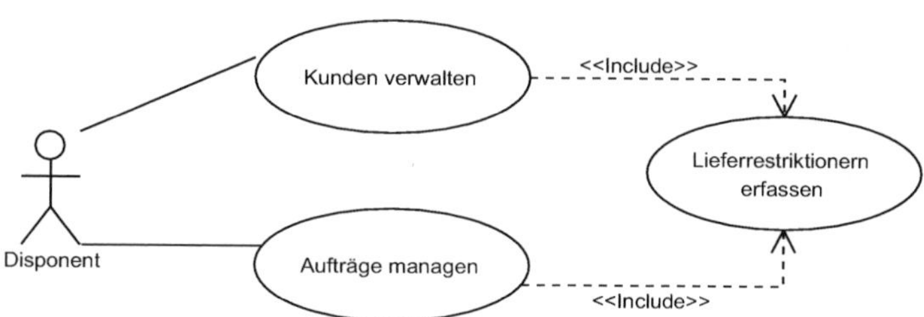

Abbildung 2-8: Auslagerung von gemeinsamen Teilen

2.8 Erweitertbeziehung

Erweitert-beziehung

Eine Erweitertbeziehung zwischen Nutzfällen bedeutet, dass der Basisnutzfall zu einem bestimmten Zeitpunkt die Ausführung des erweiternden Nutzfalls aufnehmen kann.

Die Erweiterung wird in dem Basisnutzfall festgelegt und als Erweiterungspunkt bezeichnet.

Erweiterungs-punkt

Ein Erweiterungspunkt legt im Ablauf des Nutzfalls einen Punkt fest, an dem dieser Ablauf durch einen anderen Nutzfall erweitert werden kann.

Der Erweiterungspunkt wird mit einem eindeutigen Namen versehen.

Grundsätzlich kann die Ausführung eines erweiterten Nutzfalls auch ohne den erweiternden Nutzfall problemlos erfolgen. Jedoch können Umstände eintreten, unter denen die Ausführung des erweiternden Nutzfalls Vorteile mit sich bringen oder sogar notwendig werden können. Das soll bedeuten, dass der erweiternde Nutzfall ein Zusatzverhalten des erweiterten Nutzfalls darstellt.

Außerdem kann der erweiternde Nutzfall durchgeführt werden, ohne vorerst von dem Basisnutzfall aufgerufen zu werden. Hier muss jedoch eine Interaktion zu einem Akteur bestehen, damit diese Ausführung initiiert werden kann.

In diesem Sinne betrachtet man die erweiternden Nutzfälle als Optionen eines Systems, die nicht unerlässlich für das normale Verhalten sind. Sie tragen aber dazu bei, dass das System besser auf Besonderheiten reagieren kann.

Der erweiternde Nutzfall kann auch selber erweitert werden, wodurch dieser dann selber zum erweiterten Nutzfall wird.

«extend»

Die Erweitertbeziehung ist eine gerichtete Beziehung – ein Nutzfall X erweitert einen anderen Nutzfall Y. Der Besitzer dieser Beziehung ist der erweiternde Nutzfall. Die betrachtete Beziehung wird durch einen gestrichelten Pfeil mit offener Spitze in Richtung des erweiterten Nutzfalls dargestellt. Der Pfeil wird zugleich mit «extend» beschriftet. Falls die Ausführung des erweiternden Nutzfalls durch Erfüllung einer Bedingung ausgeübt wird, kann diese Bedingung in einer Anmerkung (geknüpft an den Pfeil) untergebracht werden.

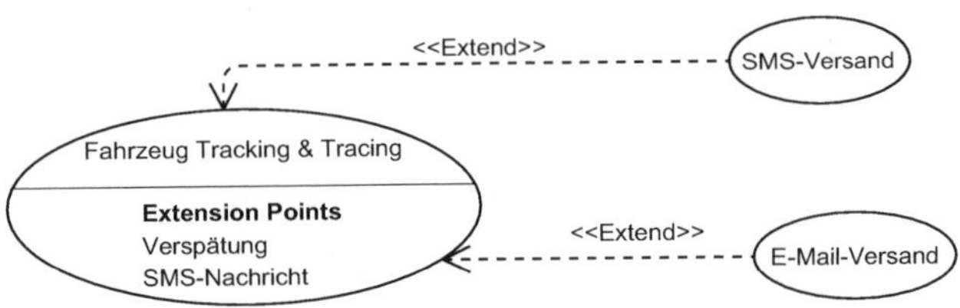

Abbildung 2-9: Erweitertbeziehnung

Der Erweiterungspunktname ist eine Zeichenkette, die in dem Oval des Nutzfalles separiert mit einer Trennlinie vom Nutzfallnamen, gezeichnet wird. Zusätzlich gibt es dort zugleich den Schriftzug *„Extension points"*.

Die Abbildung 2-9 stellt eine Situation dar, in der das System im Verlauf der Fahrzeugreise eine Verspätung aufgedeckt hat und deshalb eine Mail-Nachricht an den Kunden schickt. Zugleich kann auch eine SMS-Nachricht gesendet werden, um den Fahrer zu benachrichtigen, dass der Kunde über die mögliche Verspätung informiert ist.

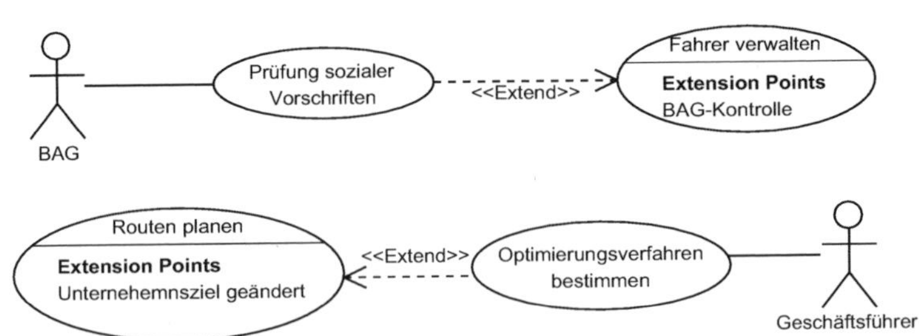

Abbildung 2-10: Erweitertbeziehnungen mit initiierenden Akteuren

Die Abbildung 2-10 zeigt Beispiele, bei denen der erweiternde Nutzfall sowohl nach Bedarf von dem erweiterten Nutzfall, als auch vom

Akteur aus der Umgebung als selbständiger Nutzfall aufgerufen werden kann.

Es wurden in diesem und dem vorangegangen Kapitel zwei Beziehungsarten zwischen den Nutzfällen diskutiert. Achten Sie bitte darauf, dass der Pfeil bei der Enthältbeziehung vom Basisnutzfall auf den enthaltenen Nutzfall zeigt. Im Falle der Erweitertbeziehung zeigt dieser jedoch auf den zu erweiternden Basisnutzfall.

Pfeilrichtung

2.9 Anforderungen und Nutzfalldiagramme

Die Anforderungen sind in dem UML-Standard nicht enthalten. Trotzdem werden die Nutzfalldiagramme verwendet, um die Anforderungsanalyse mit UML zu gestalten.

Anforderung

Eine Anforderung (engl. *requirement*) stellt eine Aussage über eine zu erbringende Leistung oder zu erfüllende Eigenschaft eines Systems dar.

Es existieren unterschiedliche Ansätze zur Klassifikation von Anforderungen. Am verbreitetsten ist die Unterteilung in funktionale, nichtfunktionale und Problembereich-Anforderungen [31].

- Funktionale Anforderungen – sind Aussagen zu den Diensten, die das System leisten sollte und wie das System auf bestimmte Ereignisse (auch Benutzereingaben) reagieren soll.
- Nichtfunktionale Anforderungen – sind Beschränkungen der Systemdienste. Darunter versteht man u.a. Terminabsprachen, Zeitbeschränkungen und einzuhaltende Standards.
- Problembereich-Anforderungen – sind Anforderungen, die sich aus der Domäne des Systems ergeben. Sie können sowohl den Charakter der funktionalen als auch nichtfunktionalen Anforderung haben.

In der Realität finden wir meist keine eindeutige Abgrenzung zwischen diesen Anforderungen vor. Aus diesem Grund wird auf keine zusätzliche Anforderungsanalyse eingegangen. In der einschlägigen Literatur können entsprechende Verfahren gefunden werden. Durch die Betrachtung der Nutzfälle wurde in diesem Punkt viel zur Gestaltung der funktionalen Anforderungen beigesteuert. Um die nichtfunktionalen Anforderungen besser verstehen zu können wird nach [31] gezeigt, welche Arten es grundsätzlich geben kann (s. die Abbildung 2-11).

Auch die nichtfunktionalen Anforderungen lassen sich mit Hilfe von Nutzfalldiagrammen modellieren. Die entsprechende Erweiterung des UML-Standards finden Sie z.B. in [22].

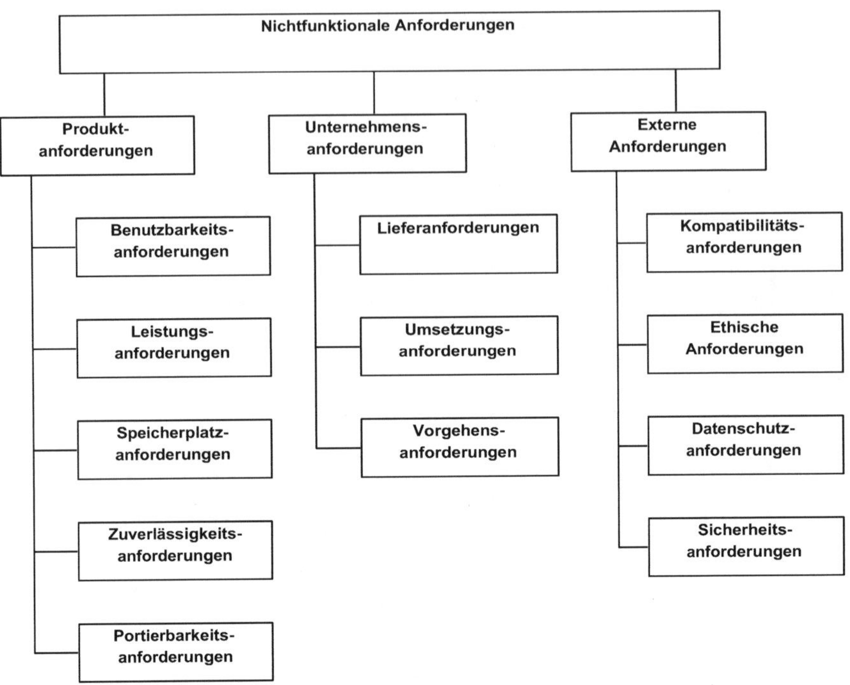

Abbildung 2-11: Typen nichtfunktionaler Anforderungen

2.10 Hinweise zur Modellierung mit Nutzfalldiagrammen

In [3] wird mit Nachdruck darauf hingewiesen, dass unabhängig davon, wie groß das zu modellierende System ist, die Konzentration bei der Modellierung mit den Nutzfalldiagrammen darauf ausgerichtet werden soll, was die Elemente des Systems machen, aber nicht darauf, wie sie es machen.

Die folgende Liste der Schritte und ihrer Reihenfolge zur Gestaltung von Nutzfalldiagrammen wird nicht als vollständig erachtet. Die hier genannten Punkte sollten jedoch stets berücksichtigt werden:

- Identifizieren Sie die Stakeholder bzw. Akteure und legen Sie die Grenze zwischen der Umgebung und dem System fest.
- Erstellen Sie die Liste der Leistungen des Systems, um die Aufgaben der Akteure erfüllen zu können.
- Untersuchen Sie die Wege, auf denen die Akteure mit den Nutzfällen interagieren – so entstehen die Assoziationen.

- Analysieren Sie die Beziehungen zwischen den Nutzfällen, indem Sie die Erweitert- und Enthältbeziehungen einsetzen.
- Betrachten Sie, unter welchen Umständen bestimmte Nutzfälle ausgeführt werden können – diese Überlegungen setzen Sie bei der Definition der Erweiterungspunkte ein.
- Stellen Sie nur solche Nutzfälle dar, die für das Verständnis des Systems in der Domäne wichtig sind.
- **Vergewissern Sie sich, dass sämtliche Elemente des modellierten Systems von allen Beteiligten auf gleiche Art und Weise verstanden werden und dass diese von der Zielerreichung des Systems überzeugt sind.**

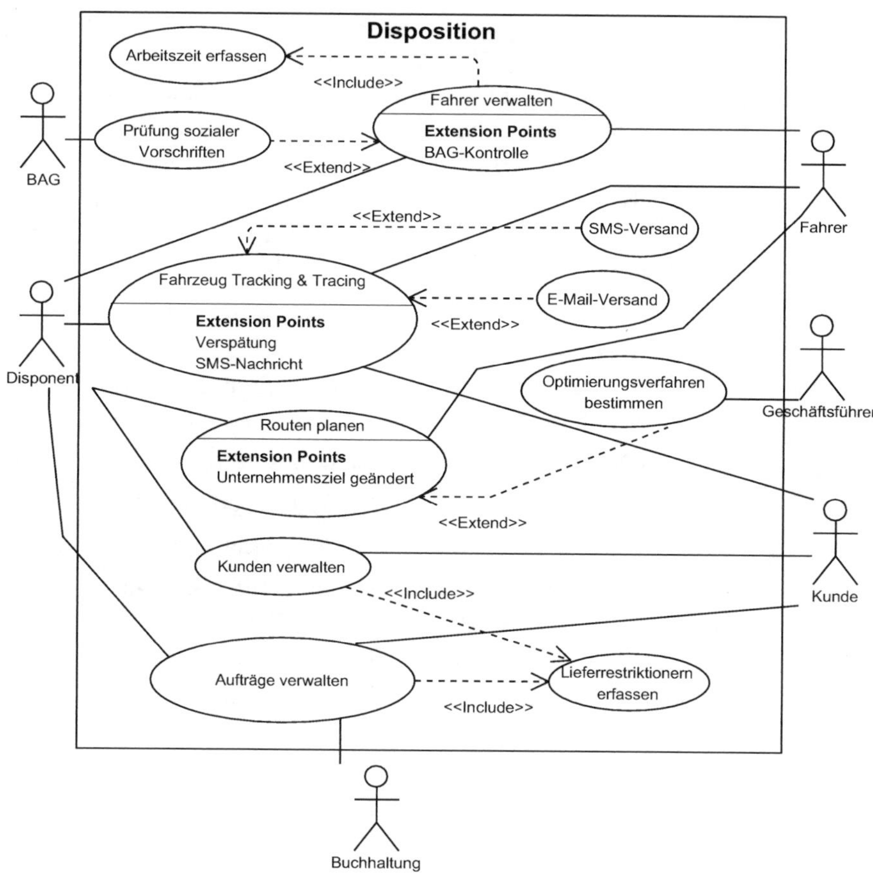

Abbildung 2-12: Dispositions-System als Nutzfalldiagramm

In Abbildung 2-12 wurden die Beispiele, die bisher in diesem Kapitel besprochen wurden, in einem Nutzfalldiagramm zusammengefasst, um ein `Dispositions`-System (in erweiterter Version zu dem System aus der Abbildung 2-6) zu modellieren.

Testfragen

1. Welche der folgenden Beschreibungen trifft auf den Stakeholder zu?

A Ein Stakeholder stellt eine Rolle dar, die der Benutzer in Bezug auf das System ausübt

B Ein Stakeholder stellt eine Rolle dar, die der Benutzer oder ein anderes System in Bezug auf das System ausübt

C Ein Stakeholder stellt einen Benutzer oder ein anderes System dar, der oder das vom System irgendwie betroffen ist

D Ein Stakeholder stellt einen Benutzer dar, der oder das vom System irgendwie betroffen ist

2. In Folge der Ausführung eines Nutzfalls ...

A wird ein Szenario ausgeführt

B ändert sich im System gar nichts

C wird ein anderes System aufgefordert, tätig zu sein

D wird ein Ergebnis produziert

3. Welcher Name sollte als ein Nutzfallname vermieden werden?

A Aufstehen7:00Uhr

B Dusche_nehmen

C Frühstücken

D Fruehstuecken

4. Durch die Pfeile als Syntax für Beziehungen im Nutzfalldiagram werden ...

A Ausführungsfolgen der Nutzfälle dargestellt

B Abhängigkeiten zwischen den Nutzfällen modelliert

C Interaktion zwischen den Nutzfällen und Akteuren dargestellt

D Prioritäten zwischen den Nutzfällen angegeben

5. Welche Notation wird eingesetzt, um die Enthält- bzw. Erweitertbeziehung zu modellieren?

A
Use Case4 - - - - - - - - - ▶ Use Case5 B

Use Case5 ———————— Use Case6

C
Use Case o- - - - - - - - - - ->o Use Case2 D

Use Case2 ———▶———— Use Case3

6. Weswegen wurde das Bild des Strichmännchens für die Darstellung des Akteurs gewählt?

A Um die Rolle des intelligenten Nutzers hervorzuheben

B Vorwiegend werden die Rollen durch Personen übernommen, ferner können auch Systeme gemeint sein

C Es können nur Personen mit dem echten System interagieren

D Das Bild einer Person würde zu konkret wirken

7. Was stellt das graphische Symbol des Rechtecks für ein System dar?

A Die Grenze zwischen System und Umgebung

B Kommunikation zwischen den Akteuren und Nutzfällen

C Mit der Größe des Rechtecks wird auf den Umfang des Systems hingewiesen

D Durch die Rechteckränder dürfen die Nutzfälle eines Systems mit den Nutzfällen eines anderen nicht interagieren

8. Wo wird der Erweiterungspunkt dargestellt?

A Neben dem erweiterten Nutzfall

B Innerhalb des erweiterten Nutzfalls

C Neben dem erweiternden Nutzfall

D Innerhalb des erweiternden Nutzfalls

9. Die tabellarische Beschreibung des Nutzfalles ...

A darf nicht für die erweiternden Nutzfälle eingesetzt werden

B enthält eine festgelegte Anzahl der Beschreibungspositionen

C ist ein Teil des Standards der UML

D ist kein Teil des Standards der UML

10. Die gestrichelten Pfeile für die Nutzfallbeziehungen ...

A verfügen über geschlossene Pfeilspitzen

B verlaufen je nach Art der Beziehung in bzw. aus den internen Nutzfällen

C sind immer auf die internen Nutzfälle gerichtet

D sind beliebig lang und können geradlinig oder krumm verlaufen

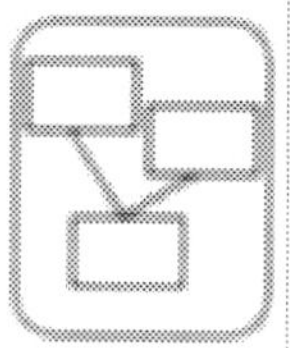

3 Klassendiagramme

3.1 Verwendungszweck

In den Betrachtungen des Kapitels wird angenommen, dass bereits eine Übereinkunft gegeben ist, was das System leisten soll und dass einige Nutzfalldiagramme erstellt wurden, um dies zu visualisieren. Die Nutzfälle sind auch zusätzlich detailliert spezifiziert (s. Kapitel 2.2), so dass eine Vorstellung vorhanden ist, was von dem System erwartet werden kann.

Schauen Sie sich bitte das beispielhafte Nutzfalldiagramm in der Abbildung 2-12 an. Versuchen Sie die Hauptwörter aus den Namen der Diagrammelemente zu nennen. Dort finden Sie u.a. Prüfung, Fahrer, Vorschrift, Arbeitszeit, Verspätung, SMS, E-Mail, Route, Unternehmensziel, Kunde, Auftrag, Restriktion. Viele dieser Dinge besitzen strukturelle Eigenschaften (z.B. Fahrer hat einen Namen, Adresse, Führerscheinklasse, Stundenlohn, usw.) und Verhaltenseigenschaften – Auftrag wird disponiert, Route wird durch einen Fahrer abgefahren, SMS wird getippt und gesendet, usw.

Es ist selbstverständlich, um die Funktionalität des Systems zu realisieren, dass die Objekte, die daran beteiligt sind, genau untersucht werden müssen. Das heißt, es muss ihr Aufbau und ihr Verhalten aus der Sicht des zu erstellenden Systems betrachtet werden. Wie es in Kapitel 1 eingeführt worden ist, werden anstatt der individuellen Objekte ihre Verallgemeinerungen, d.h. Klassen, untersucht. Die UML stellt für diesen Zweck die Klassendiagramme zur Verfügung.

Klassendiagramm

Ein Klassendiagramm stellt die statischen Eigenschaften der Klassen und ihre Beziehungen zueinander dar.

Graph

Das Klassendiagramm stellt eine Art Graphen dar, in dem die *Knoten* die Klassen bzw. Interfaces sowie die *Kanten* zwischen den Knoten die unterschiedlichen Beziehungen repräsentieren.

Ein übliches Klassendiagramm kann folgende graphische Elemente enthalten:

- Klasse
- Assoziation

- Aggregation
- Komposition
- Generalisierung
- Interface

Die folgenden Unterkapitel betrachten die Bedeutung und Notation dieser Elemente.

3.2 Klasse

Durch Klassen werden die systemrelevanten Sachverhalte dargestellt. Sie werden der Problemdomäne entnommen oder repräsentieren bestimmte Konzepte in der Softwareimplementierung. Die Klassen sind die wichtigsten Elemente eines objektorientierten Ansatzes bei der Modellierung des Systems.

Die Klasse wurde bereits in Kapitel 1.3 definiert. Im Folgenden wird die Definition aus dem UML-Standard [24] zitiert:

Klasse

Eine Klasse beschreibt eine Menge der Objekte, die gleiche Eigenschaften, Einschränkungen und Bedeutung teilen.

Abgesehen von einer unterschiedlichen Wortwahl und spezieller Akzente, weisen alle Definitionen, die Sie in der einschlägigen Literatur finden, den gleichen Sinn der Klasse auf. Die Attribute der Klasse beschreiben die Struktur der Klasse und die Operationen stellen das Verhalten dar.

Notation

Graphisch wird eine Klasse als dreigeteiltes Rechteck dargestellt:

- der obere Teil enthält den Klassennamen,
- der mittlere Teil enthält die Liste der Attribute,
- der untere Teil enthält die Liste der Operationen.

Die Listen können in besonderen Fällen leer sein. Des Weiteren können die Attribute und Operationen mit dem Symbol der Sichtbarkeit vorangestellt werden (s. weiter unten in diesem Kapitel).

Einige Hinweise zur Darstellungsweise:

- Der Klassenname wird fett und zentriert dargestellt.
- Der erste Buchstabe des Klassenamen soll ein Großbuchstabe sein.
- Die Attribut- und Operationsnamen sollen links ausgerichtet werden und mit Kleinbuchstaben beginnen.
- Die Darstellung der Attributtypen, Attributanfangswerte und Operationsparameter ist optional.

Die Abbildung 3-1 stellt einige Beispiele von Klassen dar. Die nächste Abbildung 3-2. zeigt die allgemeine Form der Klassendefinition und ihre Varianten. Die Varianten ergeben sich, da die Operationen bzw. Attribute weggelassen werden können.

Lagerbereich
lagertyp lagerspiegel automatischeBedienung ebenenanzahl gassenanzahl gefahrgutklasse
einlagern() auslagern() inventur() umlagerung() verpackung()

Auftrag
auftragsnummer auftraggeber zeitrestriktionen operationsart
speichern() ändern() löschen() weitergeben()

Mitarbeiter
personalnummer name adresse kalender
auftrag_durchführen() stelle_zuordnen()

Abbildung 3-1: Beispiele der Klassen

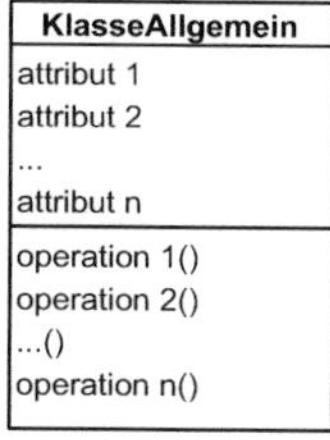

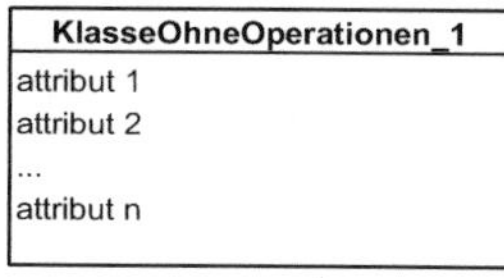

KlasseOhneAttribute_1
operation 1() operation 2() ...() operation n()

KlasseOhneOperationen_2
attribut 1 attribut 2 ... attribut n
()

KlasseOhneAttribute_2
operation 1() operation2() ...() operation n()

Abbildung 3-2: Syntax der Klassendefinition

Klassenname

Jede Klasse wird durch ihren Namen identifiziert. Ihr Name stellt eine Zeichenkette von Buchstaben, Ziffern und Satzzeichen (mit Ausnahme des Doppelpunktes) dar. Der Name kann auch *qualifiziert* sein, um die Zugehörigkeit zu einem Paket anzugeben, z.B. `LVS_Paket::Lagerbereich` oder `Personal::Mitarbeiter`. Aus diesem Grund darf der Doppelpunkt nicht für die Bezeichnung einer Klasse verwendet werden.

Attribut

Ein Attribut stellt eine Eigenschaft der Klasse dar, die in jedem Objekt der Klasse enthalten ist und einen Wert besitzt.

Die Anzahl der Attribute unterliegt keinerlei Einschränkungen, d.h. dass die Klasse viele, aber auch kein Attribut besitzen kann. In dem letzten Fall bleibt das Rechteck für die Attribute in der Klasse leer oder es wird gar nicht mit aufgeführt (s. die Abbildung 3-2). An dieser Stelle soll darauf hingewiesen werden, dass aus der Sicht des modellierten Systems nur solche Attribute herangezogen werden, die von Bedeutung sind. In der realen Welt ist ein `Mitarbeiter` ein Mensch, der über Hobbys verfügen kann. Aus der Sicht des Lagersystems ist aber unbedeutend, ob jemand ein Kleintierzüchter ist oder nicht – ein Hobby wird deshalb nicht als Attribut vereinbart.

Die Attributnamen werden wie Klassennamen gestaltet.

Die Attribute können zusätzlich durch die Angaben eines Wertetyps und/oder Standardanfangswerts spezifiziert werden. Ein Beispiel zeigt die Abbildung 3-3.

Lagerbereich
lagertyp : string = HRG lagerspiegel : int automatischeBedienung : boolean = true ebenenanzahl : int gassenanzahl : int gefahrgutklasse : string

Abbildung 3-3: Klasse mit Attributen, Attributtypen und Anfangswerten

Sichtbarkeit

In Kapitel 1.3 wurde die Kapselungseigenschaft der Klasse angesprochen. In diesem Zusammenhang kann die Sichtbarkeit des Attributs eingeschränkt werden. Die Zugriffmöglichkeiten können folgendermaßen angegeben werden:

- *public* – für alle sichtbar und benutzbar
- *private* – Zugriff wird nur der eigenen Klasse und den Klassen, die als *friend* deklariert werden, gewährt
- *protected* – wie *private* und erweitert auf alle Unterklassen
- *package* – zugreifbar nur für die Klassen aus demselben Paket (Pakete werden in Kapitel 4 besprochen)

Die Sichtbarkeit kann über *public, private, protected* und *package* oder durch vorangestellte Zeichen entsprechend „+“, „-“, „#“ und „~“angegeben werden. Beispiele dafür werden in der Abbildung 3-4 dargestellt.

Beispielsweise ermöglicht die Sichtbarkeit *public* den Attributwert durch „Fremdeinwirkung“ zu ändern. Trotz dieser Möglichkeit ist es ein besserer Stil, wenn die Attribute grundsätzlich nur durch die Operationen der eigenen Klasse modifiziert werden.

MitarbeiterSichtbarkeitGruppiert
PRIVATE
name
vorname
adresse
PUBLIC
personalnummer
alter
PACKAGE
verheiratet
PROTECTED
ausbildung

Abbildung 3-4: Anzeige der Sichtbarkeit der Attribute

Der Sichtbarkeitsbegriff wurde hier in Bezug auf Attribute besprochen. Er ist aber durchweg für fast alle Modellierungselemente der UML einsetzbar und wird daher nicht mehr gesondert vorgestellt.

Operation

Eine Operation ist eine Dienstleistung, die von dem Objekt der Klasse angefordert werden kann. Dadurch kann der Zustand der Klasse (bzw. des Systems) geändert werden.

Die Anzahl der Operationen unterliegt keinerlei Einschränkungen, d.h. dass die Klasse viele aber auch keine Operationen besitzen kann. In dem letzten Fall bleibt das Rechteck für die Operationen in der Klasse leer oder es wird gar nicht mit aufgeführt (vergl. die Abbildung 3-2).

Es werden häufig zwei andere verwandte Begriffe – *Methode* und *Nachricht* – für die Operation eingesetzt. Dabei wird unter einer Methode verstanden, wie eine Operation implementiert wird, d.h. welche Schritte nötig sind, um die Leistung der Operation zu erbringen. Eine Nachricht wird an ein Objekt gesendet, das über eine gleichnamige Operation verfügt, um das gewünschte Operationsergebnis zu erreichen. Deshalb werden Nachrichten und Operation oft miteinander vermischt, was nicht ganz richtig ist. Nachrichten werden eingesetzt, um eine Kommunikation zwischen den Objekten zu modellieren.

In dem ersten Entwurf einer Klasse kommen oft nur die Operationsnamen in dem unteren Rechteck des Klassensymbols vor, wie Sie das in Abbildung 3-1 sehen können.

Signatur

Für eine genauere Spezifikation von Operationen kann die Signatur der Operation verwendet werden. Die Signatur setzt sich aus dem Namen der Operation, eventuell auch aus vorhandenen Parametern und vorhandenem Rückgabewert (falls die Operation eine Funktion im Sinne der Programmiersprache ist) zusammen. Die Parameter können ähnlich den Attributen definiert werden, d.h. einen Namen, nach Bedarf auch einen Typ und Anfangswert besitzen. Genauso wie bei den Attributen kann auch bei den Operationen die Sichtbarkeit graphisch dargestellt werden (vergl. Abbildung 3-5).

Lagerbereich
-einlagern(packstück : string, auftragsnummer : int) -auslagern(packstück : string, auftragsnummer : int) +inventur(inventurtyp) : boolean -umlagerung(quelle : lagerort, senke : lagerort) #verpackung(packstück : string, packmittel : string, strichcode : boolean = true)

Abbildung 3-5: Signaturen und Sichtbarkeiten der Operationen

Um ein Element in UML detaillierter zu spezifizieren und möglicherweise besser an den Bedarf des Systems anzupassen, kann eine Erweiterung des bestehenden Elements umgesetzt werden.

Stereotyp

Ein Stereotyp ist eine formale Erweiterung eines in UML-Standard vorhandenen Elements mit einer zusätzlichen Bedeutung.

In Verbindung mit den Klassen werden sehr oft drei Stereotypen verwendet: *«control»*, *«boundary»* und *«entity»*. Über diese zusätzliche Angabe wird die Rolle der Klasse in dem ganzem System ausgedrückt.

- *«boundary»*-Klasse stellt die Schnittstelle des Systems zur Umgebung dar. Um z.B. die Daten eines Auftrags erfassen zu können, müssen die Eingaben in einer entsprechenden Maske getätigt werden. Boundary-Klassen sind keine Datenspeicher.
- *«control»*-Klasse ist ein Teil der Steuerung eines Systems. Diese Klasse steuert die Abläufe und speichert keine Daten. Sie leitet Daten von Boundary-Klassen zu Entity-Klassen weiter (und umgekehrt), verarbeitet Daten und ruft Funktionen anderer Klassen auf.
- *«entity»*-Klasse speichert Informationen. Ihre Operationen haben unmittelbar mit den gespeicherten Daten zu tun. Durch die Operationen der Entity-Klassen dürfen die Attribute geändert werden.

Die Abbildung 3-6 zeigt an, wie die einzelnen Klassentypen miteinander kommunizieren können.

Die Abbildung 3-7 zeigt die graphischen Notationen für die Klassen mit den Stereotypen *«control»*, *«boundary»* und *«entity»*. Die erste

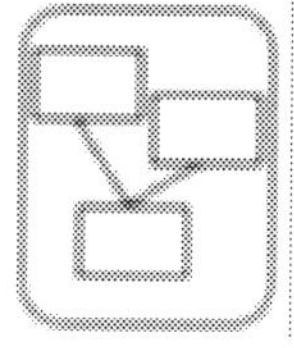

Form stellt den Stereotyp über den Klassennamen zwischen den Auslassungszeichen « » dar. Die zweite Form enthält zusätzlich das graphische Symbol des entsprechenden Stereotyps. Die letzte Form verzichtet dagegen auf das Klassenrechteck und den Stereotypnamen. Stattdessen wird nur das graphische Symbol des Stereotyps verwendet.

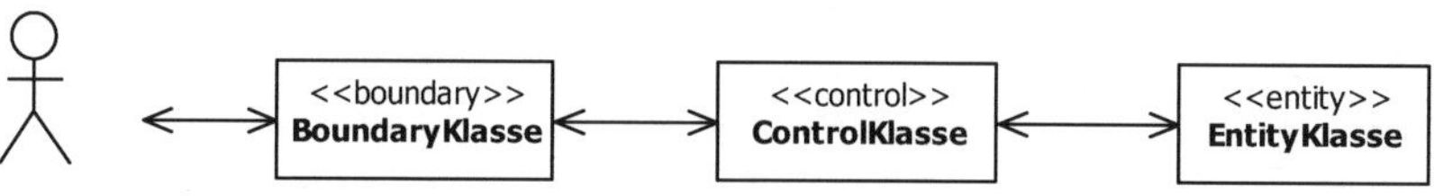

Abbildung 3-6: Kommunikationswege zwischen den Klassentypen untereinander und der Umgebung

3.3 Beziehungen zwischen den Klassen

Durch die stetig steigende Vernetzung der Menschen und der daraus resultierenden Angebotssteigerung können die Leistungsansprüche der modernen Gesellschaft immer besser befriedigt werden. D.h. in der Natur eines Systems ist festgeschrieben, dass seine Elemente voneinander abhängen. Gerade durch die graphische Darstellung können die real vorhandenen, komplexen Beziehungen deutlicher und übersichtlicher vermittelt werden. Diese Tatsache hat die UML nicht außer Acht gelassen und bietet drei Arten der Beziehungen zwischen den Klassen an. Sie erlauben, die logische bzw. physische Verbundenheit der Objekte zu modellieren.

- *Abhängigkeit* – diese Beziehung verdeutlicht, dass eine Klasse Informationen bzw. Dienste einer anderen Klasse benötigt. Diese Beziehung muss nicht zwingend bidirektional sein. Beispielsweise braucht die Klasse `Palette` ein `Regalfach`, um dort gelagert zu werden, aber nicht umgekehrt.
- *Assoziation* – diese Beziehung sagt aus, dass eine strukturelle Verbundenheit zwischen den Klassen besteht. Dies kann bedeuten, dass ein `Lagerarbeiter` auf einer `Stelle` im Lager eingesetzt ist.
- *Generalisierung* – ist eine Beziehung, die ein Oberklasse-Unterklasse-Verhältnis definiert. Die generalisierte Klasse übernimmt gemeinsame Eigenschaften der spezialisierten Klassen. Beispielsweise `Mitarbeiter` umfasst das Gemeinsame von einem `Lagerarbeiter` und einem `Fahrer`.

Da die Verflechtung der Klassen miteinander und untereinander ziemlich komplex und kompliziert sein kann, werden alle drei Beziehungsarten benötigt. Damit sie auf den ersten Blick im Diagramm erkennbar bleiben, sieht die UML dafür eine unterschiedliche graphische Notation vor.

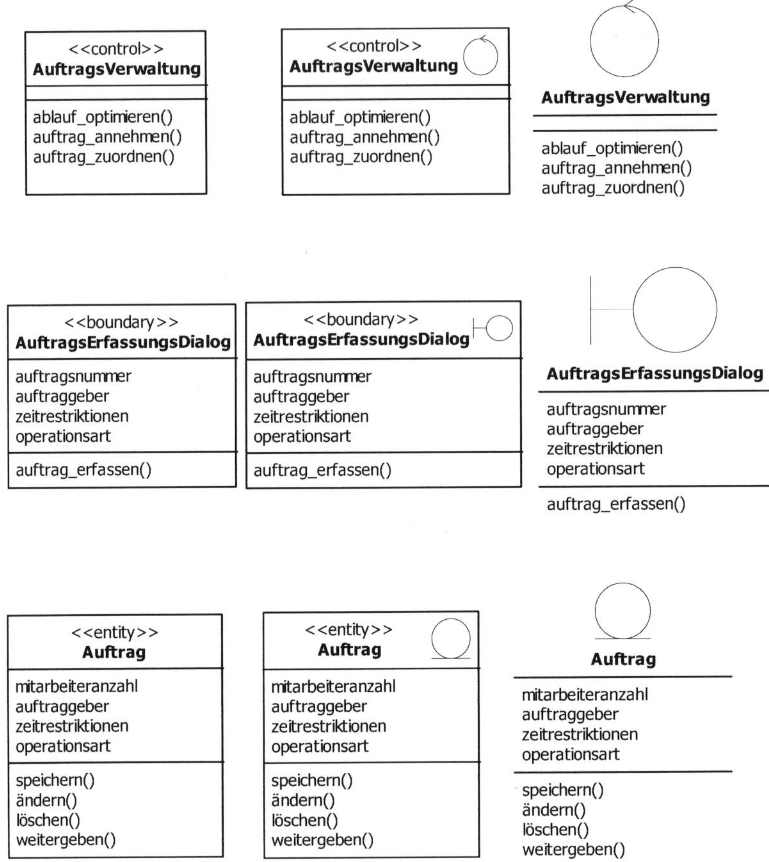

Abbildung 3-7: Darstellung der Klassen mit Stereotypen

3.3.1 Abhängigkeit

Eine Abhängigkeit ist eine Nutzbeziehung.

Abhängigkeit

Die Abhängigkeit besteht am häufigsten daraus, dass eine Klasse die Operationen einer anderen Klasse einsetzt. Durch diesen Einsatz entstehen die Änderungen an der bedürftigen Klasse.

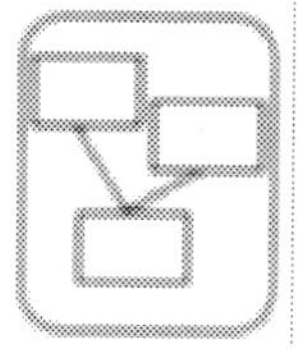

Graphisch wird diese Beziehung durch einen gestrichelten Pfeil dargestellt, wobei die Richtung von einem abhängigen zu einem unabhängigen Element geführt wird. Die Notation zeigt die Abbildung 3-8 an.

Notation

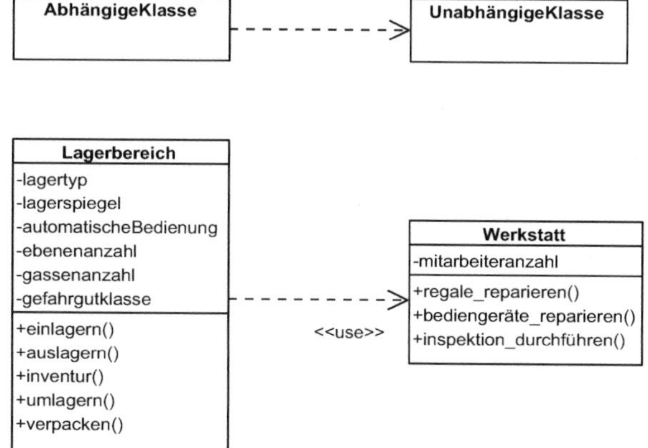

Abbildung 3-8: Abhängigkeit zwischen zwei Klassen – Notation und Beispiel

Die Abhängigkeit hat keinen strukturellen Charakter. Dies lässt sich am Beispiel von der Abbildung 3-8 verdeutlichen: ein `Lagerbereich` nutzt die `Werkstatt`, da die Werkstatt organisatorisch ein Teil des gesamten Lagers ist und nicht des Lagerbereichs.

Um die Art der Abhängigkeit zusätzlich zu spezifizieren, kann dies durch Angabe des Stereotyps über dem Pfeil umgesetzt werden. Außer dem Stereotyp *«use»* dürfen auch andere wie *«call»*, *«create»*, *«derive»*, *«instantiate»*, *«permit»*, *«realize»*, *«refine»* und *«trace»* verwendet werden. Ihre Bedeutung wird in Abschnitt 12.3.7 besprochen.

3.3.2 Assoziation

Assoziation

Eine Assoziation ist eine Strukturbeziehung.

Durch eine Assoziation wird zum Ausdruck gebracht, dass Objekte einer Klasse mit den Objekten einer anderen Klasse verknüpft sind. Die Verknüpfung ist notwendig, um den Objekten die Kommunikation zu ermöglichen. Die Objekte dürfen durch die Assoziation Daten austauschen, um die Operationen ausführen zu können. In Folge dessen können z.B. Attributwerte geändert werden und Objekte in einen anderen Zustand versetzt werden.

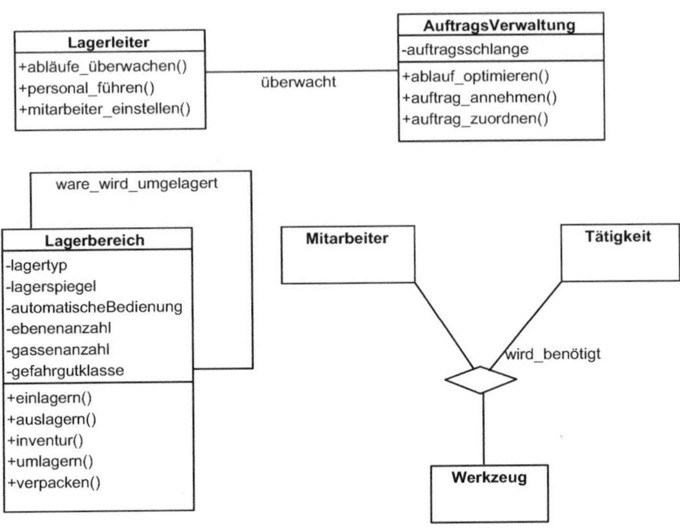

Abbildung 3-9: Beispiele für eine binäre Assoziation, eine reflexive Assoziation und eine n-äre Assoziation

Binärassoziation, *n-äre* Assoziation

Üblicherweise wird eine Assoziation zwischen genau zwei Klassen definiert. Solch eine nennt man *binäre* Assoziation. Ein Beispiel ist dafür die Assoziation `überwacht` in Abbildung 3-9. Es ist aber auch möglich, die Assoziation zwischen mehr als zwei Klassen zu modellieren. Solche Assoziationen werden als *n-äre* Assoziationen bezeichnet. Beispielsweise, um einer `Tätigkeit` nachzugehen, werden ein `Mitarbeiter` und ein `Werzeug` benötigt. Dabei sind alle drei Elemente aufeinander einmalig abgestimmt. Konkret würde das bedeuten, dass ein Werkzeug-Objekt `Gabelstapler` `_benötigt wird`, um dem Objekt `Herr Schmidt` eine Tätigkeit – `Einlagern` zu ermöglichen. Solche *n-äre* Assoziationen werden selten modelliert.

Reflexive Assoziation

Wesentlich häufiger dagegen wird eine Assoziation geschaffen, bei der die Klasse mit sich selbst verknüpft ist. Dies verdeutlicht eine Verknüpfung zweier Objekte, die derselben Klasse angehören. In Abbildung 3-9 wird die Assoziation `ware_wird_umgelagert` verwendet, weil die Ware von einem Objekt der Klasse `Lagerbereich` in das andere Objekt der Klasse `Lagerbereich` umgelagert wird. Solch eine Assoziation wird als eine *reflexive* Assoziation bezeichnet.

Assoziationsname

Gewöhnlich wird eine Assoziation mit einem Namen versehen, um zu zeigen, um welche Art des Verhältnisses es sich dabei handelt. So ist aus dem Beispiel in der Abbildung 3-9 ersichtlich, dass der `Lagerleiter` die `AuftragsVerwaltung` `überwacht`. Der Assoziationsname soll im Modell eindeutig sein. Die klare Bezeichnung wird wichtiger, sofern ein Klassenpaar durch zwei oder mehrere Assoziationen verbunden wird.

Multiplizität

Für die künftige Implementierung des Modells ist die Angabe der Multiplizitäten an beiden Enden der Assoziation sehr wichtig. Mit der Multiplizität wird bestimmt, mit wie vielen Objekten ein betroffenes Objekt mit einem Objekt am anderen Ende der Assoziation in Verbindung treten darf. Es wird eine ganze Zahl bzw. ein Bereich der ganzen Zahlen angegeben. Dadurch wird die Kardinalität (Anzahl der Elemente) der abhängigen Objektmengen festgelegt. Die typischen Multiplizitätsangaben lauten:

1	genau Eins
0..1	Null oder Eins
0..*	viele
*	viele (Standard, falls die Angabe fehlt)
1..*	größer oder gleich Eins

Wenn nötig, dürfen auch sehr präzise Angaben gemacht werden, wie beispielsweise:

3..5	von Drei bis Fünf
2..4, 8	von Zwei bis Vier oder Acht

Die Multiplizitätsangaben in Abbildung 3-10 werden wie folgt interpretiert. Ein Mitarbeiter wird auf genau einer Stelle eingesetzt (Multiplizität „1"), die aber darf von vielen Mitarbeitern (Multiplizität „*") besetzt werden (z.B. viele Gabelstaplerfahrer). Ein Auftrag kann von vielen Mitarbeitern durchgeführt werden, es wird aber mindestens einer benötigt (Multiplizität „1..*"). Ein Mitarbeiter führt viele Aufträge durch, es kann aber auch sein, dass dieser keine Aufträge durchführt (Multiplizität „0..*"), z.B. nur Verwaltungsaufgaben bearbeitet. Ein Gabelstapler, abhängig von der Konstruktion, fährt auf 3 bzw. 4 Rädern (Multiplizität „3..4"), wobei das bestimmte Rad genau in einem Gabelstapler montiert ist (Multiplizität „1").

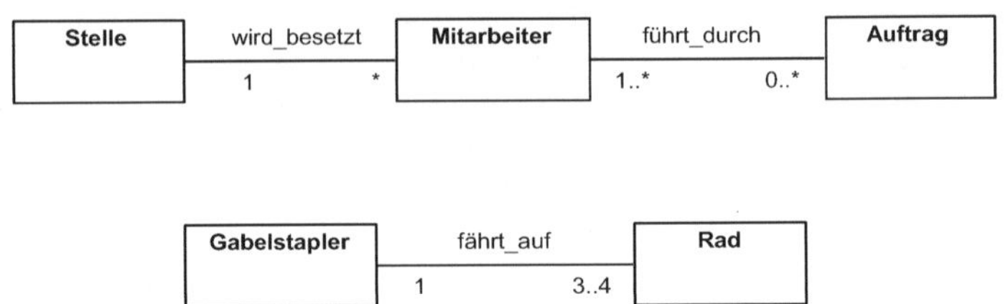

Abbildung 3-10: Beispiel der Multiplizitätsangaben

Leserichtung

Eine binäre Assoziation verbindet zwei Klassen, somit gilt die Kommunikation in beide Richtungen, unabhängig von der graphischen Platzierung der Klassen im Diagramm. Um die Lesbarkeit des Diagramms zu verbessern, kann eine Symbolik für die Leserichtung neben dem Assoziationsnamen angegeben werden. In Abbildung 3-11 der `Lagerleiter` `überwacht` die `AuftragsVerwaltung`, aber die `AuftragsVerwaltung` `wird_überwacht` vom `Lagerleiter`.

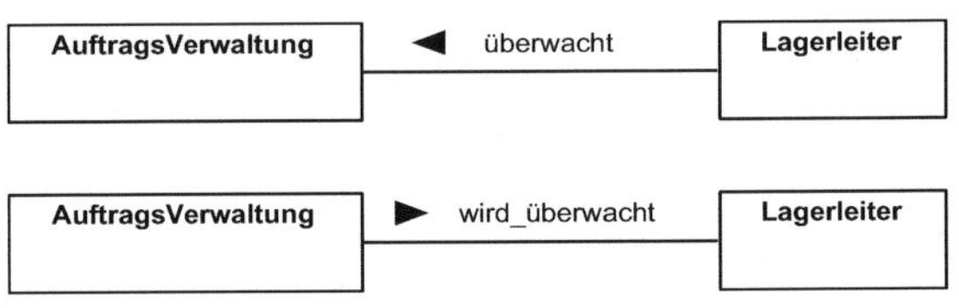

Abbildung 3-11: Leserichtung der Assoziation

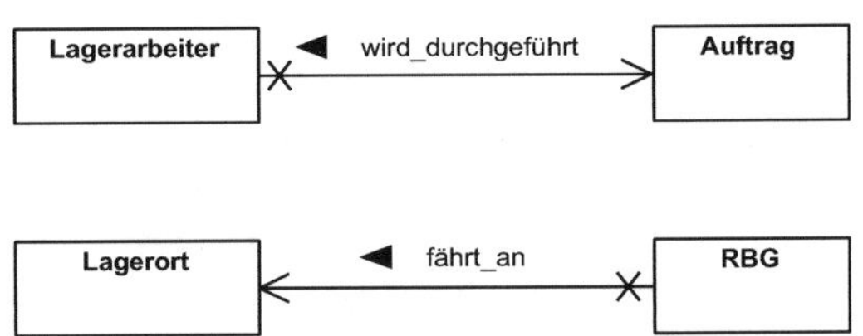

Abbildung 3-12: Navigationsrichtung einer Assoziation

Navigierbarkeit

Die Leserichtung sollte nicht mit einer Navigationsrichtung verwechselt werden. Eine gerichtete Assoziation ist eine Assoziation, in der die Navigation nur in eine Richtung erlaubt ist, d.h. die Informationsweitergabe gilt nur für die eine Richtung. Die Navigationsrichtung gibt an, ob ein Objekt auf das andere zugreifen kann.

In dem Beispiel in der Abbildung 3-12 kann das Objekt aus der Klasse `Lagerarbeiter` auf das Objekt der Klasse `Auftrag` zugreifen,

um aus dem Auftrag die notwendigen Daten herauszuholen. Das Objekt der Klasse `Auftrag` erfährt dagegen nicht die Daten der Klasse `Lagerarbeiter`. Das `RBG` (Regalbediengerät) wird durch den angebrachten Strichcode des `Lagerorts` über seine momentane Position informiert. Deshalb wird auf dem Diagramm dargestellt, dass das `RBG` auf den `Lagerort` zugreifen darf. In entgegengesetzter Richtung wird der Zugriff verweigert. Die Abbildung 3-12 zeigt auch deutlich an, dass die Leserichtung und Navigierbarkeit zwei verschiedene Eigenschaften der Assoziation sind.

Rolle

Neben der Multiplizität und der Navigationsrichtung kann ein Ende der Assoziation mit der Angabe einer Rolle weiter spezifiziert werden. Jede Klasse besitzt in der Beziehung, in der sie sich mit einer anderen Klasse befindet, eine spezifische Rolle. In [3] wird dies wie folgt ausgedrückt – „eine Rolle ist nichts weiter als das Gesicht, das die Klasse auf der entfernten Seite der Assoziation Klasse auf der nahegelegenen der Assoziation zeigt". Angabe des Endnamen (des Bezeichners von der Rolle) ist optional.

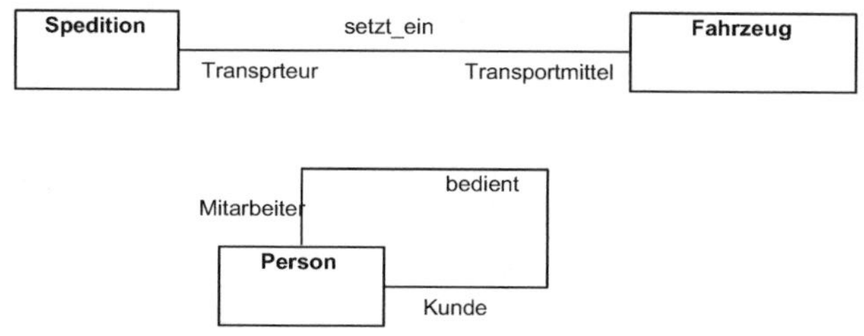

Abbildung 3-13: Rollen einer Assoziation

In der Abbildung 3.13 wird gezeigt, dass in der Beziehung `setzt_ein` die `Spedition` als ein `Transporteur` und das `Fahrzeug` als ein `Transportmittel` zu betrachten sind. Bei der Klasse `Person` wurde eine Assoziationsschleife `bedient` verwendet. Sie sagt aus, dass eine Person, die einen `Mitarbeiter` repräsentiert, eine andere Person bedient, die den `Kunden` darstellt.

Es müssen nicht beide Enden der Assoziation mit den Endnamen versehen werden. Es ist auch völlig richtig, den Assoziationsnamen wegzulassen, falls über die Endnamen die Bedeutung der Assoziation ausreichend definiert ist.

Bei der Modellierung kann die Notwendigkeit bestehen, eine Assoziation mit einer Klasse auszustatten, da die Klasse wertvolle

Informationen über die Assoziation enthalten kann. Diese Klasse wird an die Assoziation angeschlossen.

Assoziationsklasse

Eine Assoziationsklasse ist ein Element im Modell, das zugleich als eine Klasse und eine Assoziation betrachtet wird.

Die Assoziationsklasse verbindet zwei Klassen und definiert eine Menge von Eigenschaften, welche diese Verbindung spezifizieren (nicht aber die verbundenen Klassen selbst). Mit einer Assoziationsklasse kann die Beziehung zwischen den Klassen noch ausführlicher beschrieben werden als mit den Assoziationseigenschaften, die bisher betrachtet wurden. Die Assoziationsklasse besitzt Attribute und Operationen aus der Beziehung beider Klassen, die weder in die eine noch in die andere Klasse hineinpassen.

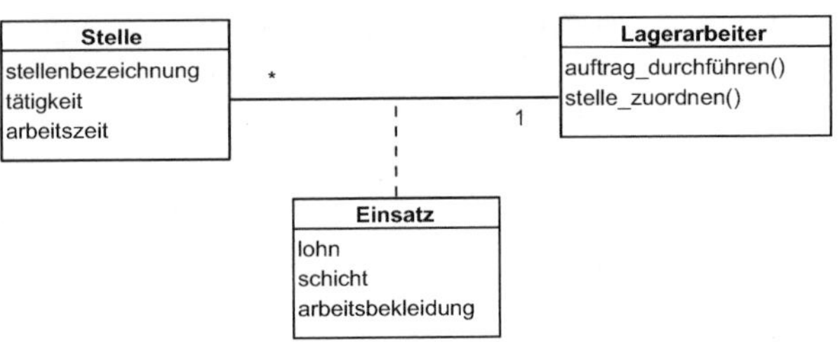

Abbildung 3-14: Assoziationsklasse mit Attributen

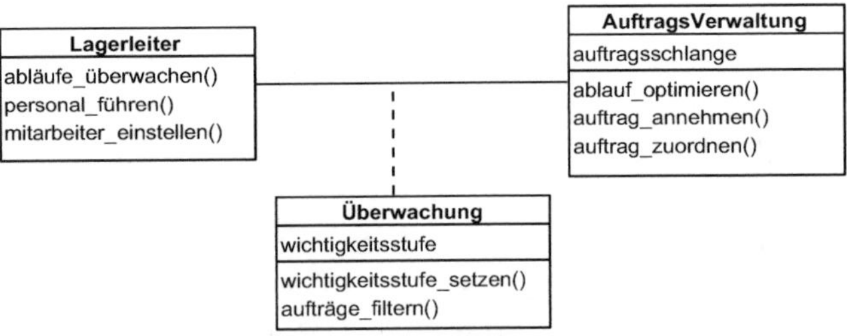

Abbildung 3-15: Assoziationsklasse mit Attribut und Operationen

Notation

Die Assoziationsklasse wird als eine Klasse modelliert, die eine Verbindung zu beiden Klassen unterhält. Der Name der Assoziationsklasse entspricht dem Namen der Assoziation.

Die Attribute `lohn`, `schicht` und `arbeitsbekleidung` sind weder an die Klasse `Stelle` noch an die Klasse `Lagerarbeiter` spezifisch ge-

bunden. Sie sind Eigenschaften des `Einsatzes` eines bestimmten `Lagerarbeiters` auf einer bestimmten `Stelle` (s. die Abbildung 3-14).

Ein `Lagerleiter` überwacht die `AuftragsVerwaltung`. Er kann u.a. eine selektive Kontrolle ausüben. Die Eigenschaften dieser `Überwachung` werden durch die Assoziationsklasse modelliert, in der die `wichtigkeitsstufe` der zu kontrollierenden Aufträge über die Operation `wichtigkeitsstufe_setzen` bestimmt wird und die Auswahl mittels der Operation `aufträge_filtern` getroffen wird (vergl. die Abbildung 3-15).

Aggregation

Eine spezielle Form der Assoziation ist die Aggregation. In einer üblichen Assoziation sind die beteiligten Klassen gleichwertige Partner der Beziehung – keine der Klassen ist „wichtiger" als die andere.

Eine Aggregation ist eine „Ganzes/Teil"- Beziehung.

Mit einer „Ganzes/Teil"-Hierarchie wird dargestellt, wie sich ein „größeres" Element (das Aggregat) aus „kleineren" Elementen (den Segmenten) zusammensetzt. Die Aggregationsassoziation kann man als eine Assoziation mit der Bezeichnung `hat` bzw. `besteht_aus` verstehen. Das Aggregat übt eine besondere Rolle in der Beziehung aus – es kann Operationen stellvertretend für seine Segmente übernehmen.

Notation

Graphisch wird eine Aggregation mit der leeren Raute auf dem Ende des Aggregats dargestellt. Falls die Aggregation mit den Multiplizitäten versehen wird, so steht meistens eine „1"auf der Seite des Aggregats (kann auch „0..1"). Auf dem anderen Ende dürfen dann alle anderen zulässigen Multiplizitäten verwendet werden.

Viele der in Abbildung 3-16 dargestellten Bestandteile der Aggregation `Transportkosten` können auch in anderen Kosten, z.B. Lagerkosten vorkommen. Des Weiteren können sie auch separat betrachtet werden, d.h. sie müssen nicht an das Aggregat gebunden sein. Deshalb sagt man, dass diese Aggregation eine „schwache" bzw. partielle Aggregation ist. Das Gegenstück dazu ist eine „starke" bzw. volle Aggregation, die eine Komposition genannt wird.

Komposition

Eine Komposition ist eine Aggregation, in der die Teile vom Ganzen existenzabhängig sind.

Eine Komposition zeichnet sich dadurch aus, dass die Segmente durch den Existenzverlust des Aggregats selber nicht mehr existieren – ohne das Aggregat besteht keine Möglichkeit der Existenz der Segmente, d.h. das Aggregat kapselt seine Bestandteile.

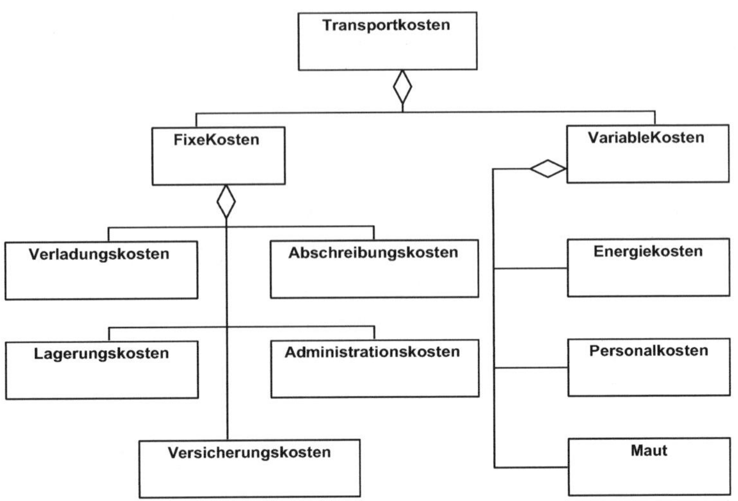

Abbildung 3-16: Transportkosten als Aggregationshierarchie

Notation

Graphisch wird eine Komposition mit der ausgefüllten Raute auf dem Ende des Aggregats dargestellt. Wird die Komposition zusätzlich mit den Multiplizitäten versehen, so steht immer eine „1" auf der Seite des Aggregats. Auf dem anderen Ende dürfen dann alle anderen zulässigen Multiplizitäten eingesetzt werden.

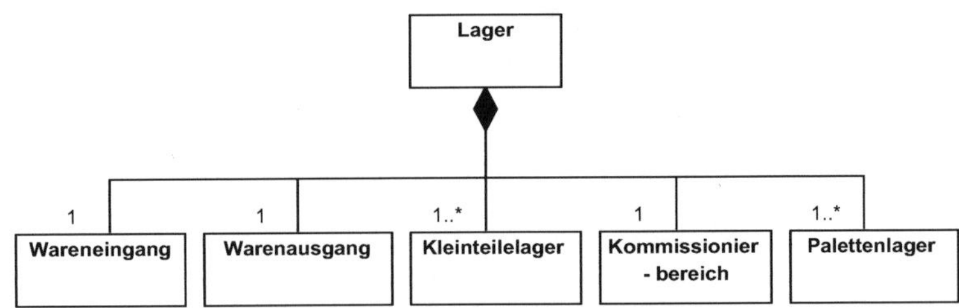

Abbildung 3-17: Lager als Komposition seiner Bestandteile

Die Beziehungen zwischen den Klassen in Abbildung 3-17 werden als Kompositionen modelliert, weil die Teile `Wareneingang`, `Warenausgang`, `Kleinteilelager`, `Kommissionierbereich` und `Palettenlager` nur in einem `Lager` existieren dürfen. Falls das Lager geschlossen oder abgerissen wird, dann werden auch Wareneingang, Warenausgang, Kleinteilelager, Kommissionierbereich und Palettenlager nicht existieren. Dies verdeutlicht die sehr starke Bindung an das Aggregat.

3.3.3 Generalisierung

Bei der Modellierung eines Systems wird oft festgestellt, dass es Klassen gibt, die bestimmte Ähnlichkeiten im Aufbau vorweisen – sie besitzen eine Reihe derselben Attribute und Operationen. Diese Tatsache kann genutzt werden, um die Modellierung zu vereinfachen, indem die sich wiederholenden Elemente nur einmal definiert werden müssen.

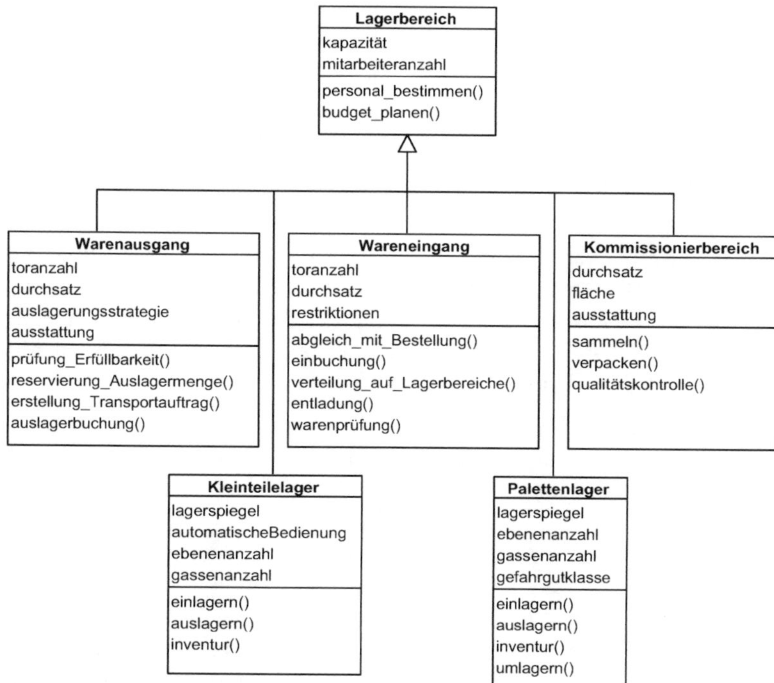

Abbildung 3-18: Generalisierung

Generalisierung

Eine Generalisierung ist eine Beziehung zwischen einem allgemeinen Element und einem speziellen Element. Das spezielle Element erbt die Eigenschaften des allgemeinen Elements. In der Generalisierung ist das spezielle Element indirekt auch eine Instanz des allgemeinen Elements.

Das allgemeine Element wird auch Oberklasse und das spezielle Element Unterklasse genannt. Es besteht die Möglichkeit, dass in der Unterklasse „neue" Attribute und „neue" Operationen hinzugefügt werden. Durch diese Ober- zu Unterklasse-Beziehung entstehen Hierarchien der Klassen. Die Oberklasse vererbt ihre Attribute und

Operationen an die Unterklassen, d.h. Attribute werden weitergegeben. Anders ausgedrückt – die Unterklassen erben alle Eigenschaften ihrer Oberklassen. Zusätzlich dürfen die geerbten Elemente überschrieben und erweitert, aber nicht entfernt werden. Sind die Namen der Operationen identisch, so hat die Vereinbarung einer Operation der Unterklasse Vorrang vor der Vereinbarung einer Operation der Oberklasse.

Notation

Graphisch werden die Generalisierungen als durchgehende, gerichtete Linien mit einer nicht ausgefüllten Pfeilspitze dargestellt. Es ist zu beachten, dass die Pfeilspitze auf die Oberklasse zeigt.

Einfache und mehrfache Vererbung

Eine Unterklasse kann ihre Eigenschaften von einer einzigen Oberklasse erben, das ist der häufigste Fall. Diese Beziehung wird als einfache Vererbung bezeichnet. Bei dem seltenen Fall der mehrfachen Vererbung erbt die Unterklasse ihre Eigenschaften von vielen Oberklassen.

Spezialisierung

Eine Generalisierung wird üblicherweise aus der Richtung der Unterklasse zur Oberklasse betrachtet – genauso wie der Pfeil zeigt. Wird diese Beziehung aber in entsprechender Gegenrichtung betrachtet, so stellt sie eine Spezialisierung dar – die Unterklasse **Warenausgang** spezialisiert die Oberklasse **Bereich**.

Die Generalisierung in Abbildung 3-18 kann man wie folgt interpretieren. Die Klasse **Warenausgang** erbt von der Klasse **Lagerbereich** die Attribute `kapazität` und `mitarbeiteranzahl` sowie die Operationen `personal_bestimmen` und `budget_planen`. Die Klasse **Warenausgang** führt selber die Attribute `toranzahl`, `durchsatz`, `auslagerungsstrategie` und `ausstattung` sowie die Operationen `prüfung_Erfüllbarkeit`, `reservierungAuslagermenge`, `erstellung_Transportauftrag` und `auslagerbuchung` hinzu. Analog werden die Beziehungen zwischen den Klassen **Lagerbereich** als Oberklasse und **Wareneingang Kommissionierbereich, Kleinteilelager** sowie **Palettenlager** als weitere Unterklassen verstanden.

Die Entwicklung von Generalisierungshierarchien sollte nicht nur als intellektuelle Aufgabe angesehen werden – die Tatsache, dass z.B. die Operationen nicht mehrfach vereinbart werden müssen, wird bei der Implementierung zur Reduktion des Aufwands und zu einem kürzeren Quellcode des Programms führen.

3.4 Hinweise zur Modellierung mit Klassendiagrammen

In dem Verlauf dieses Kapitels wurden viele Eigenschaften der Klassen und deren Beziehungen zueinander dargestellt. Würden alle

diese Modellierungsmöglichkeiten bei jeder Klasse und jeder Beziehung verwendet werden, dann könnte ein ziemlich schwer durchschaubares Diagramm entstehen. In Abbildung 3-19 wurde nur ein Abschnitt eines Modells für ein Lagerverwaltungssystem dargestellt. Dabei wurden nur ausgewählte und bisher besprochene Modellierungsaspekte berücksichtigt. Falls jemand das Diagramm ohne UML-Kenntnisse betrachten würde, dann könnte der Wirrwarr der Rechtecke und Linien bestimmt abschreckend wirken.

Deshalb lautet der allererste und wichtigste Ratschlag – Mäßigkeit. Die Modellierungselemente sollen als Optionen verstanden und eingesetzt werden, wenn sie dem vereinbarten Detaillierungsgrad entsprechen.

Die Klassen eines Klassendiagramms sind Abstraktionen echter oder konzipierter Objekte eines Systems. Es sollten solche Klassen herausgearbeitet werden, die für das System, für den Anwender und Implementierer wichtig und unerlässlich sind.

Wahl der Klassen

Wie können Kandidaten für die Klassen gesucht werden? Manchmal sind die Klassenkandidaten offensichtlich. Als Beispiel wird das in Abbildung 3-19 modellierte Lagerverwaltungssystem betrachtet. In diesem Fall werden der `Wareneingang`, `Warenausgang` und `Kleinteilelager` für den Anwender problemlos als Klassen akzeptiert. Schwieriger wird es mit der Klasse `Einsatz`, da diese eher gewisses Modellierungskonzept verkörpert und weniger reales Ding aus der Umwelt des Anwenders.

Bei der fortschreitenden Modellierung wird das Klassendiagramm noch um Klassen und Beziehungen erweitert, die für den Anwender fremd aussehen können, wie z.B. Erfassungsmasken, Interfaces oder elementare Datentypen. Wie können dann die Klassenkandidaten identifiziert werden?

Domäne des Systems

Vor allem sollte bei der Erstellung des Klassendiagramms immer berücksichtigt werden, dass das Klassendiagramm ein System aus einer gewissen Domäne darstellt. Überlegen Sie **woraus**, sich das System zusammensetzt und **nicht wie** die Leistung des Systems erbracht wird. Vor allem sollten die folgenden Punkte Beachtung finden:

- Jegliche Implementierungsentscheidung muss vermieden werden, um eine solide Grundlage für mehrere alternative Entwürfe bieten zu können.

- Die Wortwahl im Modell soll aussagekräftig sein und dem Vokabular des Auftraggebers entsprechen.

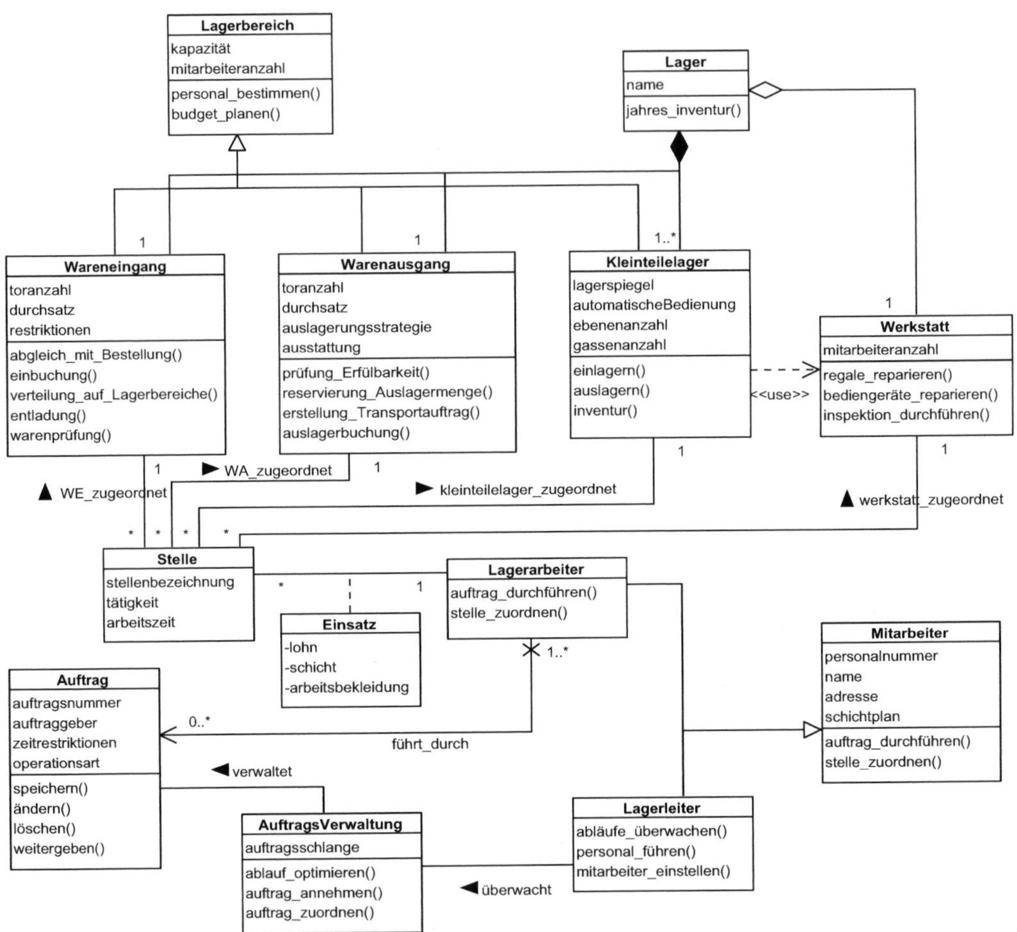

Abbildung 3-19: Klassendiagramm für einen Abschnitt des Lagerverwaltungssystems

Bevor mit der Erstellung des Klassendiagramms begonnen wird, sind wahrscheinlich bestimmte Aspekte des Systems in irgendwelchen Unterlagen (möglicherweise nur abschnittsweise) niedergeschrieben. Auch können die durch ein Brainstorming entstandenen und auf Flipcharts niedergeschriebenen Ideen vorhanden sein. Nicht zu ver-

gessen ist die unausgesprochene Beschreibung des Systems, die nur „im Kopf" des Modellierers residiert.

Substantive

In diesen Beschreibungen kommen viele Substantive vor. Häufig liefern sie einige Hinweise auf Klassen der drei Kategorien [28]:

- Klassen des eigentlichen (essentiellen) Problems (Problemdomäneklassen)
  a) sie existieren unabhängig von der Form der Realisierung

  b) sie tragen die semantische Grundaussage des Problems
- Klassen, die von der Realisierungsform durch Software geprägt sind (Applikationsklassen)
  a) sie beschreiben z.B. die spezifischen Schnittstellen Mensch – System, die durch Einsatz von Computern entstehen

  b) sie stellen wichtige Bestandteile des Systems dar
- Klassen, die durch Entwurfsentscheidungen entstehen (Implementierungsklassen). Sie können geändert werden, ohne dass das Systemverhalten für den Benutzer sichtbar verändert wird

Aus der Perspektive dieses Buches sind vor allem die Problemdomäneklassen wichtig. Deshalb sollen sie auch zu Beginn definiert werden. Erst wenn der essentielle Kern des Systems korrekt ist, können Applikationsklassen sinnvoll eingeführt werden. Die Implementierungsklassen sind aus der Sicht des Anwenders irrelevant.

Verben

Verben (Tätigkeitswörter) liefern häufig Hinweise auf Assoziationen. Beispielsweise kann aus der Aussage „ein Lagerarbeiter führt einen Auftrag durch" die Assoziation `führt_durch` erstellt werden. Aus der Aussage „Lagerleiter überwacht die Verwaltung der Aufträge" wird die Assoziation `überwacht` entnommen.

Nur strukturelle Zusammenhänge sind Kandidaten für Assoziationen. Mit der Assoziation `überwacht` wird ein immer existierender Kommunikationsweg zwischen den Klassen **`Lagerleiter`** und **`AuftragsVerwaltung`** aufgezeigt. Dagegen meint die Operation `abläufe_überwachen` eine Tätigkeit, die zwar immer wieder durchgeführt wird, aber in einem bestimmten Zeitpunkt beginnt und danach zu Ende geht.

Substantive mit nachfolgendem Genitiv

Eine Zusammensetzung der Form:

„**Adresse des** Mitarbeiters"

„**Toranzahl des** Wareneingangs"

liefert einen Hinweis auf ein Attribut. Es ist aber anzumerken, dass Attribute, bei denen noch weitere Informationen angegeben werden können, eine eigene Identität besitzen, was sie in eine eigene Klasse überführt (z.B. „**Werkstatt** des Lagers mit 5 Mitarbeitern und Werkzeugbank" resultiert nicht als Attribut `werkstatt` der Klasse **Lager** sondern als die Klasse **Werkstatt** mit den Attributen `mitarbeiteranzahl` und `ausstattung`, die zu der Klasse **Lager** eine Aggregationsbeziehung besitzt).

Bei der Modellierung der Beziehungen sollte darauf geachtet werden, ob die betrachtete Beziehung einen Nutz- oder Strukturcharakter hat. In dem ersten Fall sollte sie über eine Abhängigkeit modelliert werden. Zur präziseren Darstellung der Art der Abhängigkeit stellt UML die Stereotypen zur Verfügung.

Hierarchien der Klassen

Wenn die herausgearbeiteten Klassen über gewisse Gemeinsamkeiten verfügen, d.h. ein Teil der Attribute und / oder Operationen gleich ist, dann sollte dies als ein Hinweis für mögliche Generalisierungsbeziehung wahrgenommen werden, auch wenn nur zwei Klassen davon betroffen sind. Die Generalisierung ist „eine-Art-von"- Beziehung. So kann eine neue Klasse erstellt werden, die diese gemeinsamen Teile beherbergt. Wenn dieses Verfahren iterativ eingesetzt wird, dann kann daraus eine Hierarchie der Generalisierungen entstehen.

Zirkelbeziehung

Auf einen Aspekt muss dabei Rücksicht genommen werden – die Generalisierungen dürfen keine Zirkelbeziehungen enthalten – d.h. eine Klasse kann nicht zugleich Unter- und Oberklasse sein. Dieser Fall tritt dann ein, wenn der Pfad entlang der Generalisierungspfeile einen Kreislauf bildet.

Die geschickte Struktur der Vererbungsfolge ist sehr wichtig für die spätere Implementierung. Es verkleinert den Programmierungsaufwand und die Programmdateien. Nicht zu vernachlässigen ist, dass die Generalisierungen zur Übersichtlichkeit des Diagramms beitragen.

Beziehungen zwischen Klassen

Die Abhängigkeiten und Generalisierungen sind Beziehungen, bei denen eine Klasse im gewissen Sinne wichtiger ist als die andere. Bei der Assoziation (ausgenommen sind beide speziellen Formen: Aggregation und Komposition) handelt es sich dagegen um eine „Partnerschaft der Gleichen".

Kommunikationsweg

Die beiden Klassen einer Assoziation benötigen einen Kommunikationsweg, um Informationen austauschen zu können. Die Assoziation ist notwendig, wenn das Navigieren von einer Klasse zur anderen gefordert wird.

Der Betrachter eines Diagramms geht üblicherweise davon aus, dass für die Assoziation die Multiplizität viele „*" gilt. Falls das nicht zutrifft, ist es empfehlenswert, die Multiplizität auszuweisen.

Wenn die Assoziation als `besteht_aus` oder `ist_Teil_von` gennant werden kann, sollte man eine Aggregation bzw. Komposition verwenden und eine Raute (leer oder gefüllt) an das zum Aggregat führende Ende zeichnen.

Allgemeinheit

Es wird einem wahrscheinlich nie gelingen, ein Modell zu entwickeln, das für eine große Anzahl von Systemen, die sogar mit vergleichbaren Leistungen ausgestattet sind, gilt. Selbstverständlich wird ein möglichst großer Grad der Allgemeinheit angestrebt. Das gelingt umso besser, wenn die Klassen und Beziehungen abstrakter definiert werden. Dann aber besteht die Gefahr, sich zu weit vom dem zur Betrachtung stehenden System zu entfernen. In der Abbildung 3-19 wurde beispielsweise eine Klasse `Werkstatt` in einem Lager modelliert. Das Modell kann vielen realen Lagern entsprechen, allgemein ist es aber nicht, da sowohl Lager ohne eine Werkstatt als auch Lager mit zwei oder mehreren Werkstätten in der Realität vorhanden sein können. Diese Optionen enthält das Model aus der Abbildung 3-19 nicht. Es muss also ein Kompromiss zwischen Verallgemeinerung und Detaillierung erreicht werden, den alle Partner akzeptieren.

Ein oder mehr Diagramme

Die zusammenhängenden Klassen sollen nach Möglichkeit im gleichen Klassendiagramm dargestellt werden. Diese Forderung kann dazu führen, dass in einem Klassendiagramm zu viele Klassen untergebracht werden müssen, wodurch wiederum die Übersichtlichkeit leiden könnte. Deshalb empfiehlt es sich, alle Klassen des Systems auf eine vernünftige Anzahl der Klassendiagramme zu verteilen.

Zeichnung

Die oben betrachtete Forderung, dass die zusammenhängenden Klassen in demselben Diagramm vorkommen sollten, kann zusätzlich zum Wirrwarr der Linien führen. Die Beziehungen können durch rechtwinklige oder schräge Linien dargestellt werden. Die schrägen Linien sind kürzer und direkter. Diese haben aber den Nachteil, dass die Diagramme mit vielen Klassen schwierig zu realisieren sind, weil die jeweiligen Beziehungslinien schnell die Rechtecke der anderen Klassen durchqueren. Das soll in jedem Falle vermieden werden und kann durch geschickte Führung von rechtwinkligen Linien erreicht werden. Der Nachteil ist, dass die Verbindungen länger sind und sich oft kreuzen. Durch die sich schneidenden Linien wird das Navigieren von Klasse zu Klasse undeutlicher bzw. negativ beeinflusst. Zwei mögliche Lösungen des Problems zeigt die Abbildung 3-20.

Die Klassendiagramme können sehr groß werden. Ein Durcheinander von Rechtecken, Linien und unterschiedlicher Pfeilspitzen kann für den UML-Anfänger und für den Außenstehenden eine abschreckende Wirkung erzeugen. Um eine bessere Struktur und Ordnung in dem Modell zu erreichen, können die Klassenansammlungen in Paketen organisiert werden. Darüber wird in Kapitel 5 berichtet.

Abbildung 3-20: Überkreuzung von Linien

Testfragen

1. Welcher Teil der Klassendefinition wird fett und zentriert dargestellt?

A Signatur der Operation
B Operationsname
C Klassenname
D Attributname

2. Welche Schreibweise ist für den Anfangswert 1200 mm als Länge einer Europalette richtig?

A `Länge::Integer=1200`
B `Laenge:=1200`
C `Länge=1200`
D `Länge:Integer=1,2`

3. Welche Auswahl an Sonderzeichen ist für die Angabe der Sichtbarkeit eines Modellierungselementes zulässig?

A „+", „-", „#" und „~"
B „+", „-", „*" und „%"
C „+", „-", „#" und „%"
D „+", „-", „§" und „$"

4. In einer Klasse bedeutet eine definierte Operation, dass ein aus dieser Klasse instanziiertes Objekt ...

A auch die Operationen einer Oberklasse ausführen darf
B die Attributwerte der eigenen Klasse nicht modifizieren kann
C eigene Operation ausführen kann
D eigenen Operation unterliegen kann

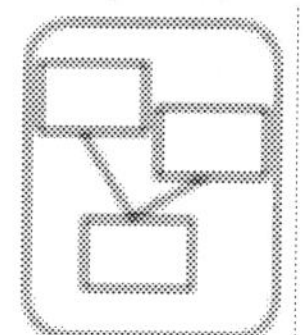

5. Welche der Aussagen trifft auf die Komposition zu?

A Die Notation enthält eine leere Raute

B Sie modelliert eine stärkere Bindung der Bestandteile an den Besitzer als die Aggregation

C Sie darf nur eine endliche Menge der Bestandteile modellieren

D Die Bestandteile müssen unter dem Besitzer gezeichnet werden

6. Welche Notation gilt für die Darstellung einer Klasse?

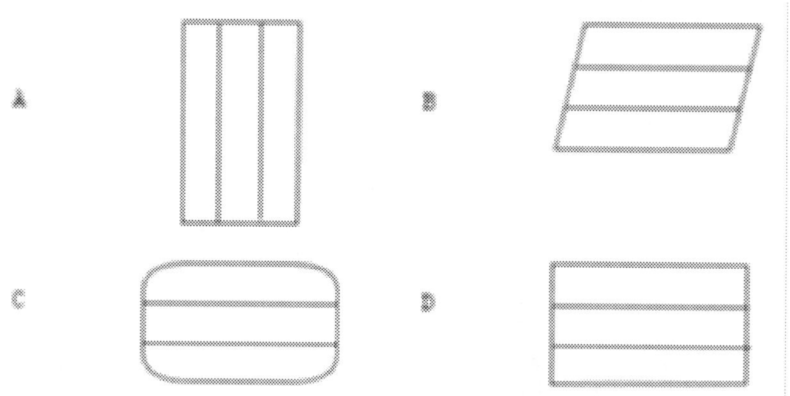

7. Welches dieser Elemente kann die Multiplizitätsangaben enthalten?

A Klasse

B Assoziation

C Generalisierung

D Abhängigkeit

8. Welche dieser Beziehungen darf nicht als reflexive definiert werden?

A Komposition

B Aggregation

C Generalisierung

D Assoziation

9. Eine Assoziationsklasse unterhält Beziehung zu …

A keiner Klasse (ist eine selbständige Klasse)

B genau einer Klasse

C zwei Klassen

D unendlich vielen Klassen

10. Wodurch wird angegeben, dass ein Objekt auf das andere zugreifen kann?

A Leserichtung der Assoziation

B Navigationsrichtung der Assoziation

C Rolle der Assoziation

D Sichtbarkeit der Referenzklasse des Objektes

4 Objektdiagramme

In Kapitel 1 wurden die Begriffe Objekt und Klasse besprochen und dabei die Abstraktion vom Objekt zur Klasse nachvollzogen. In diesem Kapitel wird die Perspektive gewechselt: es findet eine Betrachtung von der Klasse zum Objekt statt.

4.1 Verwendungszweck

Wie zuvor definiert wurde, ist eine Klasse die Abstraktion einer Gruppe von Objekten, in der die ähnlichen Eigenschaften, gemeinsames Verhalten und gemeinsame Relationen zu anderen Objekten beschrieben werden. Eine Klasse ist dem zur Folge kein real existierendes Ding – es ist ein gedankliches Konzept. In der realen Welt ist eine Instanz bzw. ein Objekt (diese Begriffe haben die gleiche Bedeutung) eine Exemplifikation der Klasse.

Wenn sich zwei Mitarbeiter einer Spedition über Sattelzüge unterhalten und die optimale Länge des Fahrzeugs diskutieren, d.h. ob ein EuroCombi (ein Gigaliner) möglicherweise für ihre Aufträge günstiger wäre, so stellt dies eine Diskussion über eine Klasse `Sattelzug` mit den entsprechenden Eigenschaften und Verhalten dieser Art des LKW dar. Falls sich die beiden Mitarbeiter in den Hof begeben und dort die Unfallschäden an dem Fahrzeug HB-X 1234 begutachten, dann stellt aus der Modellierungssicht der Sattelzug HB-X 1234 ein Objekt der Klasse `Sattelzug` dar.

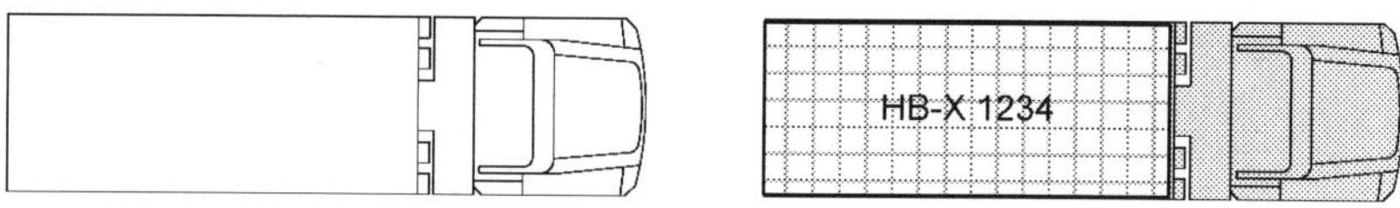

Abbildung 4-1: Klasse `Sattelzug` (links) und Objekt `HB-X 1234` (rechts)

Das Objekt HB-X 1234 verfügt über einen eindeutigen Namen (hier Kennzeichen), ist vom Typ Actros MP3 und Fahrerhaus ist grau gestrichen.

Genauso wird ein Objektdiagramm als die konkrete Manifestierung eines Klassendiagramms betrachtet, sofern man sich auf die Ebene der Diagramme begibt. Diese Art der Projizierung „von oben nach unten" wird benötigt, um die statische Sicht eines Systems zu modellieren. Eine konkrete Realisierung des Modells zu einem bestimmten Zeitpunkt findet mit der Verwendung von konkreten Attributwerten und Beziehungen statt, d.h. es wird ein ganz bestimmter Zustand des Systems wiedergegeben.

Visualisierung

Die Objektdiagramme sind wichtig für die Visualisierung des Modells. Bei der Kommunikation zwischen den Menschen kommt es oft vor, dass manche Aspekte sich einfacher erklären lassen, wenn sie durch ein konkretes Beispiel verdeutlicht werden. Häufig ist der Schritt von der Abstraktion zum Konkreten schwierig. In der Einführung zu diesem Buch wurde darauf hingewiesen, dass eins der Ziele der UML die bessere Qualität der Kommunikation zwischen den Beteiligten ist. Das Objektdiagramm ist eins der vielen Mittel in diese Richtung.

4.2 Objekt

Mit dem Objekt wird veranschaulicht, wie die Klasse in der realen Welt aussieht. Wenn der Logistiker die UML-Brille aufsetzt, dann würde er den Umlagerungsauftrag UA 999111 eines Containers MWCU 6059784 vom Platz B/4/25/3 zum Platz D/2/99/1 als eine Instanz der Klasse `Auftrag` in Verbindung mit der Instanz der Klasse `Behälter`, die von einem `Ort` zum anderen `Ort` bewegt wird, ansehen.

Objekt

Durch ein Objekt wird die eigene Klasse in einem bestimmten Zustand verwirklicht. Dieser Zustand weist bestimmte Attributwerte auf. In diesem Zustand kann eine Reihe der Operationen durchgeführt werden.

Das Objekt ist eine Beschreibung eines Dings bzw. Konzepts mit konkreten Werten. Es müssen nicht alle Details genannt werden, sofern diese nicht von Interesse sind. Das bedeutet aber nicht, dass das betreffende Objekt diese Eigenschaften seiner Klasse nicht besitzt. Falls sich die Werte der Attribute ändern, dann können mehrere Schnappschüsse gemacht werden. Das bezeichnet aber bei weitem noch nicht die Modellierung der Dynamik eines Objektes – dadurch werden lediglich seine Zustände in diversen Zeitpunkten wiedergegeben.

Notation

Ein Objekt wird graphisch genauso wie seine Klasse dargestellt, jedoch mit dem Unterschied, dass statt des Klassennamens eine unterstrichene Zusammensetzung des Objektnamens (falls zu-

treffend; das ist eine Option), des Doppelpunktes „:"und des Klassennamens (auch optional) vorkommt. Wenn der Objektname fehlt, dann handelt es sich um ein *anonymes Objekt*. Der Name der Klasse kann auch ausgeblendet werden, sofern ein gegebener Kontext klarstellt, um welche Klasse es sich dabei handelt.

Die Syntax für eine Beschriftung des Objekts sieht folgendermaßen aus:

- allgemein

  `Objektname:Klassenname`

- anonymes Objekt

  `:Klassenname`

- Objekt einer aus dem Kontext bekannten Klasse

  `Objektname`

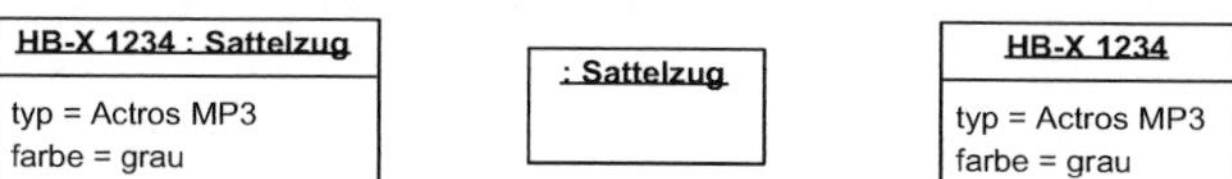

Abbildung 4-2: Objekte mit angegebener Klassenzugehörigkeit, anonymes und mit mutmaßlicher Klasse

4.3 Verknüpfung

In dem Klassendiagramm werden die Beziehungen zwischen den Klassen mit Hilfe von Assoziationen modelliert. Genauso wie ein Objekt eine Instanz der Klasse ist, stellt eine Verknüpfung die Instanz einer Assoziation dar.

Verknüpfung

Eine Verknüpfung modelliert eine faktische Verbindung zwischen den Objekten.

In anderen Worten, wo im Klassendiagramm eine Assoziation zwischen zwei Klassen besteht, so gibt es im entsprechenden Objektdiagramm eine Verknüpfung zwischen den Objekten. Dadurch kann eine Nachricht von einem Objekt an ein verknüpftes Objekt versendet werden. Das schließt nicht aus, dass die Nachrichten zweier oder mehrerer Objekte derselben Klasse ausgetauscht werden können, falls eine reflexive Assoziation besteht.

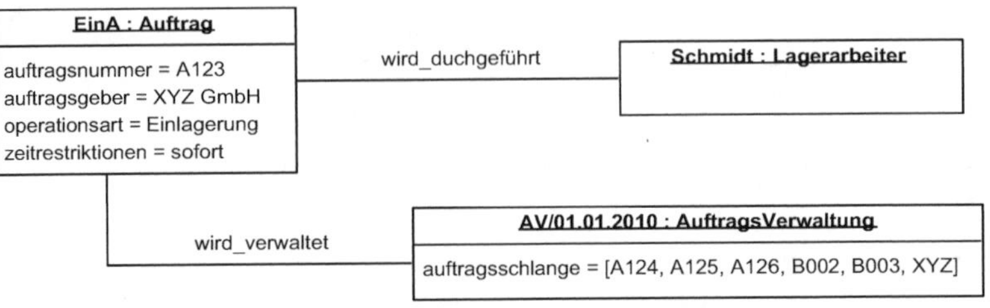

Abbildung 4-3: Verknüpfungen in einem Objektdiagramm

In Abbildung 4-3 verwaltet `AV/01.01.2010`, eine Instanz der Klasse **`AuftragsVerwaltung`**, die am 01.01.2010 generiert wurde, den Auftrag `A123` über das Objekt **`EinA`** der Klasse **`Auftrag`**. Außerdem Herr **`Schmidt`**, ein **`Lagerarbeiter`**, führt gerade den Einlagerungsauftrag mit der `auftragsnummer A123`.

4.4 Aufbau eines Objektdiagramms

Objektdiagramme sind verständlicherweise mit den korrespondierenden Klassendiagrammen verwandt.

Objekt-diagramm

Ein Objektdiagramm stellt Objekte und ihre Verknüpfungen zu einem bestimmten Zeitpunkt dar.

Wie es zuvor gesagt worden ist, sind die Objekte die Instanzen der Klassen und die Verknüpfungen die Instanzen der Assoziationen. Dies führt dazu, dass die Struktur eines Objektdiagramms in der Regel einem Klassendiagramm entspricht. Es besteht nicht die Notwendigkeit, dass alle Details des Klassendiagramms ihren Gegenpart im Objektdiagramm besitzen. Ein Objektdiagramm sollte einen bestimmten Zeitpunkt im Leben eines Systems wiedergeben, um gewünschte Strukturen zu visualisieren. Es kann gut sein, dass nur die nicht offensichtlichen, komplexeren Teile des Systems mit einem Objektdiagramm veranschaulicht werden, um das entsprechende Klassendiagramm besser verstehen zu können.

Auch kann die Erstellung eines Objektdiagramms als der erste Schritt vor der Erstellung eines Klassendiagramms vorgenommen werden. In manchen Fällen kann es einfacher sein, vorerst eine momentane Aufnahme eines Systems zu modellieren. Dies hängt damit zusammen, dass es einfacher sein kann, sich solche Schnappschüsse vorzustellen, bei denen der eine oder andere Aspekt mehr oder weniger sichtbar bzw. wichtig ist. Diese Schnappschüsse können aus verschiedenen Szenarien resultieren, die sich der Betrachter überlegt hat, um das System in verschiedenen Zuständen betrachten zu können. Auf diese Art und Weise kann der Weg zur Verallgemeinerung in das Klassendiagramm gefunden werden.

Testfragen

1. Welche der Aussagen stimmt?

A Durch die Instanziierung des Objektes werden neue Attribute dem Objekt hinzugefügt

B Falls ein Objekt aus einer Klasse bereits instanziiert wurde, darf ein weiteres nicht instanziiert werden

C Ein Objekt weist bestimmte Attributwerte auf

D Ein Objekt darf keine Operationen ausführen

2. Welcher der folgenden Namen weist auf ein anonymes Objekt hin?

A `HH-S 1234:LKW`

B `:LKW`

C `HH-S 1234`

D `:LKW`

3. Eine Verknüpfung ...

A modelliert die Beziehung zweier Objekte

B modelliert die Beziehung zweier Klassen

C ist eine Instanz der Assoziation

D ist eine Instanz der Assoziationsklasse

4. Welche dieser Behauptungen trifft auf die Struktur eines Objektdiagrammes zu?

A Die Struktur darf nicht von dem korrespondierenden Klassendiagramm abweichen

B Sie enthält keine Aggregationen

C Multiplizitätsangabe „*“ kommt vor

D Sie stellt einen Schnappschuss der Zustände der Objekte dar

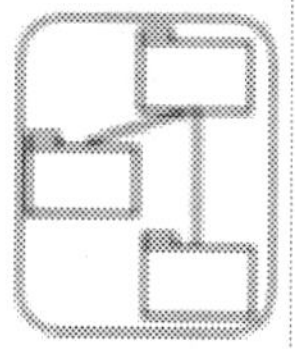

5 Paketdiagramme

5.1 Verwendungszweck

Zum Abschluss des 3. Kapitels wurde darauf hingewiesen, dass die wachsende Anzahl der Klassen und ihrer Assoziationen dazu führen kann, dass man schnell den Überblick über das gesamte System verliert. Die Bewahrung von Übersichtlichkeit sollte eigentlich einer der Zwecke der Darstellung eines Systems durch die UML-Diagramme sein. Bei einer wachsenden Anzahl der Elemente im Diagramm kann sie jedoch schnell verloren gehen. Deshalb führt die UML die Pakete ein, um das Gesamtmodell in kleinere überschaubare Einheiten gliedern zu können. Oder wenn dies aus einer umgekehrten Perspektive betrachtet wird – durch Gruppierung der Modellierungselemente, die als eine Ansammlung bearbeitet werden können, entstehen Pakete. Dadurch kann ein besserer Blick auf die Gesamtstruktur des Systems erreicht werden. Einige wesentliche Aspekte können dadurch in den Vordergrund herangezogen, andere in den Hintergrund zurückgestellt werden.

5.2 Paket

Wie eine Klasse, Nutzfall oder Akteur aus den vorangegangenen Kapiteln ist ein Paket auch ein UML-Element. Die Definition eines Pakets ist jedoch nicht so scharf formuliert wie die der anderen erwähnten Elemente. In der UML-Definition gibt man an:

Paket

> Ein Paket wird benutzt, um Elemente zu gruppieren und einen Namensraum für seine Elemente zu liefern.

Die Pakete werden zur besseren Modellierung der Struktur eines Systems verwendet. Deshalb ist es selbstverständlich, dass die in einem Paket gruppierten Elemente nicht zufällig zusammengefasst werden, obwohl die o.g. Definition dies nicht untersagt. Die Paketmitglieder sollen inhaltlich zueinander passen. Ein Paket ist eine lose Ansammlung von Elementen mit dem über einen Namensraum kontrollierten Zugriff auf diese Elemente. Ein Paket ist also ein Besitzer der darin deklarierten Elemente (z.B. Klassen, Beziehungen,

Notizen). Im Paket können auch Elemente vorhanden sein, auf die im Paket lediglich verwiesen wird. In solch einem Fall ist das Paket nicht der Besitzer dieser Elemente.

Ein Paket ist zugleich ein Namensraum für seine Elemente. Die Folge ist, dass die Namensgleichheit in demselben Paket nicht vorkommen darf. Dies bedeutet, dass innerhalb eines Pakets die Elemente des gleichen Typs jeweils über einen unterschiedlichen Namen verfügen müssen.

Namensraum

Ein Namensraum ist ein Behälter für die benannten Elemente des Modells.

Aus der Sicht der UML ist ein Namensraum ohne graphische Notation. Jeder Name im UML-Modell darf in Besitz nur eines Namensraums sein. Die Namen aus einem anderen Namensraum dürfen nur durch Import oder Vererbung in dem betreffenden Namensraum benutzt werden. Der Zugriff auf „fremde" Namen wird über die qualifizierten Namen (s. Kapitel 3) realisiert. Weil der Namensraum eine Art Kapsel für die Namen darstellt, darf derselbe Name in einem anderen Namensraum wiederverwendet werden. Der Begriff des Namensraums ist ziemlich abstrakt und wird nicht weiter vertieft.

Pakete können andere Pakete beinhalten. Dadurch können verschiedene Strukturen und Abhängigkeiten zwischen den Paketen entstehen.

Da das Paket der Besitzer seiner Elemente ist, impliziert das, dass diese mit gelöscht werden, wenn das Paket aus dem Modell gelöscht wird.

Notation

Ein Paket wird graphisch als ein Rechteck mit einem weiteren kleinen Rechteck oben links des großen Rechtecks (eine Art Registerlasche) dargestellt. Die Elemente des Pakets werden innerhalb des großen Rechtecks gezeichnet. Werden die enthaltenen Elemente in dem Paket nicht dargestellt, dann soll der Name des Pakets in dem großen Rechteck eingetragen werden. Sofern aber die enthaltenen Elemente im großen Rechteck genannt werden, dann soll der Name des Pakets in dem kleinen Rechteck dargestellt werden (an diese Vorgabe des Standards halten sich viele Hersteller der UML-Software nicht, das stört aber das Gesamtkonzept nicht). Die enthaltenen Elemente dürfen auch außerhalb des großen Rechtecks vorkommen, müssen dann aber durch Linien mit dem Rechteck des Pakets verbunden werden, und auf der Seite des umfassenden Pakets soll die Linie mit dem Symbol „⊕"gekennzeichnet werden.

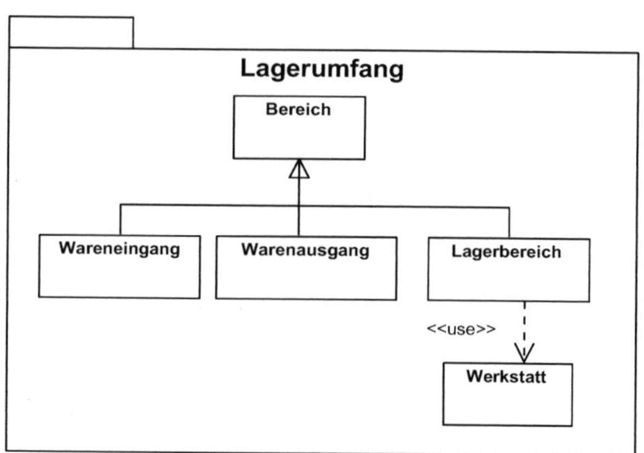

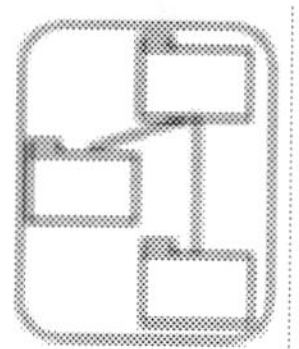

Abbildung 5-1: Paket als Ansammlung von Klassen

5.3 Beziehungen zwischen den Paketen

Pakete können verschiedene Modellelemente wie Klassen (s. Abbildung 5-1) oder untergeordnete Pakete (s. Abbildung 5-2) enthalten. In dem letzen Fall entsteht eine Hierarchie der Pakete. Das erlaubt, die komplexe Struktur des Systems übersichtlich zu modellieren.

Es ist selbstverständlich, dass ein Element, z.B. die Klasse nur in einem Paket, in dem sog. Stammpaket, definiert wird. Trotzdem besteht die Möglichkeit, dass sie in anderen Paketen benutzt wird. Um zu zeigen, woher das benutzte Element stammt, wird der qualifizierte Name verwendet:

```
Paketname::Elementname
```

Durch solche Referenzen entstehen die Abhängigkeiten zwischen den Paketen. Ein Beispiel dafür zeigt die Abbildung 5-3. Die Klasse `Auftrag` aus dem Paket `Auftragsmanagement`, das wiederum im Paket `Disposition` zu finden ist, hat ihr Attribut `Auftragsgeber` vom Typ `Kunde`. `Kunde` ist aber eine Klasse im Paket `Kundenverwaltung`. Beachten Sie bitte, dass ein „:" (Doppelpunkt) für die Typspezifikation verwendet und ein „::" (doppelter Doppelpunkt) für die Paketzugehörigkeit eingesetzt wird:

```
Auftragsgeber:Kundenverwaltung::Kunde
```

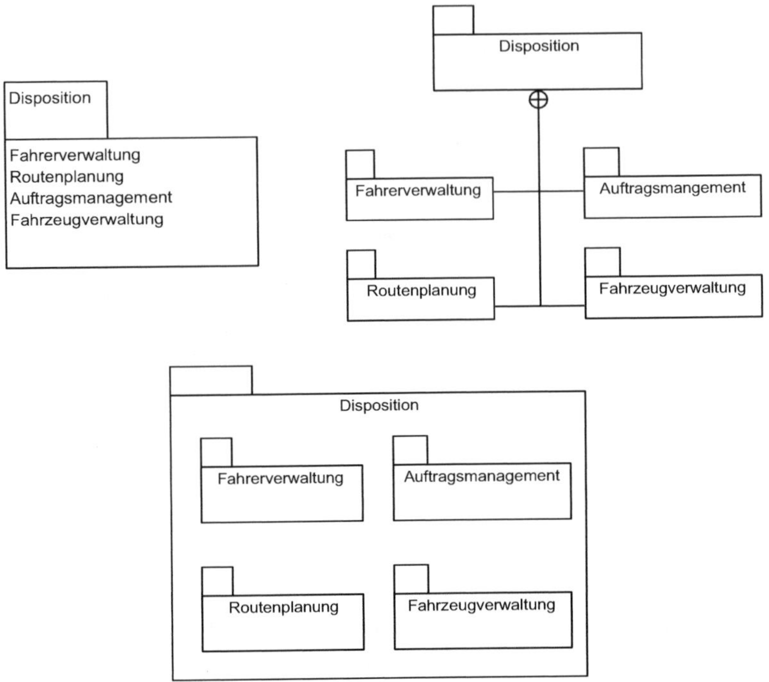

Abbildung 5-2: Alternative Notationen für Paketstrukturen

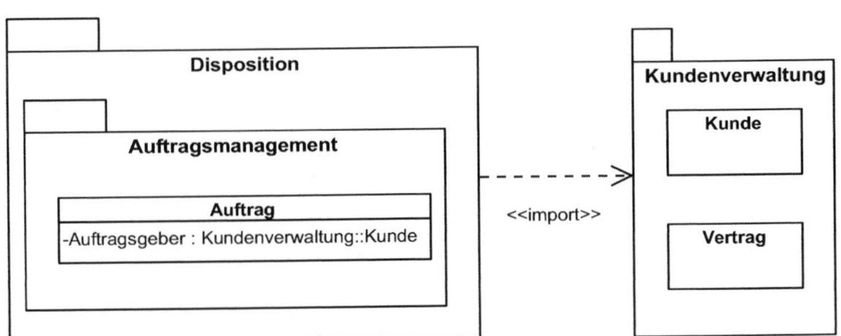

Abbildung 5-3: Beziehungen zwischen den Paketen

In der Abbildung 5-3 wird die Abhängigkeit zwischen den Paketen `Disposition` und `Kundenverwaltung` mit dem Stereotyp «`import`» charakterisiert. Wird dieses Stereotyp benutzt, so werden die vom Originalpaket (hier `Kundenverwaltung`) bereitgestellten Elemente im importierenden Paket (hier `Disposition`) öffentlich. Falls das importierende Paket selber importiert wird, dann stehen die im-

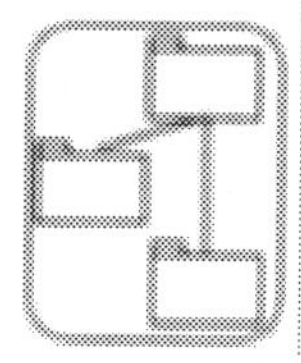

portierten Elemente auch dem dritten Paket zur Verfügung. Beim Stereotyp «export» ist der Sinn derselbe, mit der Ausnahme, dass es sich um die umgekehrte Richtung der Weitergabe handelt. Ein weiteres Stereotyp ist «access», der im Grunde die gleiche Wirkung wie «import» besitzt, mit der Ausnahme, dass eine weitere Importbeziehung nicht möglich ist.

5.4 Hinweise zur Modellierung mit Paketdiagrammen

Eines der schwierigeren Probleme bei der Modellierung mit den Paketdiagrammen stellen die Besitzverhältnisse der Modellierungselemente und das damit verbundene Konzept der Namensbildung der Elemente dar.

Namensgleichheit

Da ein Paket einen Namensraum für die darin enthaltenen Elemente bildet, dürfen zwei Elemente des gleichen Typs nicht identisch benannt werden. Das bedeutet, dass es nicht zulässig ist, zwei Klassen `Gabelstapler` in einem Paket `Fuhrpark` zu definieren. Es ist aber völlig korrekt, die Klasse `Gabelstapler` in dem Paket `Fuhrpark` zu modellieren und gleichzeitig im Paket `Lager` eine (andere) Klasse namens `Gabelstapler` zu vereinbaren. Die Klassen

```
Fuhrpark::Gabelstapler
Lager::Gabelstapler
```

sind zwei unterschiedliche Klassen. Der qualifizierte Name mit dem doppelten Doppelpunkt wird benutzt, um solche Klassen doch als unterschiedlich betrachten zu können. Falls eine geschachtelte Struktur der Pakete modelliert wird, so muss der qualifizierte Name um weitere Paketnamen erweitert werden, beispielsweise:

```
Unternehmen::Fuhrpark::Gabelstapler
Dienstleister::Lager::Gabelstapler
```

In einem Namensraum (sprich in einem Paket) kann derselbe Name für Modellierungselemente von unterschiedlichen Typen verwendet werden. Sie dürfen z.B. die Klasse `Mitarbeiter` definieren, sowie zwischen den Klassen `Unternehmen` und `Person` eine Assoziation `stellt_ein` vereinbaren, wobei eines der Assoziationsenden mit der Rolle `mitarbeiter` versehen wird. Aus der UML-Sicht sind in diesem Beispiel die Rolle und Klasse als unterschiedliche Elemente zu betrachten.

Obwohl die Problematik der Namensgleichheit klar geregelt ist, sollte dem potenziellen Konflikt besser aus dem Weg gegangen und unterschiedliche Namen verwenden werden, um die Verwechslungsgefahr zu vermeiden. Der Standard lässt die Namensgleichheit zu, da es bei großen Projekten mit einer Vielzahl von Modellierern leicht passieren kann, dass der gleiche Name doch in zwei oder mehreren Paketen eingesetzt werden muss.

Organisieren der Pakete

Für den Fall der Namensgleichheit hat die Definition der UML dafür gesorgt, wie mit ihr umgegangen werden soll. Dagegen gibt es keine Vorgaben, wie die Modellelemente auf die Pakete zu verteilen sind. Das stellt offensichtlich kein Problem dar, sofern die Anzahl der Klassen mäßig ist. Falls die Anzahl der Klassen wächst, kommt noch eine Schwierigkeit dazu, die bei der Erarbeitung einer Klasse nicht existiert. Die Klasse verallgemeinert Objekte, die real vorkommen. Dagegen dient ein Paket ausschließlich zum Organisieren der Modellierungselemente und muss somit keinem Konstrukt aus der realen Welt entsprechen. Das bedeutet, dass es ein Muster für die Klasse gibt, nicht aber für das Paket.

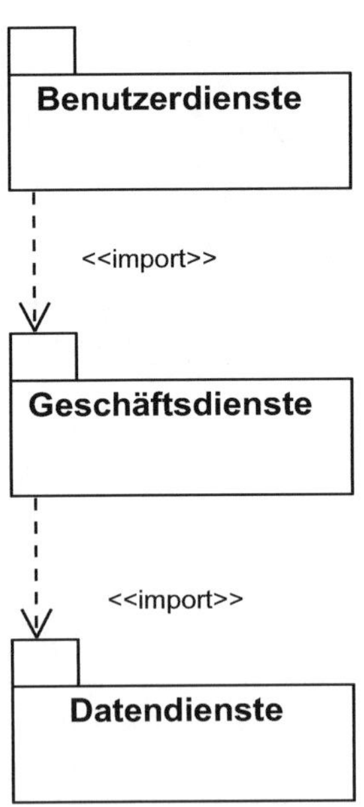

Abbildung 5-4: Schichten des Modells (nach [3])

Zusammenhängende Elemente

Es ist allerdings naheliegend, dass das Organisieren der Elemente in Pakete einer gewissen Logik unterliegen muss, sonst verliert das Wort „Organisieren“ sein Sinn. Das Ziel sollte angestrebt werden, die zusammenhängenden Elemente in einem Paket zu sammeln.

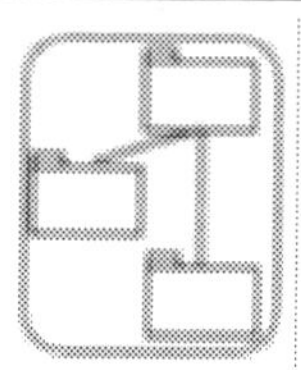

Dadurch wird versucht, die Beziehungen zwischen den Paketen auf das nicht vermeidbare zu reduzieren. Falls die Abhängigkeiten zwischen den Paketen doch dargestellt werden müssen, dann werden die Stereotypen wie «`import`», «`export`» bzw. «`access`» benutzt, um die Beziehungen genauer zu spezifizieren. Sie stellen die Abhängigkeiten zwischen einzelnen Paketen dar – in welchem Zusammenhang diese benötigt werden.

Wie das Modell auf die Pakete verteilt wird, ist eine Ermessenssache und kann nicht vorgeschrieben werden. Die Verfasser von [3] schlagen jedoch vor, dass in größeren Modellen zumindest drei Schichten (drei übergeordnete Pakete) erkennbar sein sollten. Die von ihnen ausgewählten Schichten lauten: Benutzerdienste, Geschäftdienste und Datendienste. Die Abbildung 5-4 stellt das Model dar. Die genannten Pakete sollen als Sammelpakete für die detaillierten Pakete des Modells verstanden werden.

Testfragen

1. Welche dieser Definitionen beschreibt ein Paket am besten?

A Ein Paket enthält alle Klassen, die zueinander Beziehungen unterhalten und deren Namen einmalig sind

B Ein Paket ist eine Sammlung von Modellierungselementen mit gemeinsamem Namensraum

C Ein Paket enthält alle Modellierungselemente, deren Namen einmalig sind

D Ein Paket ist eine Sammlung von Unterpaketen

2. In einem Paket ...

A dürfen zwei Klassen denselben Namen tragen

B dürfen Attribute zweier Klassen denselben Namen nicht tragen

C darf Klassenname gleich einem Klassennamen aus einem anderen Paket sein

D dürfen eine Klasse und eine Assoziation denselben Namen tragen

3. Die Klasse LKW wurde im Paket Fuhrpark integriert. Welche Notation ist richtig?

A `Fuhrpark::LKW`

B `Fuhrpark_LKW`

C `Fuhrpark/LKW`

D `Fuhrpark:LKW`

4. Welches Symbol kennzeichnet die Enthält-Beziehung zwischen zwei Paketen?

A Symbol „◊"

B Symbol „♦".

C Symbol „∇"

D Symbol „⊕"

5. Wie viele Pakete darf ein Paket enthalten?

A Keins

B Eins

C Zwei

D Viele

6. Was passiert, wenn das nicht leere Paket aus dem Modell gelöscht wird?

A Alle enthaltenen Elemente bleiben erhalten

B Alle enthaltenen Elemente werden mit gelöscht

C Nur alle Elemente, die sich außerhalb der enthaltenen Unterpakete befinden, werden mit gelöscht

D Alle enthaltenen Elemente werden in einen Papierkorb verschoben

7. Welche Art der Abhängigkeiten wird zwischen den Paketen nicht modelliert?

A `«import»`

B `«export»`

C `«control»`

D `«access»`

8. Was kann über die Organisation der Modellierungselemente in einem Paket gesagt werden?

A In demselben Paket sollen sich die Modellierungselemente befinden, die später im gleichen Programm implementiert werden

B Im UML-Standard werden keine Vorgaben zur Organisation der Modellierungselemente getroffen

C Das Zusammenfinden der Modellierungselemente soll dem Aufbau aus der realen Welt entsprechen

D Falls zwei Klassen eine Beziehung zueinander unterhalten, müssen beide im gleichen Paket modelliert werden

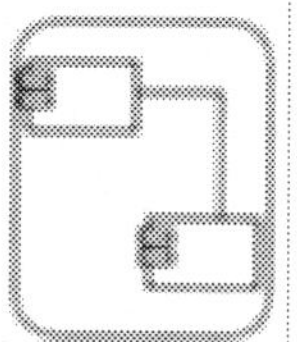

6 Komponentendiagramme

6.1 Verwendungszweck

Es wird zunächst ein Beispiel betrachtet: ein Hochregallager ist bereits seit einigen Jahren im Betrieb. Es wurde nach dem Prinzip des Kanallagers mit Satellit [13] aufgebaut. Durch große Auslastung des Lagers und viele Bewegungen im Lager (Ein-, Aus- und Umlagerungen) sowie fortschreitender Ausnutzung sollen die Kanalfahrzeuge ausgetauscht werden. Der Hersteller bietet erneuerte Antriebstechnik an, so dass viel Energie gespart werden kann. Die Regale selber sollen erhalten bleiben. Die Frage ist nun, ob die alten Satelliten durch die neuen problemlos ersetzt werden können. Passen die alten mit den neuen Abmessungen zusammen? Sind die elektrischen Verbindungen kompatibel? Wird die elektronische Steuerung mitspielen? Solche und ähnliche Fragen müssen geklärt werden, bevor die endgültige Entscheidung gefällt wird.

Wenn man die o.g. Problematik verallgemeinern würde, so entsteht die Frage, ob ein Satellit eine austauschbare Komponente des Systems – Lager – ist. Nach DIN [8] ist eine Komponente (eine Baugruppe) „ein in sich geschlossener aus zwei oder mehr Teilen und/oder Baugruppen niederer Ordnung bestehender Gegenstand, wobei ein Einzelteil ein technisch beschriebener, nach einem bestimmten Arbeitsablauf zu fertigender bzw. gefertigter, nicht zerlegbarer Gegenstand ist." Dazu konnte die folgende Forderung hinzugefügt werden: Komponenten sollen solche modularen Teile eines Systems sein, die so strukturiert sind, dass sie in ihrem Einsatzfeld durch eine andere, äquivalente Komponente ersetzt werden können.

Mit anderen Worten, man sollte nach Möglichkeit vermeiden, die Systeme als monolithische, einzigartige Einheiten zu bauen, um sich den Weg für die zukünftigen Änderungen im System nicht zu versperren. Diese Legostein-Bauweise eines Systems ist durch ihre Flexibilität anpassungsfähiger für vorerst nicht vorhersehbare Anforderungen des Marktes (des Kunden) und somit aus langfristiger Sicht kostenoptimaler.

Wenn man mit diesem Gedanken nun auf den Grund der UML zurückkehrt, dann kann mit Hilfe der Komponentendiagramme der Aufbau des Systems modelliert werden, um zu zeigen, welche Komponenten darin enthalten sind und wie sie miteinander zusammenwirken.

6.2 Komponente und Interface

Der Sinn einer Komponente, wie oben besprochen wurde, ist weitestgehend in UML umgesetzt.

Komponente

Eine Komponente stellt einen modularen, in sich geschlossenen, austauschbaren Teil des Systems dar.

Angesichts dieser Definition und der Rolle einer Komponente im System, wird sie aus der Sicht des Systems als „Lieferant" bestimmter Dienste für das System angesehen. Diese Dienste werden aufgerufen, wenn sich der Bedarf danach ergibt. Deshalb müssen die Schnittstellen zwischen der Komponente und dem Rest des Systems (was sich auch aus weiteren Komponenten zusammensetzen lässt) definiert werden. Diese Schnittstellen werden in der UML als Interfaces bezeichnet.

Interface

Ein Interface ist eine Sammlung von Operationen, die einen Dienst darstellen, der von einer Klasse oder Komponente bereitgestellt oder eingefordert wird.

In diesem Sinne repräsentieren die Interfaces wichtige Nahtstellen im System. Komponenten können nicht ohne Interfaces betrachtet werden, und Interfaces können wiederum nicht selbständig existieren – sie sind an Komponenten gebunden.

Eine Komponente, als Lieferant der Dienste, muss das Interface zunächst bereitstellen. Obwohl vom System her die Komponente als *„black-box"* betrachtet werden kann, braucht sie eine interne Struktur und ein internes Verhalten. Die Komponenten werden durch Klassen bzw. geschachtelte Komponenten definiert.

Paket vs. Komponente

Schon an dieser Stelle sollte auf den Unterschied zwischen einem Paket und einer Komponente eingegangen werden. In Kapitel 5 wurde ein Paket als eine Ansammlung von verschieden Elementen (z.B. Klassen) definiert. Wie im oberen Teil dargestellt, setzt sich eine Komponente auf der niedrigsten Ebene der Aufbaustruktur auch aus Klassen zusammen. Der Unterschied hängt von der jeweiligen Sichtweise ab. Das Paket organisiert Gruppen von Klassen, um die

Struktur des Systems übersichtlicher modellieren zu können. Die Komponente dagegen stellt einen Teil der Funktionalität des Systems dar. Die Gesamtfunktionalität des Systems wird dementsprechend auf die Komponenten verteilt.

Wird diesem Gedanken weiter gefolgt, so stellt man fest, dass die Operationen einer Klasse innerhalb der Komponente für diese Komponente unerlässlich sind. Diese Klasse muss „für immer" in der Komponente bleiben, sonst verliert das System einen Teil seines Verhaltens. Wenn eine Klasse von einem Paket in das andere umgesiedelt wird, dann treten aus der funktionalen Sicht keine Probleme im System auf. Der Modellierer könnte höchstens einen gewissen Verlust an Übersichtlichkeit spüren.

Ersetzbarkeit

Die Ersetzbarkeit ist dem Begriff der Komponente deutlich auf die Fahne geschrieben. Zu jeder Zeit darf die Komponente durch eine äquivalente Komponente ausgetauscht werden. Diese Äquivalenz wird durch die Interfaces bestimmt. Solange die *bereitgestellten* und *erforderlichen* Interfaces unverändert bleiben, ist die Komponente tauschbar.

Bereitgestelltes und erforderliches Interface

Ein bereitgestelltes Interface ist ein Interface, das eine Komponente realisiert und einer anderen Komponente zur Verfügung stellt. Eine Komponente kann viele bereitgestellte Interfaces aufweisen. Ein erforderliches Interface ist ein Interface, das die betrachtete Komponente verwendet, um ihre Dienste ausführen zu können. Es ist möglich, viele erforderliche Interfaces in der Komponente zu definieren.

Erweiterbarkeit

Das Konzept der Komponente bietet eine große Flexibilität an. Die Funktionalität des Systems kann sich erweitern, indem neue Interfaces zu den bestehenden Komponenten definiert werden. Es können auch ganz neue Komponenten entwickelt werden, die dann mit dem bestehenden System über die Interfaces verbunden werden. Diese Flexibilität besteht sowohl auf der Modellierungsebene als auch bei der physischen Implementierung.

Notation

Eine Komponente wird als ein Rechteck abgebildet. Der Name der Komponente wird innerhalb des Rechtecks platziert, sowie das Stereotyp «`component`», um von dem Rechteck der Klasse unterscheiden zu können. Wird in der Ecke ein kleines Symbol in Form eines Legosteins (ein Rechteck mit zwei noch kleineren Rechtecken auf der linken Kante) gezeichnet, so wird das Rechteck der Komponente auf eine andere, optische Art von dem der Klasse getrennt. In der Abbildung 6-1 wurden beide Wege der Darstellung einer Komponente gezeigt.

In der folgenden Abbildung 6-2 wird die Komponente Lagerverwaltung um zwei erforderliche Interfaces (auf der linken Seite des Rechtecks) und drei bereitgestellte Interfaces erweitert. Die Lagerverwaltung benötigt Angaben zu der einzulagernden Ware (beispielsweise Art, Gewicht, Abmessungen, usw.) und der einzusetzenden Einlagerungsstrategie (beispielsweise chaotische Lagerung, Zonung, kürzester Fahrweg, usw.). Mit diesen Informationen können der Lagerort (z.B. Regalreihe, Regalfach, usw.), der Hochregalstapler (z.B. Nummer, Standort, usw.) und der Lagerarbeiter (z.B. Name, Stelle, usw.) durch Funktionen der Komponente Lagerverwaltung bestimmt werden.

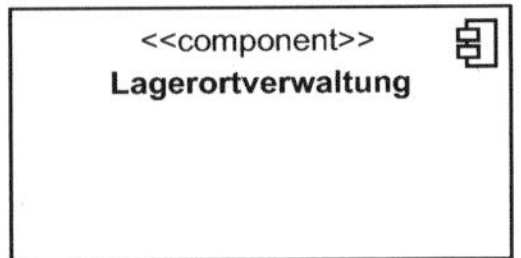

Abbildung 6-1: Syntax einer Komponente

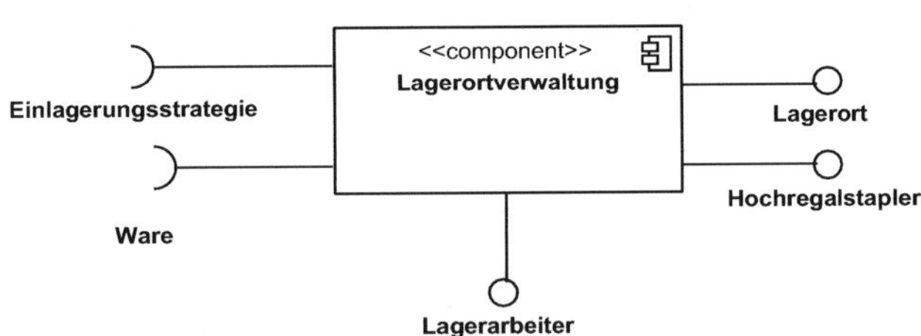

Abbildung 6-2: Komponente mit Interfaces

Eine alternative Darstellung der Komponente ist in der Abbildung 6-3 ersichtlich. Die Interfaces werden als Listen von erforderlichen Interfaces («required interfaces») und bereitgestellten Interfaces («provided interfaces») eingeführt.

In der Abbildung 6-4 wird eine noch detailliertere Sicht auf die Komponente Lagerverwaltung und ihre Interfaces dargestellt. Die Interfaces werden hier als klassische Rechtecke mit den eingeführten Operationen angezeigt. Die Komponente fordert Daten aus 2 Interfaces (Pfeile mit offener Spitze) und stellt Daten über 3 Interfaces (Pfeile mit geschlossener Spitze) bereit.

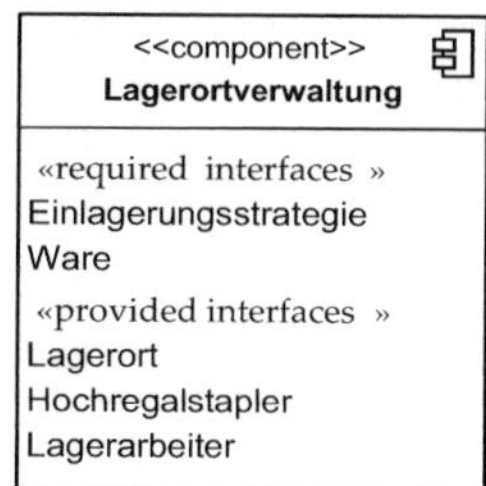

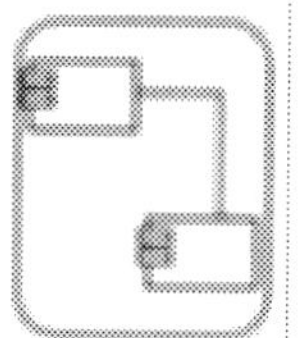

Abbildung 6-3: Komponente mit den Interfacelisten

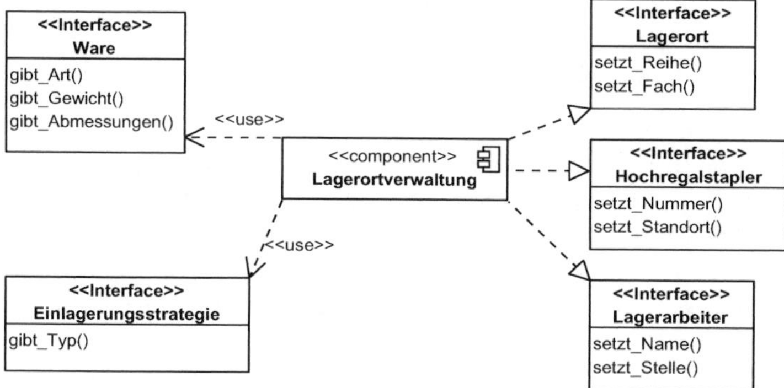

Abbildung 6-4: Komponente mit der Struktur der Interfaces

6.3 Port

Um den Grad der Kapselung einer Komponente zu steigern, können bestimmte Anschlüsse modelliert werden, die zur Kommunikation mit der Umgebung dienen. Diese Art der Anschlüsse werden Ports genannt.

Port

Ein Port stellt eine Datenschleuse in eine und aus einer Komponente dar.

In einer gekapselten Komponente laufen alle Informationen durch Schleusen in die Komponente hinein, werden dort verarbeitet, und die erstellten Ergebnisse können gegebenenfalls durch dieselbe bzw. andere Schleusen heraus geleitet werden. Ein Port besitzt eine Identität. Die Komponenten können über Ports miteinander kommunizieren. Daraus wird deutlich, dass dieser eine Öffnung in der Komponente darstellt, mit der ein Interface verbunden werden darf, und bestimmt, wie und was aus der bzw. in die Komponente transferiert wird.

Notation

Ein Port wird als kleines Rechteck am Rande der Komponente dargestellt. Beide Arten der Interfaces (erforderliche und bereitgestellte) dürfen an Ports angeschlossen werden. Da der Port einen Namen besitzt, kann dieser durch eine Komponente angesprochen und nach Bedarf geöffnet oder geschlossen werden.

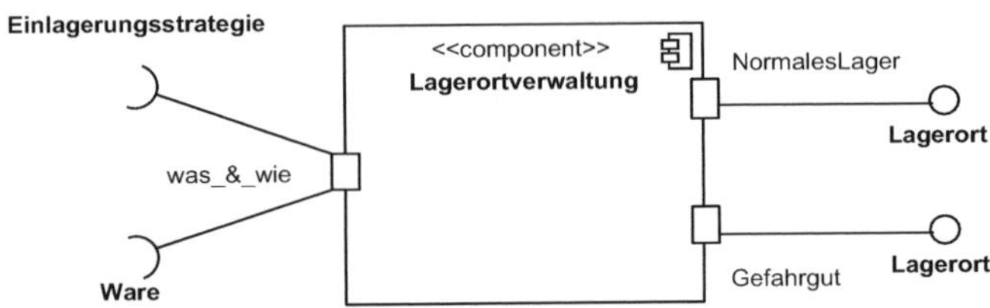

Abbildung 6-5: Eine Komponente mit Ports

In der Abbildung 6-5 wird ein Port mit dem Namen `was_&_wie` für die erforderlichen Interfaces dargestellt. Dadurch wird gezeigt, dass die Interfaces durch einen gemeinsamen Port mit der Komponente kommunizieren können. Das bereitgestellte Interface `Lagerort` hat in der Abbildung 6-5 zwei Instanzen, da die Ermittlung der Lagerorte von der Art der Ware abhängt. Demnach wurden zwei entsprechende Ports vorgesehen – der Port `Gefahrgut` für Gefahrstoffe und der Port `normales Lager` für die übrige Ware. Dadurch lassen sich beispielsweise die manuelle Lagerung im Gefahrgutbereich und automatische Lagerung über RBG für normale Ware in einem anderen Lagerbereich ansteuern und beide Zugänge (Ports) auseinanderhalten.

6.4 Verbinder

Die in den vorangegangenen Abschnitten besprochenen Elemente – Ports und Interfaces – bestimmen, ob und wie die Daten in eine Komponente bzw. aus einer Komponente transferiert werden. Um den Komponenten die gegenseitige Kommunikation zu ermöglichen, müssen noch Verbindungen bereitgestellt werden.

Verbinder

Ein Verbinder stellt einen Informationsweg zwischen den Ports dar.

Man unterscheidet drei Arten von Verbinder:

- Ein direkter Verbinder leitet die Informationen zwischen zwei Ports von zwei Komponenten.

- Ein Delegationsverbinder leitet die Informationen von einer internen Komponente zu einem externen Port der umfassenden Komponente nach draußen oder in der Gegenrichtung.
- Ein Montageverbinder leitet die Informationen zwischen zwei kompatiblen Interfaces zweier Komponenten.

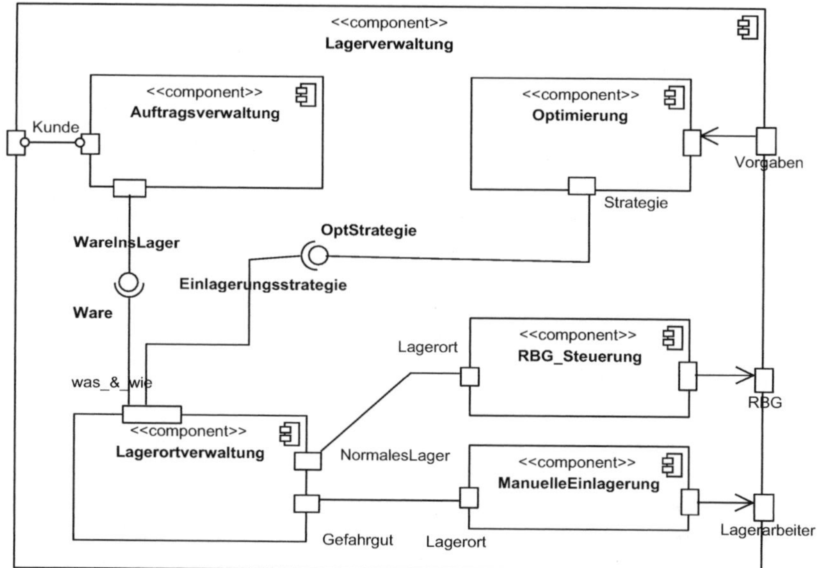

Abbildung 6-6: Kommunikation zwischen den Komponenten

In der Abbildung 6-6 kommen zwei Montageverbinder vor, die die folgenden Interfacepaare verbinden:

- `WareInslager` als bereitgestelltes Interface aus der Komponente `Auftragsverwaltung` mit erforderlichem Interface `Ware` der Komponente `Lagerortverwaltung`, die durch den Port `was_&_wie` kommuniziert.
- `OptStrategie` als bereitgestelltes Interface aus der Komponente `Optimierung` mit erforderlichem Interface `Einlagerungsstrategie` der Komponente `Lagerortverwaltung`, die durch den Port `was_&_wie` kommuniziert.

Die Abbildung 6-6 enthält zugleich zwei direkte Verbinder:

- Der Port NormalesLager der Komponente Lagerortverwaltung wird mit Port Lagerort der Komponente RBG_Steuerung verbunden.
- Der Port Gefahrgut der Komponente Lagerortverwaltung wird mit Port Lagerort der Komponente ManuelleEinlagerung verbunden.

Durch die Montageverbinder wird eine schwache Verknüpfung (die Komponenten kennen lediglich ihre Interfaces) und durch direkte Verbinder eine starke Verknüpfung (engere gegenseitige Kenntnisse der Komponenten sind vorhanden) dargestellt.

In der Abbildung 6-6 gibt es noch vier Delegationsverbinder: durch die Verbinder Kunde, Vorgaben, RBG und Lagerarbeiter werden die Ports nach außen der Komponente Lagerverwaltung dargestellt.

Wie das gerade besprochene Beispiel zeigt, lassen sich über Interfaces, Ports und Verbinder ziemlich komplexe Wege des Datenaustausches bei der Modellierung abbilden. Nach wie vor ist das jedoch die statische Sicht auf das System. Wenn man die Abbildung 6-6 betrachtet, weiß man beispielsweise nicht, ob die Komponente Lagerortverwaltung mit der Komponente Auftragsverwaltung zuerst kommuniziert und danach die Komponente Lagerortverwaltung von der Komponente Optimierung die gewünschte Strategie erhält oder ob die Reihenfolge des Nachrichtenaustausches andersherum ist. Das ist auch nicht die Aufgabe eines Komponentendiagramms. Mit dieser Problematik beschäftigen sich die Verhaltensdiagramme, die in den folgenden Kapiteln des Buches vorgestellt werden.

6.5 Interne Struktur

Diesem Thema wurde zum Teil durch das Beispiel aus der Abbildung 6-6 vorgegriffen. Genauso wie die Pakete (s. Kapitel 5) verwaltet werden, lässt UML zu, dass die Komponenten auch hierarchisch aufgebaut werden können. Im Falle eines großen Systems ist es fast naheliegend, die Komponenten auf der höheren Ebene der Struktur aus untergeordneten Komponenten aufzubauen. Die Komponente Lagerverwaltung in der Abbildung 6-6 setzt sich beispielsweise aus den Komponenten Auftragsverwaltung, Lagerortverwaltung, Optimierung, RBG_Steuerung und ManuelleEinlagerung zusammen.

Auf der niedrigsten Ebene der oben angesprochenen Hierarchie befinden sich Klassen. Im besonderen Fall kann die Komponente nur eine Klasse enthalten. Dies empfiehlt sich, wenn die Kapselung der Klasse hervorgehoben werden soll.

6.6 Hinweise zur Modellierung mit Komponentendiagrammen

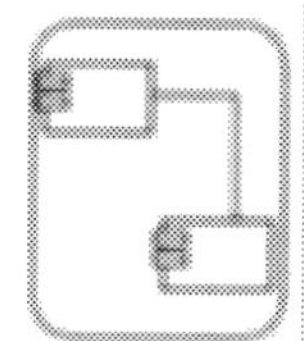

Um den Aufbau eines Systems mit Hilfe der Komponenten modellieren zu können, sollten wegen der Austauschbarkeit der Komponenten die Nahtstellen im System identifiziert werden. Wenn diese Nahtstellen identifiziert sind, dann sieht man genau, wo die Grenzen der Komponenten liegen. Es werden nur solche Komponenten als „richtige" im Sinne von UML anerkannt, die einen in sich eingeschlossenen Dienst für das System anbieten. Ist dieser Dienst komplex, so dass die Anzahl an Klassen besonders groß ist, so sollte darüber nachgedacht werden, ob eine weitere Zerlegung der Komponente angemessen wäre.

Je mehr Komponenten auf einem Diagramm dargestellt werden, desto sorgfältiger müssen die Verbindungen zwischen den Komponenten modelliert werden. Derjenige, der den Aufbau einer eigenen Komponente umsetzt, muss Informationen über die Verfügbarkeit der Interfaces der eingesetzten Komponenten besitzen. Dieses Wissen braucht er, um die Funktionalität der eigenen Komponente herzustellen.

Testfragen

1. Welche Eigenschaft ist primär mit dem Begriff einer Komponente assoziiert?

A Leistungsumfang

B Austauschbarkeit

C Kapselung

D Zuverlässigkeit

2. Ein Interface zwischen den Komponenten wird modelliert, um ...

A das Sperren der Dienste von der Komponente zu ermöglichen

B das Fordern der Dienste von der Komponente zu ermöglichen

C das Anbieten der Dienste durch die Komponente zu ermöglichen

D das Testen der Dienste der Komponente durchführen zu können

3. Was kann passieren, wenn aus der zuvor sinnvoll zusammengesetzten Komponente eine Klasse entfernt wird?

A Es gehen nur die Beziehungen dieser Klasse im Klassendiagramm verloren

B Diese Klasse wird zugleich aus dem entsprechenden Paket entfernt

C Es gibt keine Auswirkung auf die Funktionalität der Komponente

D Die Komponente verliert ihre Funktionalität

4. Welche ist die zulässige Syntax für eine Komponente?

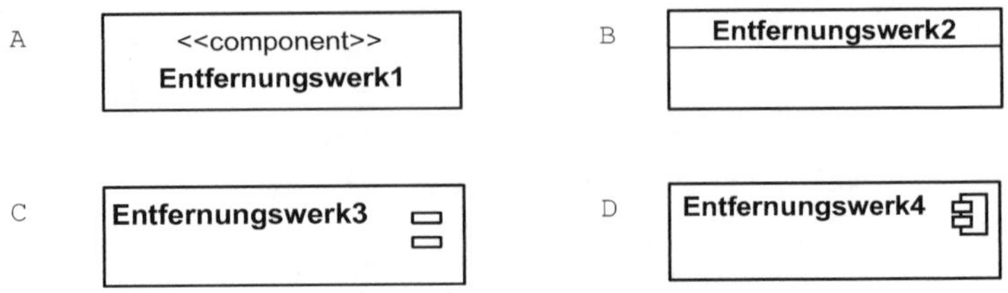

A

<<component>>
Entfernungswerk1

B

Entfernungswerk2

C

Entfernungswerk3

D

Entfernungswerk4

5. Wie wird eine Komponente mit dem bereitgestellten Interface aus der Sicht ihrer Umgebung wahrgenommen?

A Als Verbraucher der Dienste

B Als Anbieter der Dienste

C Sowohl als Anbieter als auch Verbraucher der Dienste

D Weder als Anbieter noch als Verbraucher der Dienste

6. Welche der folgenden Aussagen über einen Port ist nicht korrekt?

A Eine Komponente darf den Port öffnen oder schließen

B Nur spezifizierte Daten dürfen über den Port transferiert werden

C Nur bereitgestellte Interfaces dürfen an Ports angeschlossen werden

D Nur erforderliche Interfaces dürfen an Ports angeschlossen werden

7. Welcher der Verbinder ermöglicht die Kommunikation zwischen zwei Komponentenports?

A direkter Verbinder

B binärer Verbinder

C Delegationsverbinder

D Montageverbinder

8. Wie wird ein hierarchischer Aufbau eines komplexen Systems mit Hilfe von Komponenten gestaltet?

A Komponenten werden kettenartig miteinander verbunden

B Komponenten werden baumartig miteinander verbunden

C Komponenten werden ineinander geschachtelt

D Komponenten werden nebeneinander geschachtelt

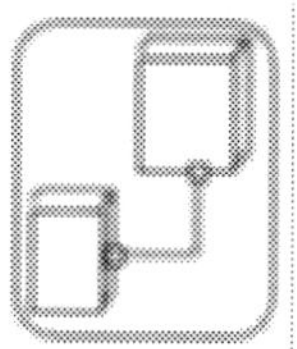

7 Verteilungsdiagramme

7.1 Verwendungszweck

Der vorwiegende Teil des UML-Standards beschäftigt sich mit der Modellierung der Systeme auf der abstrakten, konzeptionellen Ebene. Es ist aber offensichtlich, dass früher oder später das modellierte System hergestellt wird (außer in den Fällen, bei denen es zu keiner Realisierung kommt). Die Umsetzung des Konzeptes bedeutet, dass das System eine gewisse physische Form annimmt. Dieses Kapitel befasst sich damit, wie ein physisches, verwirklichtes Produkt mit Hilfe von Diagrammen dargestellt wird.

Da die UML vor allem in der Softwareentwicklung beheimatet ist, liegt die Zergliederung in Software und Hardware eines DV-Systems den Verteilungsdiagrammen zugrunde. Des Weiteren verfügt jedes Unternehmen (Logistikunternehmen nicht ausgeschlossen) über eine Dokumentations-Struktur (Organigramme, Stellenbeschreibungen, Kommunikationsrichtlinien, Absatzstrukturen, Kundensegmente, usw.), sozusagen seiner Software sowie über eine Inventar-Struktur (Gebäude, Maschinen, Fahrzeuge, usw.), sozusagen seiner Hardware. Die Verteilungsdiagramme werden also verwendet, um die Topologie (Vernetzung) der Einzelteile der Hardware, d.h. der physischen Gestalt des Systems, darzustellen.

7.2 Artefakt

Bevor auf die Modellierung der Hardware mit UML eingegangen wird, sollte besprochen werden, wie die physische Repräsentation der Software erfasst wird.

Artefakt

> Ein Artefakt stellt die Spezifizierung eines physischen Teils des Systems dar, das als Ergebnis der Systemerstellung entsteht und in der Hardware platziert wird, um seine Funktionalität entfalten zu können.

Es gibt zahlreiche Beispiele für Artefakte – ausführbare Dateien, DLL-Bibliotheken, Skripte, Tabellen in Datenbanken, Textbearbeitungsdateien oder E-Mail-Nachrichten.

Merkmale des Artefakts

Ein Artefakt stellt eine Einheit in der Software dar, die über bestimmte Eigenschaften verfügen und mit Operationen ausgestattet sein kann. Es dürfen Beziehungen zu anderen Artefakten definiert werden (beispielsweise die Kompositionen). Mit Hilfe von Artefakten wird die physische Implementierung von Komponenten (s. Kapitel 6) oder Ansammlungen von Klassen und anderen Elementen des Systems realisiert. Dabei ist es bedeutungslos, wie groß bzw. wie klein solch ein Artefakt ist. Es ist aber unabdingbar, zwischen der Klasse bzw. der Komponente und dem Artefakt zu unterscheiden. Die Klassen bzw. Komponenten repräsentieren logische Konzepte, die Artefakte hingegen stellen physische Einheiten dar.

Typen der Artefakte

Es werden drei Typen der Artefakte betrachtet:

- Verteilungsartefakte – die Softwareeinheiten, die zur Ausführung eines Systems auf der Hardware installiert sind (z.B. die *.exe-Dateien, *.dll-Dateien).
- Arbeitsproduktartefakte – die Dateien, die als Zwischenprodukte bei der Erstellung von Verteilungsartefakten entstehen (z.B. die Quellcodedateien).
- Ausführungsartefakte – die Dateien, die als Ergebnis der Ausführung von Verteilungsartefakten erstellt wurden (z.B. die Textverarbeitungsdateien, Tabellenkalkulationsdateien).

Notation

Die graphische Darstellung eines Artefakts hat die Form eines Rechtecks mit dem Stereotyp «`artifact`». Zusätzlich kann ein Symbol eines Blatts mit einem Eselsohr in der Ecke gezeichnet werden. Die Abbildung 7-1 zeigt zwei Beispiele der graphischen Darstellung.

Abbildung 7-1: Graphische Darstellung der Artefakte

In einem Artefakt könnten beispielsweise einige Klassen implementiert werden. Dadurch entsteht eine Beziehung zwischen dem Artefakt und seinen Klassen. Diese Relation wird als Manifestbeziehung modelliert. Dies ist der Abbildung 7-2 zu entnehmen.

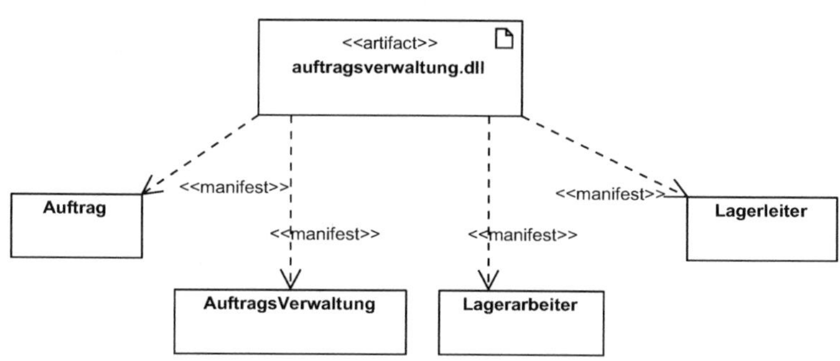

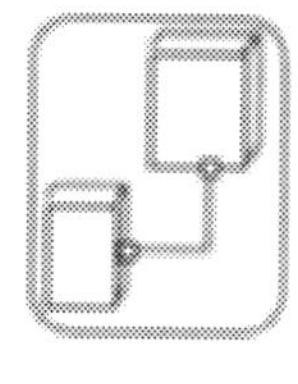

Abbildung 7-2: Ein Artefakt aus Klassen.

7.3 Knoten

Das, was die Artefakte für die Modellierung der Software darstellen, kann auf die Knoten für die Modellierung der Hardware in der UML übertragen werden – gemeint sind Bausteine einer Hardware.

Knoten

Ein Knoten stellt eine datenverarbeitende Ressource des Systems dar, auf der ein Artefakt aufgesetzt wird (bzw. Artefakte aufgesetzt werden), um dort ausgeführt zu werden.

Um seiner Aufgabe gerecht zu werden, verfügt ein Knoten über einen Speicher und eine Rechenkapazität. Als Beispiele für einen Knoten können ein Prozessor, PC, Terminal, Modem, Router, usw. gesehen werden.

Die Knoten können durch Kommunikationswege miteinander verbunden werden, wodurch netzwerkartige Strukturen entstehen können. Durch Klassen, Komponenten und Pakete sowie deren Beziehungen wird die logische Struktur des Systems abgebildet. Dagegen stellen die Knoten und Artefakte die physische Struktur dar.

Um die Beziehung zwischen den beiden Elementen – Artefakte und Knoten – der Modellierung zu verstehen, kann folgendes festgehalten werden:

- Artefakte werden von Knoten ausgeführt.
- Knoten bilden eine Plattform, auf der die Artefakte verteilt sind.

Notation

Die graphische Darstellung eines Knotens ist ein Quader bzw. ein Würfel in der 3D-Ansicht. Wenn der Inhalt eines Knotens zusätzlich spezifiziert werden soll, dann werden die entsprechenden Artefakte innerhalb des Quaders gezeichnet. Die Beispiele werden in der Abbildung 7-3 gezeigt.

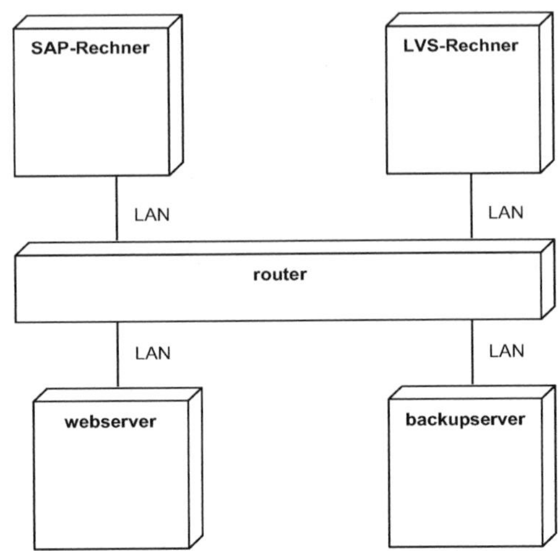

Abbildung 7-3: Notation der Knoten

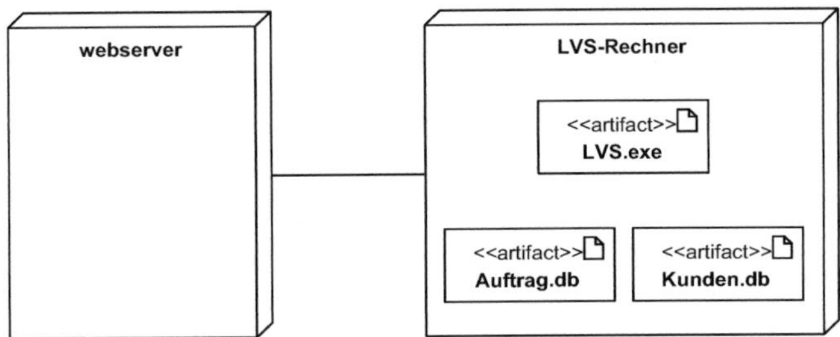

Abbildung 7-4: Verbindungen zwischen den Knoten

Verbindungen

Die Verbindungen zwischen den Knoten werden als Assoziationen modelliert, d.h. auf dem Diagramm werden diese mit Hilfe einer durchgezogenen Linie dargestellt. Dadurch werden die Kommunikationswege von einem Knoten zu einem anderen Knoten aufgezeichnet, die dann für unterschiedliche physische Datenkanäle stehen, wie z.B. Ethernet LAN, RS-232, USB oder Wi-Fi Datenverbindungen zwischen den Geräten. Ein Beispiel dafür zeigt die Abbildung 7-4.

Der UML-Standard unterstützt die Anwendung der Stereotypen für die Fälle, bei denen der Betrachter des Diagramms davon profitieren kann. Die Darstellung in der Abbildung 7-5 ist UML-konform, obwohl Sie dort keine üblichen Rechtecke vorfinden. Die Abbildung 7-5 ist in Anlehnung an die Struktur der Abbildung 7-4 entstanden.

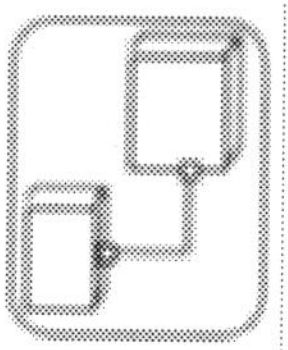

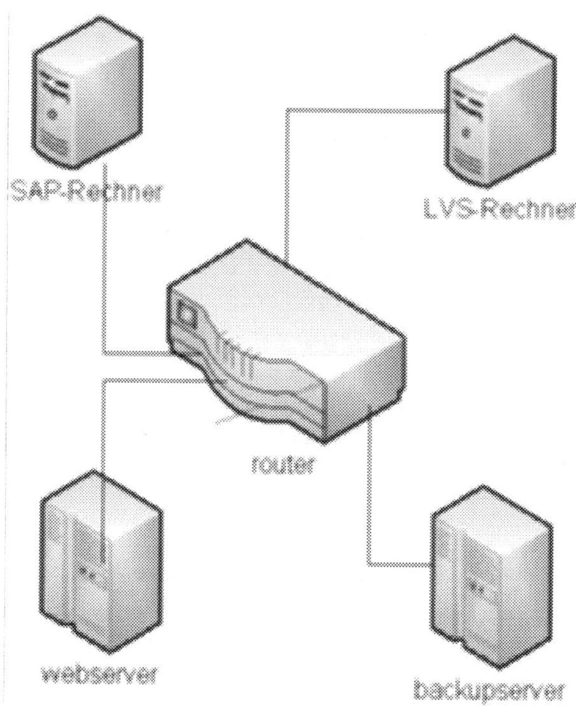

Abbildung 7-5: Hardware-Struktur eines Systems

7.4 Hinweise zur Modellierung mit Verteilungsdiagrammen

Die hardwaremäßige Architektur des Systems wird durch ein oder mehrere Verteilungsdiagramme dargestellt. Aus den Diagrammen soll ersichtlich werden, wie die Artefakte auf die Knoten verteilt werden, d.h. wie die einzelnen Programme, Skripte, Datenbanken, Internetseiten, usw. auf dem Rechner und anderen Geräten untergebracht werden.

Verteilung der Artefakte

Dabei ist zu beachten, dass jedem Artefakt zumindest ein Knoten zugewiesen wird. Es kann aber auch vorkommen, dass dasselbe Artefakt auf mehrere Knoten verteilt wird. Diese Verteilung kann so realisiert werden, dass die Performance des Gesamtsystems wächst. Beispielweise könnte an jedem Morgen eine aktuelle Kopie der

Kundenstammdaten auf dem LVS-Rechner abgelegt werden. Diese Datenbank wird eigentlich durch den SAP-Rechner verwaltet und dort aufbewahrt. Nur in dem Fall, dass der Kundenstamm gerade aktualisiert wurde, was eher selten passiert[1], könnte die Kopie auch während des Tages zum LVS-Rechner geschickt werden.

Bei größeren Systemen reicht es nicht aus, alle Knoten auf einem Diagramm unterzubringen. Besser ist es, die Darstellung so zu zerlegen, dass einzelne Diagramme besondere Sichtweisen bzw. Schichten wiedergeben. Um diese Übersichtlichkeit nicht einzuschränken, sollte auf die Darstellung dieser Hardwareelemente verzichtet werden, die aus der Sicht des Zusammenspiels unwichtig sind oder sich wiederholen. Beispielsweise muss nicht jeder Terminal auf dem Verteilungsdiagramm vorkommen, falls alle über die gleichen Artefakte und Hardwarekomponenten verfügen.

Um das Kreuzen der Verbindungslinien auf das Unvermeidbare zu reduzieren, sollten die Geräte, die von ihrer Aufgabe her verwandt sind, in einem Bereich auf dem Diagramm gruppiert werden. So kann die Struktur des Systems besser erkannt werden.

Testfragen

1. Welches dieser Dokumente stellt kein Artefakt dar?

A Textverarbeitungsprogrammdatei auf der Festplatte

B Schreiben auf einem Blatt Papier

C Strichcode auf der Versandetikette

D Datenbankprogramm

2. Welches Stereotyp wird im Rechteck der graphischen Darstellung eines Artefakts verwendet?

A »`Artefakt`«

B «`artifact`»

C «`artefact`»

D »`artifact`«

3. Wie werden die Dateien, die von Verteilungsartefakten erstellt werden, genannt?

A Ausführungsartefakte

B Ergebnisartefakte

C Arbeitsproduktartefakte

D Systemartefakte

---

1 Ausgenommen ist die spezielle Klasse der Anwendungen, bei denen die Kundendatenbank ständig modifiziert wird, z.B. bei Internetshops.

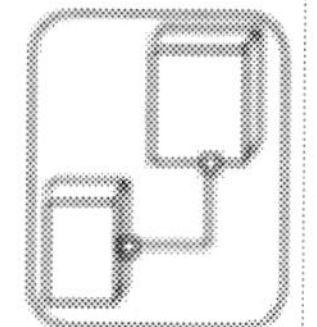

4. Ein Knoten stellt eine datenverarbeitende Ressource des Systems dar. Welche Komponenten müssen in solch einer Ressource mindestens verfügbar sein?

A Bildschirm
B Verarbeitungseinheit
C Tastatur
D Speicher

5. Welche Art der Struktur des Systems stellen die Knoten und Artefakte dar?

A schematische
B logische
C physische
D abstrakte

6. Womit wird die Implementierung einer Klasse durch ein Artefakt modelliert?

A Gestrichelter Pfeil mit dem Stereotyp «manifest»
B Gestrichelter Pfeil mit dem Stereotyp «realize»
C Gepunkteter Pfeil mit dem Stereotyp «manifest»
D Durchgezogener Strich mit dem Stereotyp «realize»

7. Der Bestandteil eines existierenden Systems ist ein Artefakt mit dem Namen „artefakt.xyz". Dieses Artefakt ...

A darf auf keinem Knoten installiert werden
B muss zumindest auf einem Knoten installiert werden
C darf nicht auf zwei Knoten verteilt werden
D muss auf einem Knoten installiert werden und auf einem anderen ausführbar sein

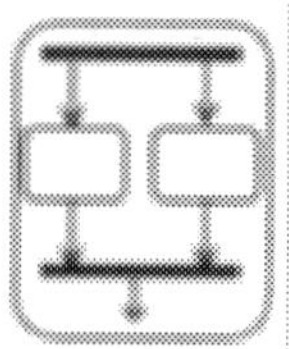

8 Aktivitätsdiagramme

8.1 Verwendungszweck

Die bis hierher vorgestellten Diagramme haben sich mit dem statischen Aufbau des Systems beschäftigt. Das Aktivitätsdiagramm ist der erste Diagrammtyp in diesem Buch, der sich mit der Modellierung der anderen Sichtweise auf das System – der dynamischen Sichtweise – befasst. Das Augenmerk ist nun auf das Verhalten des Systems gelegt.

Aspekte der Dynamik

Das Verhalten des Systems stellt eine (endliche bzw. unendliche) Sequenz von sich nacheinander ergebenen Zuständen dar. Ein Zustand wird durch die Werte von Eigenschaften (Attribute von Objekten) des Systems zu einem bestimmten Zeitpunkt definiert. Der Übergang von einem Zustand zu einem anderen bedeutet, dass sich die Werte dieser Attribute ändern. Es besteht die Möglichkeit, diese Dynamik aus vier Blickwinkeln zu betrachten:

- Blickwinkel der Objekte – welche Objekte und in welcher Sequenz sind diese von den sich ändernden Zuständen betroffen.
- Blickwinkel der Zustände – welche Sequenzen der Zustände können bei der Beobachtung des Verhaltens eines Objektes erfasst und welche Voraussetzungen müssen erfüllt werden, damit der Übergang zwischen den Zuständen stattfinden kann.
- Blickwinkel der Zeit – Sequenz der Zustände auf der Zeitachse. Damit werden nicht nur zulässige Übergänge zwischen den Zuständen modelliert, sondern es wird auch der Zeitpunkt des möglichen Wandels hervorgehoben.
- Blickwinkel der Aktionen – welche Aktionen und in welcher Sequenz werden diese ausgeführt, so dass die entsprechende Sequenz der Zustände zustande kommt.

Dieses Kapitel setzt sich mit dem Blinkwinkel der Aktionen auseinander. Mit Hilfe der Aktivitätsdiagramme wird es ermöglicht, einen Arbeitsfluss darzustellen. Dieser Fluss kann sich auf einzelne Elemente des Modells beziehen (z.B. Klassen oder Komponenten) oder kann auf eine bestimmte Gruppe von Elementen einwirken, falls diese in einem Arbeitsfluss interagieren. Sehr häufig wird ein Aktivitätsdiagramm eingesetzt, um den Fluss der Aktionen eines Nutzfalls zu modellieren. In diesem Fall wird häufig davon gesprochen, dass mit dem Aktivitätsdiagramm ein Szenario für den Nutzfall dargestellt wird.

Funktionale Aspekte

Eine weitere Anwendung finden die Aktivitätsdiagramme auch, um die Operationen, wie sie bei den Klassen definiert wurden, zu modellieren. Dadurch können sehr detaillierte Operationen dargestellt werden. Je nach dem, was die betreffende Operation repräsentiert, können auch die elementaren Aktionen nur einfache Änderungen der Attributwerte beinhalten. So gesehen, kann die funktionale Sicht auf das System mit Hilfe von Aktivitätsdiagrammen (vergl. Kapitel 1.2) modelliert werden.

Abgesehen davon, ob es sich um einen Arbeitsfluss oder Operationsfluss handelt, muss die modellierte Sequenz keine lineare Folge von Aktionen beinhalten. Somit können einige Schritte nebenläufig (parallel) verlaufen. Des Weiteren kommt es häufig zu einer Verzweigung des Ablaufes, weil sich zustandsabhängig unterschiedliche Berechnungsschritte ergeben.

Aktivitätsdiagramme werden üblicherweise aus folgenden Elementen aufgebaut:

- Aktionen,
- Aktivitätsknoten,
- Flüssen,
- Objektknoten,
- Kontrollknoten.

Bevor ein Beispiel eines gesamten Aktivitätsdiagramms vorgestellt wird, werden diese Elemente in den folgenden Unterkapiteln eingeführt.

8.2 Aktion

Eine Aktion ist der zugrunde liegende Begriff in der Modellierung von Aktivitätsdiagrammen.

> Eine Aktion ist ein fundamentales Element zur Darstellung des Systemverhaltens.

Aktion

Die Durchführung einer Aktion transformiert (verarbeitet) die Werte, so dass meistens aus den Eingabewerten die Ausgabewerte erstellt werden. Grundsätzlich geht man davon aus, dass die Aktion einen

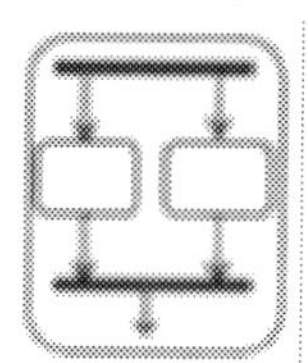

atomaren Charakter hat, d.h. aus der Sicht des gerade zu betrachtenden Aktivitätsdiagramms ist sie inhaltlich nicht einsehbar. Somit ist bekannt, was sie produziert, aber nicht, wie sie es produziert. Das schließt nicht aus, dass die betreffende Aktion aus noch kleineren Einheiten (sprich Aktionen) aufgebaut wird – dadurch entsteht eine noch tiefere, detailliertere Abstraktionsebene. Auf der Ebene, die gerade betrachtet wird, muss die Aktion vollständig oder überhaupt nicht ausgeführt werden (falls im Ablauf einige Verzweigungen vorhanden sind).

Dauer

Aus der Sicht der Modellierung werden die Aktionen durch Aktivitätsdiagramme als zeitlos betrachtet, was ohne Zweifel eine Abstraktion ist. Das bedeutet nicht, dass die Aktionen, um ausgeführt zu werden, in der Wirklichkeit keine Zeit in Anspruch nehmen. Auf die Dauer der Aktion wird jedoch in einem Aktivitätsdiagramm nicht geachtet, wohl aber auf die Sequenz der Aktionen. In manchen Fällen kann die reale Dauer einer Aktion im Nanosekundenbereich liegen oder auch, je nach dem modellierten Ablauf, über Tage und Wochen verlaufen. Bei speziellen Systemen können kritische Zeitverhältnisse vorliegen, dazu zählen die sog. Echtzeitsysteme.

Notation

Im Aktivitätsdiagramm wird eine Aktion mit einem abgerundeten Rechteck, in dem der Name der Aktion mittig platziert ist, dargestellt. In der Abbildung 8-1 sind mögliche Darstellungen der Aktionen abgebildet.

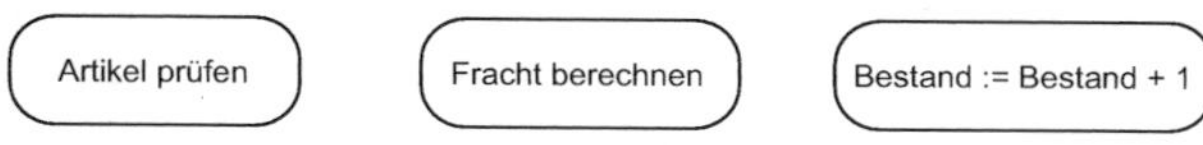

Abbildung 8-1: Aktionen

Wie es der Abbildung 8-1 zu entnehmen ist, können die Aktionen einige Berechnungsschritte (ein Algorithmus) darstellen, um die dort genannten Tätigkeiten auszuführen (`Artikel prüfen`, `Fracht berechnen`). Eine Aktion kann aber auch als eine elementare Berechnung mit einem Ausdruck modelliert werden (`Bestand := Bestand +1`). Bei den Ausdrücken setzt UML keine besondere Sprache voraus.

8.3 Aktivität

Würden die Begriffe „Aktion“ und „Aktivität“ nur sprachlich betrachtet werden, so könnte man sagen, dass sie Synonyme sind. Bei genauerer Überlegung kann man jedoch feststellen, dass eine Aktivität eine Tätigkeit bzw. Handlung ist, die umfassender als eine Aktion wahrzunehmen ist.

Aktivität

Unter einer Aktivität wird ein Ablauf einer Ausführung von einer Reihe von Aktionen verstanden.

So gesehen stellt ein Aktivitätsdiagramm eine Aktivität dar. Diese setzt sich aus den Elementen wie Aktionen, Aktivitätsknoten und Objekten zusammen, die über die Steuerungs- und Objektflüsse miteinander verbunden sind. Die Aktionen einer Aktivität müssen nicht unbedingt sequenziell durchgeführt werden.

Der Begriff des Aktivitätsknotens wird als ein organisatorisches Modellierungselement innerhalb einer Aktivität in Kapitel 8.7 betrachtet.

8.4 Steuerungsfluss

Mit einer Aktivität wird ein Ablauf dargestellt. Das bedeutet nunmehr, dass zwischen einem Paar von Aktionen bzw. Aktivitätsknoten eine Vorgänger-Nachfolger-Beziehung existiert. Erst wenn die Ausführung der Vorgänger-Aktion bzw. des Vorgänger-Aktivitätsknotens beendet wird, kann mit der Ausführung der Nachfolger-Aktion bzw. des Nachfolger-Aktivitätsknotens begonnen werden. In der Informatik wird diese Situation als die Übergabe eines Tokens bezeichnet. Findet hier eine losgelöste Betrachtung des Tokens statt, so könnte dieser einen Staffelstab beim Staffellauf in der Leichtathletik darstellen. D.h. diese Aktion bzw. dieser Aktivitätsknoten ist aktiv, welche(r) den Token gerade besitzt.

Steuerungsfluss

Ein Steuerungsfluss stellt die Weitergabe des Tokens dar und lässt das Beginnen einer Aktion zu, falls eine andere beendet wurde.

Notation

Ein Steuerungsfluss wird als ein Pfeil mit offener Spitze vom Vorgänger zum Nachfolger dargestellt (s. Abbildung 8-2).

Das graphische Gebilde von Knoten (Aktionen, Aktivitätsknoten, Objekten, usw.), die mit Kanten (Flüssen) verbunden sind, stellt, mathematisch gesehen, einen Graphen dar. Dieser Graph kann Pfade entlang der Kanten besitzen, so dass in einem bestimmten Knoten ein Anfang und in einem anderen ein Ende des Pfads erkannt werden kann. Es kann mehrere Pfade geben, die vom Anfang bis zum Ende führen. Es besteht ebenfalls die Möglichkeit, dass durch modellierte Verbindungen Zyklen entstehen können. In einem besonderen Fall kann es vorkommen, dass ein Endknoten nicht existiert bzw. nie er-

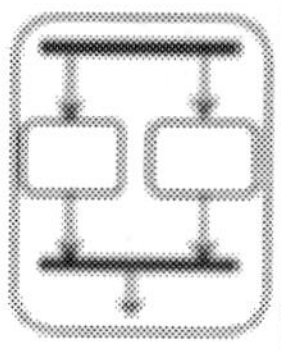

reicht wird und dass sich die Aktionen durchgehend wiederholen. In der Informatik wird in einem solchen Fall von der Schleife gesprochen.

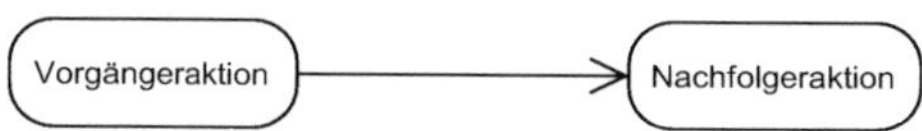

Abbildung 8-2: Steuerungsfluss

Ein Fluss kann mit einer Bedingung (einem Wächter) versehen werden. Dadurch kann der Übergang von einer Aktion zu einer anderen Aktion gesperrt bzw. zugelassen werden. Die Abbildung 8-3 zeigt die Aktion `Kraftstoff tanken`, die nur im Fall der erfüllten Bedingung `Tank leer` ausgeführt wird. Um die Besonderheit der Bedingungen syntaktisch hervorzuheben, werden diese in eckige Klammern „[ ]" gesetzt.

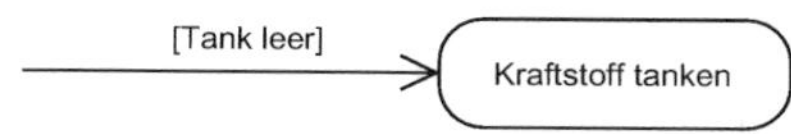

Abbildung 8-3: Kontrollfluss mit einer Bedingung

8.5 Kontrollknoten

Wie zuvor angedeutet, wird für die Modellierung des Ablaufs eine Kennzeichnung seines Startpunkts und Endpunkts benötigt. Des Weiteren sollen auch die Nebenläufigkeit und Verzweigung darstellbar sein. Dafür sieht UML die Kontrollknoten vor.

Startknoten

> Ein Startknoten kennzeichnet den Beginn eines Flusses in der Aktivität.

Praktisch besagt diese Definition, dass der Token im Startknoten platziert wird, sofern mit der Ausführung der Aktivität begonnen werden sollte (mit Ausnahme der strukturierten Knoten, die die betreffende Aktivität möglicherweise enthält). Wenn die Aktivität mehr als einen Startknoten besitzt, erhalten alle den geteilten Token, wodurch auch diese nebenläufigen Flüsse gleichzeitig beginnen können. Der Token wird nicht zugeteilt, falls die Bedingung dies auf dem Kontrollfluss nicht zulässt.

Notation Ein Startknoten wird als ausgefüllter Kreis dargestellt, wie es die Abbildung 8-4 zeigt.

Endknoten

Ein Endknoten beendet alle Flüsse der Aktivität.

In einer Aktivität sind mehrere Endknoten möglich. Der erste eintreffende Endknoten bewirkt das Beenden des gesamten Ablaufs der Aktivität. Falls andere Tokens in der Aktivität die Endknoten bzw. Ablaufsendeknoten bis dahin nicht erreicht haben, werden sie vernichtet und dadurch alle Aktionen abgebrochen.

Notation Ein Endknoten wird als kleiner, ausgefüllter Kreis innerhalb eines leeren Kreises dargestellt (sieht wie eine Zielscheibe bzw. ein Ochsenauge aus). Den Endknoten zeigt die Abbildung 8-4.

Abbildung 8-4: Kontrollknoten

Ablaufsendeknoten

Ein Ablaufsendeknoten beendet einen einzelnen Fluss.

Durch einen Ablaufsendeknoten wird nur ein Ablauffluss beendet. Alle anderen Abläufe (falls es welche gibt) können weiter ausgeführt werden, d.h. nur die Tokens, die dem Ablaufsendeknoten begegnet sind, werden vernichtet.

Notation Ein Ablaufsendeknoten wird als ein Kreuz innerhalb eines nicht ausgefüllten Kreises dargestellt. Den Ablaufsendeknoten zeigt die Abbildung 8-4.

Entscheidungsknoten

Ein Entscheidungsknoten selektiert einen der herausgehenden Flüsse.

Ein Entscheidungsknoten hat einen eingehenden Fluss und viele ausgehende Flüsse. Der im Entscheidungsknoten angekommene Ablauf darf nur einen der vielen ausgehenden Flüsse als den nächsten wählen. Zu diesem einzigen Fluss wird der Token weitergegeben. Die ausgehenden Flüsse werden durch Bedingungen überwacht. Sie müssen so formuliert werden, dass keine Überlappung stattfindet und alle Alternativen vollständig ausgeschöpft werden. Um dies zu gewährleisten, kann einer der Kontrollflüsse mit der Bedingung `[sonst]` (oder einem ähnlichen Ausdruck) definiert werden.

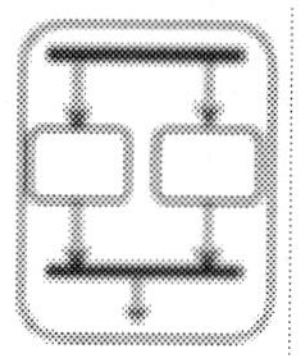

Notation

Ein Entscheidungsknoten wird als eine leere Raute dargestellt. Die zu verwendende Notation des Entscheidungsknotens zeigt die Abbildung 8-5.

In dem Beispiel der Abbildung 8-5 bezieht sich der Kontrollfluss `[sonst]` auf die Situation, in der der gesuchte Artikel weder als verfügbar noch als fehlend bezeichnet werden kann, da seine Artikelnummer in den Stammdaten nicht zu finden ist (aufgrund z.B. von Tippfehlern).

Zusammenführungsknoten

> Ein Zusammenführungsknoten führt mehrere eingehende Flüsse zu einem gemeinsamen ausgehenden Fluss zusammen.

Ein Zusammenführungsknoten hat nur einen ausgehenden, aber viele eingehende Flüsse. Der Zusammenführungsknoten wird nicht benutzt, um mehrere Flüsse zu synchronisieren, sondern leitet den Token weiter, sofern er an einem Eingang angekommen ist.

[Nein]
[Ja]
[Artikel fehlt]
[Artikel verfügbar]
[sonst]

Abbildung 8-5: Entscheidungsknoten

Notation

Ein Zusammenführungsknoten wird als eine leere Raute dargestellt. Den Zusammenführungsknoten zeigt die Abbildung 8-6.

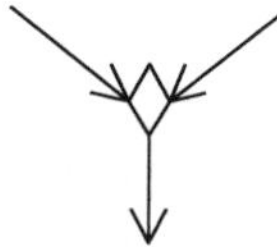

Abbildung 8-6: Zusammenführungsknoten

Die Entscheidungsknoten und Zusammenführungsknoten können in einem Element kombiniert werden, so dass mehrere Flüsse auf dem Knoten eintreffen und aus dem Knoten austreten können.

Teilungs-knoten

Ein Teilungsknoten teilt einen eingehenden Fluss in mehrere ausgehende, nebenläufig ablaufende Flüsse.

Man kann sich die Funktionalität des Teilungsknotens folgendermaßen vorstellen. Ein Token kommt durch den eingehenden Fluss an. Es werden entsprechend den ausgehenden Flüssen Kopien des Tokens erstellt. Somit kann der Ablauf sofort an jedem der ausgehenden Flüsse beginnen, vorausgesetzt, dass die Bedingungen erfüllt sind (falls sie definiert werden).

Notation

Ein Teilungsknoten wird als Balken (waagerecht oder senkrecht) mit einem eingehenden Pfeil und mehreren ausgehenden Pfeilen dargestellt, dies wird durch die Abbildung 8-7 gezeigt.

Synchronisa-tionsknoten

Ein Synchronisationsknoten ist ein Element, in dem gewartet wird, bis mehrere eingehende Flüsse ihn erreicht haben und danach wird der Ablauf mit einem ausgehenden Fluss fortgesetzt.

Abbildung 8-7: Teilungsknoten (links) und Synchronisationsknoten (rechts)

Ein Synchronisationsknoten funktioniert wie folgt: alle ankommenden Tokens werden zu einem Token vereint, und als ein einziger weiter gereicht. Falls Daten-Tokens sowie Fluss-Tokens den Synchronisationsknoten erreicht haben, wird nur der Daten-Token weitergeleitet.

Notation

Ein Synchronisationsknoten wird als Balken (waagerecht oder senkrecht) mit einem ausgehenden Pfeil und mehreren eingehenden Pfeilen dargestellt. Den Synchronisationsknoten zeigt die Abbildung 8-7.

Die Teilungsknoten und Synchronisationsknoten können in einem Element kombiniert werden, so dass mehrere Flüsse eintreten und austreten können.

8.6 Objekt und Objektfluss

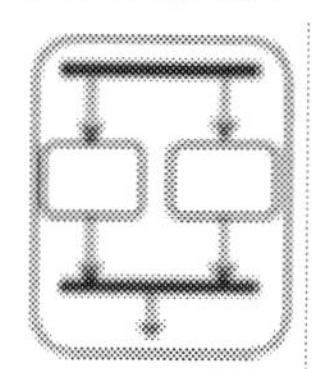

Wie zu Beginn des Kapitels erwähnt wurde, dürfen am Ablauf auch Objekte teilnehmen. Die Objekte entstehen als Ergebnisse aus den durch die Aktivität durchgeführten Aktionen und gehören somit verständlicherweise dem Diagramm an.

An dieser Stelle ist es vielleicht angebracht, den Punkt zu unterstreichen, dass nicht die Klassen, sondern die Objekte am Ablauf teilnehmen. Die Klasse ist nur eine Abstraktion, um die Eigenschaften und das Verhalten einer Gruppe von Objekten zu repräsentieren. Deshalb kann die Klasse nicht als Resultat einer Aktion entstehen, dies ist nur einem Objekt einer gewissen Klasse vorbehalten.

Objekt

> Ein Objekt einer Aktivität ist ein Element, das auf eine Existenz einer Instanz hinweist, die sich in einem gewissen Zustand befindet und an einer bestimmten Stelle der Aktivität erscheint.

Objekte dürfen auf verschiedene Weise eingesetzt werden, je nach dem, wo sie in der Aktivität integriert werden z.B. auch als Input bzw. Output.

Die Objekte werden in die Aktivität aufgenommen, indem sie über Pfeile mit den Aktionen verbunden werden. Diese in das Objekt eintreffenden und austretenden Pfeile werden als Objektflüsse bezeichnet.

Objektfluss

> Ein Objektfluss zeigt, dass ein Daten-Token zwischen den Elementen der Aktivität weitergeleitet wird.

Ein Daten-Token stellt eine Art Mehrwert im Vergleich zu einem Fluss-Token dar, weil er die Situation modelliert, dass nicht nur die Steuerung, sondern auch zusätzlich Daten weitergeleitet werden.

Notation

Ein Objekt wird durch das Rechteck wie in einem Objektdiagramm dargestellt. Der Name des Objekts erscheint mittig, bezüglich des Rechtecks. Der Name kann um einen Zustand bzw. Zustände (s. Kapitel 9) erweitert werden, wobei der Zustandsname in eckige Klammern eingeschlossen wird. Diese Darstellungsart zeigt der obere Teil der Abbildung 8-8. Dort wird dargestellt, dass als Ergebnis der Aktion `Lieferschein vorbereiten` ein Objekt **`Lieferschein`** entsteht, das sich im Zustand `gedruckt` befindet.

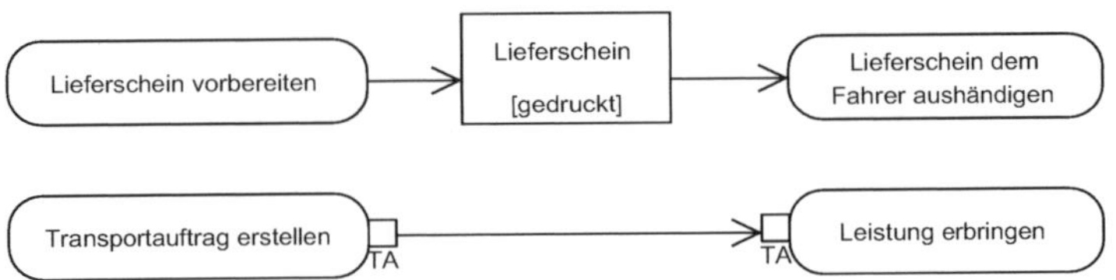

Abbildung 8-8: Objekt (als Objektknoten oben und als Pin unten) und Objektflüsse

Eine alternative Darstellung des Objekts in der Aktivität kann ein so genannter Pin sein. Zur Modellierung wird ein kleines Quadrat am Rande eines Aktionselements verwendet. Es wird zwischen Input-Pins und Output-Pins unterschieden. Ein Pin darf mit einem Namen bezeichnet werden, der auf das Objekt hinweist. In der Abbildung 8-8 (unterer Teil) ist das betreffende Objekt ein `TA` (Transportauftrag).

Ein Objektfluss wird genauso graphisch dargestellt wie ein Steuerungsfluss, d.h. syntaxmäßig wird zwischen den beiden nicht unterschieden. Aus dem Diagrammkontext wird aber deutlich, ob ein Daten-Token oder ein Fluss-Token entlang des Pfeils weitergeleitet wird.

8.7 Aufbau eines Aktivitätsdiagramms

In den vorangehenden Unterkapiteln wurden viele Modellierungselemente eingeführt, die zur Darstellung einer Aktivität verwendet werden können. Durch sie können recht komplexe Abläufe abgebildet werden.

Als Beispiel wird im Folgenden eine Auslagerung in einem mehrfachtiefen Tiefkühlsatellitenlager eines Lebensmittelherstellers betrachtet [17]. Die Auslagerstrategie ist aufgrund der Bauweise des Lagers an eine LIFO–Strategie gebunden. Sie wird um die Strategie des kürzesten Verfahrwegs erweitert. Die LIFO–Strategie sorgt dafür, dass immer die Ladeeinheit (LE) genommen wird, die im direkten Zugriff des RBG steht. Verdrängungsfahrten, um an die benötigte LE zu kommen, werden minimiert. Abbildung 8-9 zeigt den Ablauf eines Auslagerprozesses im Satellitenlager. Die LE im Lagerspiegel auszuwählen, die für die Auslagerung am optimalsten gelagert wird, spiegelt den Kern der Auslagerstrategie wider.

Die Aktivität beginnt mit dem Startknoten. Direkt im Anschluss folgt die erste Aktion `Artikelprüfung`. In dieser Aktion wird geprüft, ob der auszulagernde Artikel im Auftrag überhaupt aufgeführt ist. Falls

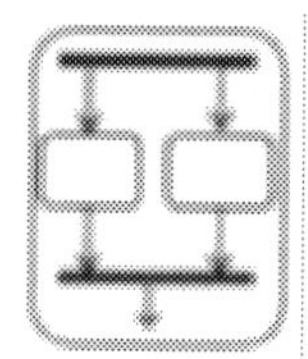

dies nicht der Fall ist, wird über den Entscheidungsknoten der Fluss direkt zum Endknoten geleitet. Deshalb setzt man den Kontrollfluss mit der Bedingung [Artikel nicht geführt] ein. Falls der [Artikel geführt] wird, wird der Fluss über einen weiteren Entscheidungsknoten verzweigt.

Es gibt [Industriekunden], für die eine LE mit einer speziellen Charge ausgelagert werden muss, die der Kunde explizit bestellt hat. Es wird deshalb eine Aktion Chargenprüfung folgen, in der bestimmt wird, ob die gewünschte Charge vorhanden ist. Falls die [Charge fehlt], folgt ein Datenfluss zum Objekt **Fehlmengenbericht**, in dem ein entsprechender Eintrag über die Fehlermenge erstellt wird und der Fluss für den betreffenden Artikel in einem Endknoten mündet.

Falls die [Charge vorhanden] ist oder kein Industriekunde, sondern ein [sonstiger Kunde] bedient wird, werden die beiden Flüsse zu einem Teilungsknoten geführt, weil danach nebenläufige Aktionen Artikelverfügbarkeitsprüfung und RBG-Bereitschaftsprüfung beginnen. Die beiden Aktionen können parallel ausgeführt werden, da es keine Abhängigkeit zwischen ihnen gibt. Wenn sowohl Artikelverfügbarkeitsprüfung als auch RBG-Bereitschaftsprüfung beendet werden – deshalb gehen die Flüsse in einen Synchronisationsknoten ein – kann mit den weiteren Aktionen begonnen werden.

Es gibt nun drei Fälle:

- [RBG beschäftigt] – es wird der aktuelle Auftrag in eine **Warteschlange** eingefügt, danach wird der Fluss beendet.
- [Artikel vorhanden, Fehlmenge] – es wurden mehr LE angefordert, als im Lager vorhanden sind. Deshalb wird die auszulagernde Menge in der Aktion Angeforderte Menge korrigieren korrigiert, das folgend im Objekt **Fehlmengenbericht** vermerkt wird. Zusätzlich erfolgt in einem anderen System eine Nachbestellung des Artikels.
- [sonst] – es gibt aus der RBG-Sicht und mengenmäßigen Betrachtung kein Problem, die Auslagerung fortzusetzen.

In den beiden letzen Fällen wird das geringste Verfallsdatum des Artikels in der Aktion Ermittlung des kleinsten MHD ermittelt. Der Lagerspiegel wird nach einer LE durchgesucht, die im direkten Zugriff des Satelliten steht und Artikel- sowie Chargenkriterien erfüllt. Es kann eine oder können mehrere LE gefunden werden, die den Kriterien entsprechen. Deshalb wir der Fluss gesplittet und entweder im Aktivitätsknoten LE=1 oder im LE>1 fortgesetzt.

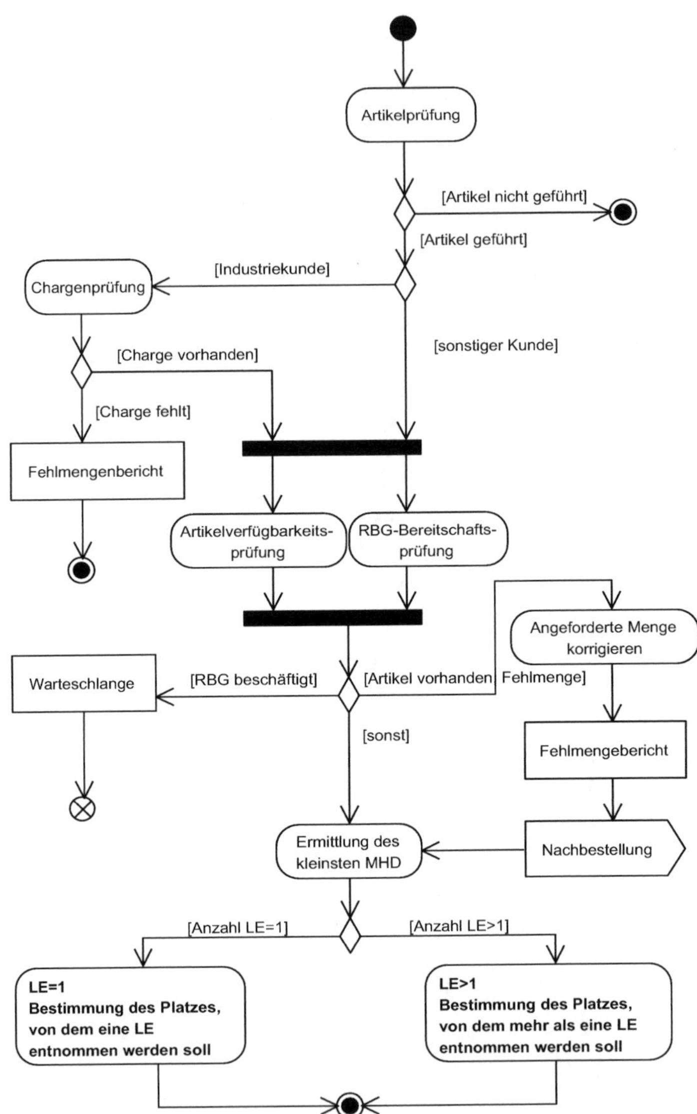

Abbildung 8-9: Aktivität - Auslagerung

Es wurden dafür Aktivitätsknoten als Modellierungselemente gewählt, weil beide Abläufe komplex sind und viele Aktionen umfassen, wodurch das aktuelle Aktivitätsdiagramm unübersichtlich geworden wäre. Wenn eine der beiden Aktivitäten beendet wird, ist auch der gesamte Ablauf abgeschlossen.

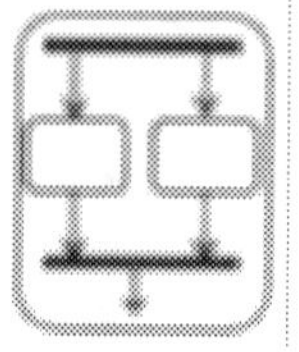

Aktivitätsknoten

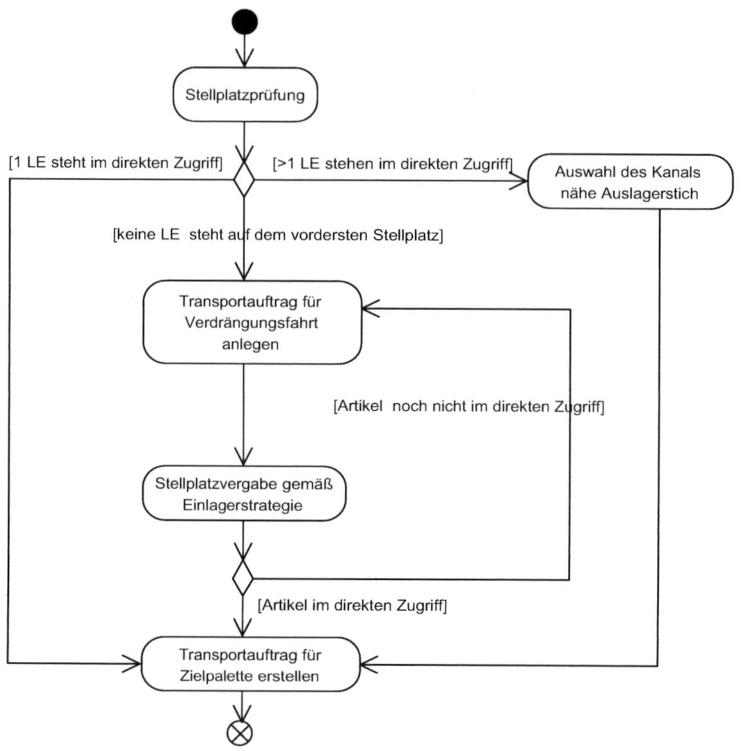

Abbildung 8-10: Aktivität LE=1 - Bestimmung des Platzes von dem eine LE entnommen werden soll

Der Aktivitätsknoten `LE=1` wird in der Abbildung 8-10 zerlegt. Mit einem Startknoten wird eingestiegen, danach geht man zur Aktion `Stellplatzprüfung über`. Es wird geprüft, ob sich eine LE, mit dem gewünschten Artikel im direkten Zugriff des RBG, im Lager befindet. Es gibt nun drei Fälle (deshalb wird ein Entscheidungsknoten eingesetzt):

- Genau `[1 LE steht im direkten Zugriff]` – für diese LE wird ein Transportauftrag erstellt.

- Mehr als [>1 LE stehen im direkten Zugriff] – die LE wird genommen, die dem vorgesehenen Auslagerstich am nächsten ist. Dazu wird die Aktion Auswahl des Kanals nähe Auslagerstich ausgeführt, danach wird ein Transportauftrag für diese LE erstellt.
- Falls die Bedingung [keine LE steht auf dem vordersten Stellpatz] gilt, wird diejenige LE gesucht, die durch möglichst wenige LE blockiert ist. Es werden Transportaufträge für die vorgelagerten LE erstellt. Diese Verdrängungsfahrten (Aktion – Transportauftrag für Verdrängungsfahrt anlegen) sorgen dafür, dass die LE in anderen Kanälen gemäß der Einlagerstrategie eingelagert werden – es wird die Aktion Stellplatzvergabe gemäß Einlagerstrategie durchgeführt. Diese beiden letzten Aktionen werden so lange wiederholt, bis eine LE mit [Artikel im direkten Zugriff] gefunden wird. Dadurch entsteht in der Aktivität LE=1 eine Schleife (eine Iteration). Wird die richtige LE gefunden, dann wird ein Transportauftrag erstellt.

Nach der Erstellung des Transportauftrages wird die Aktivität beendet, und der Fluss wird in die Aktivität Auslagerung, siehe Abbildung 8-9, zurückkehren.

8.8 Partition

An der Durchführung einer Aktivität nehmen grundsätzlich verschiedene Akteure teil. Deshalb ist es in besonderen Fällen angebracht, ihre Verantwortungsbereiche oder, noch allgemeiner, die Knoten der Aktivität nach einem Verbindungsmerkmal zu gruppieren. Diese Möglichkeit bietet die Partition an.

Partition

Eine Partition stellt eine Gruppierung der Aktionen nach einer gemeinsamen Eigenschaft dar.

Die Menge der Aktionen und Objekte, die in einer Aktivität vorkommen, können den einzelnen Partitionen zugeordnet werden. Diese Partitionen werden meistens als Verantwortungsbereiche in einem Geschäft interpretiert. Die Definition ist allgemein und schließt eine andere Aufteilung nicht aus. Aus der Definition geht auch hervor, dass eine Aktion bzw. Objekt in genau einer Partition vorkommt.

Ungeachtet der Partitionsgrenzen dürfen die Kontrollflüsse von einer Partition in die andere geführt werden. In anderen Worten ist die Partitionsgrenze für den Token durchlässig.

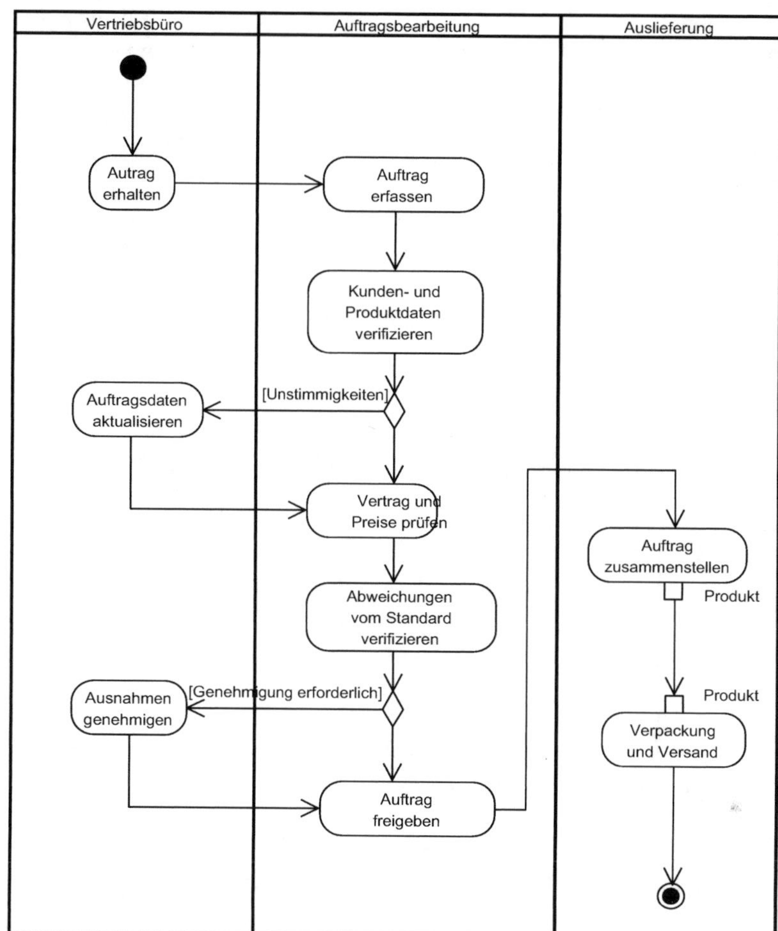

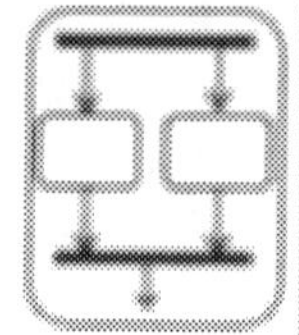

Abbildung 8-11: Auftragsabwicklung – Aktivität mit den Partitionen (in Anlehnung an [6])

Es ist möglich, dass die Partitionen hierarchisch aufgebaut werden, d.h. eine Partition kann weitere Subpartitionen enthalten. Wenn beispielsweise bei der Ausführung eines Transportauftrages ein `Lieferant`, ein `Fahrer`, ein `Disponent` und ein `Empfänger` eigene Partitionen zugeordnet bekommen würden, dann könnte die Partition des Fahrers ortsbezogen aufgeteilt werden in `Lager des Lieferanten`, `Straße` und `Lager des Empfängers`.

Notation

Eine Partition wird durch zwei parallele Linien, die entweder vertikal oder horizontal verlaufen, dargestellt. Der Partitionsname wird an einem jeweiligen Ende in der Box platziert. Aufgrund dieser graphischen Form wird eine Partition auch als eine Schwimmbahn bezeichnet. Ein Beispiel der Partitionen stellt die Abbildung 8-11 dar. Beachten Sie bitte, dass in der Abbildung 8-11 nur einer der ausgehenden Kontrollflüsse aus dem Entscheidungsknoten mit einer Bedingung beschriftet wird. Der komplementäre Fluss soll als `[sonst]` interpretiert werden.

Möglich ist eine multidimensionale Partitionierung einer Aktivität. Es können sowohl vertikale als auch horizontale Schwimmbahnen eingesetzt werden. Dadurch entsteht eine matrixartige Aufteilung der gesamten Aktivität. Eine „Zelle" gehört in dieser Darstellungsform zwei einzelnen Partitionen an. Ein schematisches Beispiel zeigt die Abbildung 8-12.

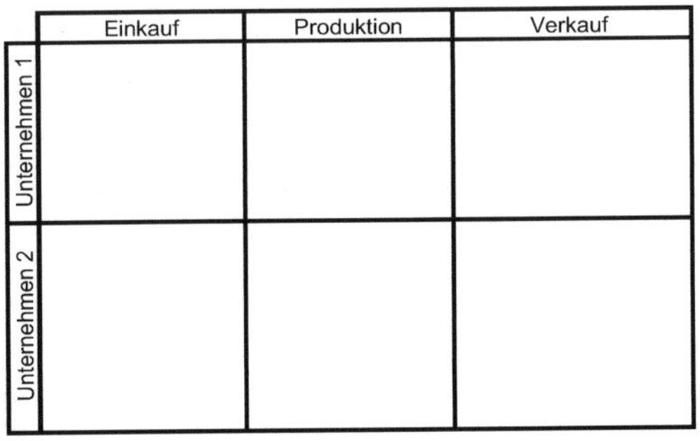

	Einkauf	Produktion	Verkauf
Unternehmen 1			
Unternehmen 2			

Abbildung 8-12: Multidimensionale Aktivität

8.9 Hinweise zur Modellierung mit Aktivitätsdiagrammen

Das Verhalten der zu modellierenden Systeme ist üblicherweise komplex – es wirken viele Akteure mit, die viele Aktionen durchführen, es gibt zahlreiche Voraussetzungen, die den Ablauf verzweigen, und Aktionen, die nebenläufig ausgeführt werden können. Zusätzlich kann alles durch variierende Kontexte beeinflusst werden. Daraus folgt, dass die Schritte, wie der gesamte Ablauf strukturiert und dieser auf einzelne Aktivitätsdiagramme aufgeteilt wird, sehr gut überlegt sein müssen. Der hierarchische Aufbau einer Aktivität mittels der Aktivitätsknoten ist dabei ein hervorragendes Modellierungselement, um dem Ziel der Übersichtlichkeit gerecht zu werden.

Verantwortungsbereiche

Außer in sehr trivialen Fällen werden üblicherweise mehrere Aktivitätsdiagramme benötigt. Das zuletzt besprochene Element, die

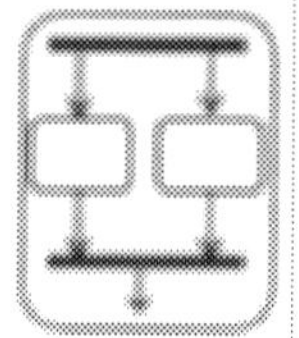

Partition, sollte deshalb des Öfteren in Anspruch genommen werden. Es sollte überlegt werden, welche Partitionen sich objektbezogen, organisatorisch bzw. ressourcenmäßig in dem System ergeben. Denen können dann eigene Schwimmbahnen zugeordnet werden.

Hierarchischer Aufbau

Mittels der Aktivitätsknoten besteht die Möglichkeit des Zusammenfassens der Aktionen. Das ermöglicht ein Diagramm auf der höheren Strukturebene überschaubarer zu halten und gleichzeitig die Details des Aktivitätsknotens in einem untergeordneten Diagramm zu modellieren.

Kontrollflüsse

Sehr sorgfältig sollten die Bedingungen auf den ausgehenden Kontrollflüssen bei dem Entscheidungsknoten definiert werden. Sie müssen eine in sich geschlossene Menge bilden. Der Token muss durch genau einen Fluss weitergereicht werden. Das bedeutet, dass kein Zustand eintreten darf, in dem zwei oder mehrere Bedingungen zugleich erfüllt werden bzw. sich keine Bedingung bewahrheitet.

Nebenläufigkeit

Die Nebenläufigkeit ist ein hervorragendes Mittel, um zu zeigen, wo die Zeiteinsparpotenziale liegen. Durch Parallelisierung kann viel Zeit bei der Durchführung der Aktivität gewonnen werden. Es dürfen sich aber nur solche Aktionen beteiligen, die vollkommen voneinander unabhängig sind – sie dürfen nicht die gleichen Ressourcen beanspruchen, und die Ergebnisse einer der nebenläufigen Aktionen dürfen nicht den Ablauf einer anderen beeinflussen.

Granularität

Es gibt keine Richtlinien, was die Granularität der Aktionen angeht. Der Umfang einer Aktion bleibt Ermessenssache des Modellierers. Da die Aktion eine Tätigkeit erfasst, wäre in der Aktionsbezeichnung ein Verb bzw. ein Verbalsubstantiv wünschenswert, das eine vollständige Handlung bezeichnet.

Sich überschneidende Linien sollen selbstverständlich vermieden werden. Durch das Verrücken der Elemente im Diagramm soll die Anzahl der Linienkreuzungen minimal gehalten werden. Der Idealzustand wäre erreicht, wenn sich keine Flüsse durchschneiden würden.

Einsatzbereich

Die Aktivitätsdiagramme gehören zu der Gruppe der UML-Diagramme, von denen die Elemente sehr greifbar und einfach definiert sind. Nach einigen Erläuterungen kann der Inhalt eines Diagramms für einen UML-Einsteiger verständlich sein. Das führt zu einem softwaresystemübergreifenden Einsatz der Aktivitätsdiagramme.

Testfragen

1. Was stellt das Aktivitätsdiagramm dar?

A Materialfluss

B Arbeitsfluss

C Finanzfluss

D Ereignisfluss

2. Welche Aussage über die Relation der Begriffe „Aktion" und „Aktivität" ist richtig im Sinne von UML?

A Die beiden Begriffe lassen sich austauschbar verwenden

B Eine Aktion ist umfassender als eine Aktivität

C Eine Aktivität ist umfassender als eine Aktion

D Eine Aktivität wird von einer Klasse und eine Aktion wird von einem Objekt ausgeführt

3. Welche dieser Aussagen ist falsch?

A Die Nebenläufigkeit der Aktionen ist ausgeschlossen

B Die Ausführung einer Aktion kann sich wiederholen

C Eine Aktion wird vollständig oder überhaupt nicht ausgeführt

D Eine atomare Aktion darf im Aktivitätsdiagramm mehrmals durchgeführt werden

4. Wie läuft die Übergabe des Tokens im Aktivitätsdiagramm ab?

A In Richtung des Pfeils

B Zuerst zu dem wichtigsten Fluss und danach zu dem zweitrangigen nebenläufigen

C Die Pfeile erleichtern dem Leser lediglich die Betrachtungsreihenfolge – der Token kann auch in Gegenrichtung weitergeleitet werden

D Beide vom Entscheidungsknoten ausgehende Kontrollflüsse erhalten den Token

5. Welche Notation ist für die Angabe einer Bedingung richtig?

A `\LKW beladen\`

B `{LKW beladen}`

C `/LKW beladen/`

D `[LKW beladen]`

6. Welcher der abgebildeten Kontrollknoten kommt auf den Aktivitätsdiagrammen nicht vor?

A ◉ B ▲

C ⊗ D ●

7. Vor der Einlagerung einer Palette soll mit dem Entscheidungsknoten geprüft werden, ob der Vorgang möglich ist. Aus dem Entscheidungsknoten führen 4 Pfeile mit den entsprechenden Bedingungen. Auf welchen Pfeil kann verzichtet werden?

A `[Lagerplatz belegt]` B `[Lagerplatz nicht belegt]`

C `[Lagerplatz frei]` D `[sonst]`

8. In dem Aktivitätsdiagramm sieht man einen schwarzen Balken mit x eingehenden und y ausgehenden Pfeilen. Welche x/y Kombination macht wenig Sinn?

A 2/2 B 2/1

C 1/2 D 1/1

9. Im Fluss eines Aktivitätsdiagramms befindet sich ein Rechteck zwischen zwei abgerundeten Rechtecken. Was wird dadurch modelliert?

A Klasse B Objekt

C Komponente D Artefakt

10. Welche der folgenden Aussagen trifft auf eine Partition nicht zu?

A Eine Aktion darf durch mehrere Partitionen geteilt werden B Eine Partition gruppiert Aktionen mit einem Verbindungsmerkmal

C Eine Partition kann waagerecht gezeichnet werden D Eine Partition kann senkrecht gezeichnet werden

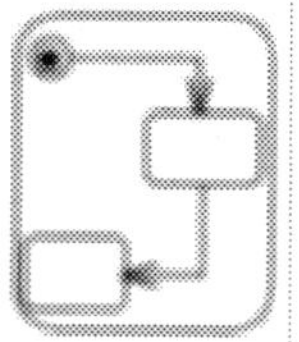

9 Zustandsautomaten

9.1 Verwendungszweck

Wie schon im vorangehenden Kapitel, geht es auch in diesem um die Darstellung des Verhaltens eines Systems, d.h. die Systemdynamik wird modelliert. Jedoch mit dem Unterschied, dass nun der Blickwinkel der Zustände (vergl. Kapitel 8.1) betrachtet wird. In Kapitel 8 wurde das Verhalten des Systems mit Hilfe von Aktivitäten strukturiert. Die `Auslagerung`, `Einlagerung`, `Umlagerung`, `Transport`, `Beladung`, `Pflichtenhefterstellung`, usw. kann als eine solche Aktivität betrachtet und in atomare Aktionen zerlegt werden. Die Strukturierung des Verhaltens wird unter dem Aspekt durchgeführt, dass die teilnehmenden Aktionen eine gewisse Zusammengehörigkeit aufweisen wobei die Aktivität eine in sich geschlossene Aufgabe abwickelt. Bei der Erfüllung dieser Aufgabe dürfen *mehrere Objekte* zusammenarbeiten.

Aus der Sicht der Zustandsmodellierung wird lediglich das Verhalten *eines einzigen Objekts* betrachtet. Es hängt nun von dem Ziel der Modellierung ab, ob die gesamte Lebensdauer des Objekts oder nur ein Lebensabschnitt betrachtet wird. Unabhängig jedoch davon wird angenommen, dass sich diese Betrachtungsdauer durch eine Sequenz der Zustände darstellen lässt, wie dies die Abbildung 9-1 zeigt.

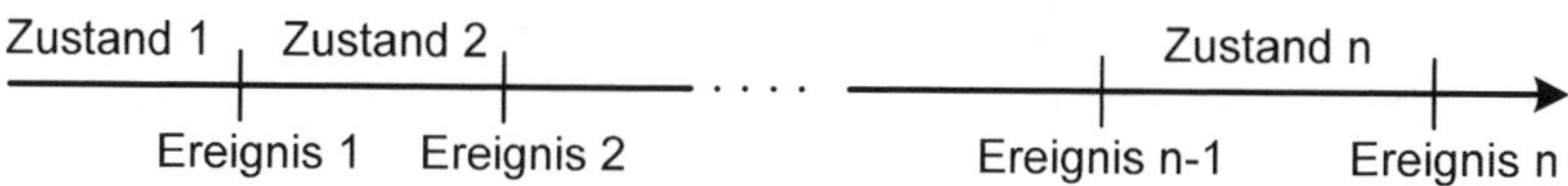

Abbildung 9-1: Dynamik eines Systems

Ereignis

Es wird angenommen, dass die Ereignisse zwischen den Zuständen keine Zeit in Anspruch nehmen. In vielen realen Systemen gilt diese Annahme. Bei den restlichen wird davon ausgegangen, dass die Übergangszeit vernachlässigt werden kann. Es ist eine Vereinfachung, wodurch die Modellierung der Dynamik aber nicht leidet. Eine weitere wichtige Eigenschaft des Ereignisses besteht aus der

Charakterisierung durch eine Richtung. Das bedeutet, dass es einen Wechsel vom Zustand[n-1] in den Zustand[n] gibt und nicht umgekehrt (n=2, 3, 4, ...).

Dynamik

Wie der Leser aus den vorangegangenen Kapiteln zu den statischen Aspekten des Systems entnehmen konnte, ist ein Objekt eine Instanz der Klasse. Die Klasse kann mit vielen Operationen ausgestattet werden, die das Verhalten der Klasse abbilden. Bei der Definition der Klasse wurde jedoch davon abstrahiert, ob irgendeine zeitliche Abhängigkeit zwischen den Operationen existiert und wie sie die Dynamik der Klasse gestaltet. Diese Dynamik wurde bewusst in Klassendiagrammen unberücksichtigt gelassen, um die Überladung der Diagramme zu vermeiden.

Es liegt in der Betrachtungsweise des Objekts, ob es eine Dynamik bei der Modellierung besitzt oder nicht. Unter der Dynamik ist nicht nur die physische Ortsveränderung gemeint, dies könnte aber der erste Gedanke sein. Wenn z.B. ein Fach in einer Regalwand betrachtet wird, könnte man `leer`, `belegt`, `beim_einlagern`, `beim_auslagern` als seine Zustände betrachten, obwohl keine örtliche Versetzung des Faches stattfindet. Dagegen kann in diesem Kontext die ganze Regalwand als ein Objekt ohne Dynamik angesehen werden. Wird jedoch der Lagerspiegel der Regalwand mit in diese Überlegung eingebunden, dann müssten auch die dynamischen Aspekte der Regalwand in Betracht gezogen werden. Je nach Modellierungszweck, hebt der Fokus des Betrachters die Dynamik des Objektes hervor oder vernachlässigt diese. Aus der Sicht des Schiffsmaklers besitzt ein Schiff, das in der Reparaturwerft liegt, keine Dynamik. Dieser registriert nur die Zustände eines Schiffs wie `in_Beladung`, `in_Fahrt` bzw. `beim_Löschen`, wenn das Schiff bereits die Reparaturwerft verlassen hat.

Im Zustandsautomat wird dargestellt, welche Ereignisse und welche Aktionen ausgelöst werden müssen, um den Zustand zu wechseln. Für den Wechsel dürfen entsprechende Bedingungen vorausgesetzt werden. Der Wandel des Zustandes, der Zustandsübergang, wird als Transition bezeichnet. Die Basismodellierungselemente eines Zustandsautomaten sind Zustände, Aktionen, Ereignisse und Transitionen.

9.2 Zustand

Bei der Einführung des Zustands, der ein Modellierungselement darstellt, wird hier auf die formale Definition endlicher Automaten von Mealy- und Moore-Automaten sowie Statecharts von Harel [12], [10]

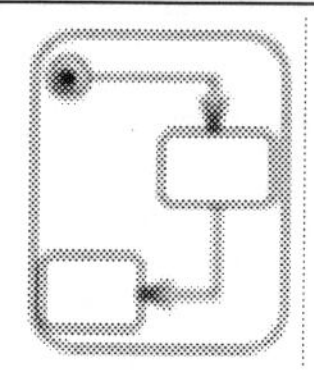

verzichtet. Für Interessierte wird nur erwähnt, dass die in UML eingesetzte Notation weitgehend dem Vorschlag von Harel entspricht.

Zustand

Ein Zustand fasst eine Situation im Verhalten eines Objekts zusammen, in der relevante Attributwerte unverändert bleiben und das Objekt auf ein Ereignis wartet oder eine Aktivität durchgeführt wird.

An dieser Stelle soll darauf hingewiesen werden, dass nicht jede Änderung des Attributwertes einen Zustandsübergang mit sich bringt. Es werden nur solche Änderungen berücksichtigt, die das Verhalten des Objektes aus der gewählten Perspektive bestimmen. Wenn sich beispielsweise die Temperatur in einem Regalfach ändert und dort keine temperatursensiblen Waren gelagert werden, dann wird von der Temperaturänderung abstrahiert und kein Zustandswandel registriert.

Zustands-eintritt, Zustands-austritt

Der Objektzustand kann aktiv oder nicht aktiv sein. Er ist aktiviert, wenn in Folge des Zustandsübergangs ein Zustandseintritt erfolgt. Der Objektzustand wird deaktiviert, wenn der Zustandsübergang auf einen anderen Zustand erfolgt, d.h. ein Zustandsaustritt stattfindet. Beim Zustandseintritt und Zustandsaustritt dürfen bestimmte Aktionen ausgeführt werden. Es wird davon ausgegangen, dass diese Aktionen so schnell ausgeführt werden, dass ihre Dauer vernachlässigt werden darf.

Abbildung 9-2: Ablauf eines Zustands

***entry*-Aktion, *exit*-Aktion, *do*-Aktivität**

In einem Zustand darf eine Aktivität ausgeführt werden, die im Gegensatz zu Aktionen eine Dauer besitzen kann. Die Aktivität startet nach dem Zustandseintritt, wenn die *entry*-Aktion abgeschlossen ist. Wird die Aktivität beendet und der Objektzustand noch aktiv ist, wird der Zustandsaustritt mit der *exit*-Aktion vollzogen. Um die Begriffe aus dem Aktivitätsdiagramm und Zustandsdiagramm nicht zu verwechseln, wird die interne Aktivität des Zustands sehr oft als eine *do*-Aktivität bezeichnet. Der Zustand wird automatisch verlassen, wenn die *do*-Aktivität beendet wird. Die eingeführten Zusammenhänge zeigt die Abbildung 9-2. Die Wirkung des Ereignisses bleibt davon unbeachtet. Es können auch mehrere *entry*- und *exit*-Aktionen sowie *do*-Aktivitäten im Zustand ausgeführt werden.

Notation

Ein Zustand wird als abgerundetes Rechteck mit dem Zustandsnamen im Inneren des Rechtecks dargestellt. Falls die Aktionen und Aktivitäten auszuweisen sind, werden sie in einem unteren Abschnitt des Zustandssymbols eingeführt, der durch eine horizontale Linie von dem Zustandsnamen getrennt wird. Beispiele zeigt die Abbildung 9-3.

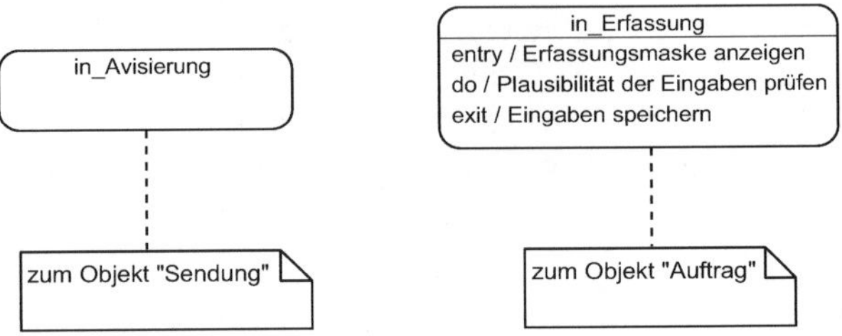

Abbildung 9-3: Beispiele der Zustände

Interne Transition

Zu den *entry*-Aktionen, *exit*-Aktionen und *do*-Aktivitäten kann der untere Abschnitt des Zustandes interne Transitionen enthalten, die abgearbeitet werden, ohne den Zustand zu verlassen.

Abbildung 9-4: Start- und Endzustand

Verzögertes Ereignis

Im Zustand kann auch eine Liste von verzögerten Ereignissen vermerkt werden. Sie werden somit in eine Art Warteliste eingetragen und später in einem anderen Zustand bearbeitet.

Startzustand Endzustand

Es gibt zwei besondere Zustände: einen Start- und einen Endzustand. Die graphische Notation und Bedeutung ist analog zu den in Kapitel 8.5 besprochenen Start- und Endknoten des Aktivitätsdiagramms. Zu einem Startzustand führt kein Übergang hin, und aus einem Endzustand führt kein Übergang weg. Die beiden speziellen Zustände zeigt die Abbildung 9-4. Wegen ihrer besonderen Rolle im Zustandsautomat werden sie als Pseudozustände bezeichnet.

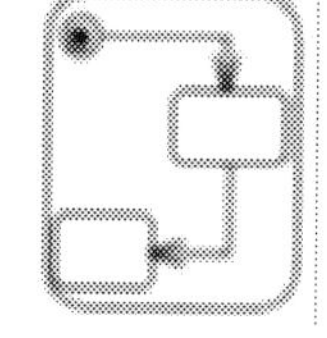

9.3 Transition

Ohne Zustandsübergänge würde das System keine Dynamik aufweisen können. Der Zustandsübergang wird als eine Transition bezeichnet und erfolgt als Konsequenz eines Ereignisses.

Transition

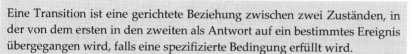

> Eine Transition ist eine gerichtete Beziehung zwischen zwei Zuständen, in der von dem ersten in den zweiten als Antwort auf ein bestimmtes Ereignis übergegangen wird, falls eine spezifizierte Bedingung erfüllt wird.

Falls von einer gerichteten Beziehung gesprochen wird, so gibt es einen Quellzustand, der in Folge der Transition nicht mehr aktiv ist, und einen Zielzustand, der aktiviert wird. Ein Ereignis kann verschiedene Formen annehmen – es kann ein Signal, ein Aufruf oder ein Ablauf einer Zeitspanne sein. Dabei bleibt es zweitrangig, wie das Ereignis physisch hervorgerufen wird. Aus der Modellierungssicht ist es beispielsweise unerheblich, ob ein roter Knopf an der Konsole betätigt wird oder ob die OK-Schaltfläche mit der Maus angeklickt wird.

Wächter

Als Voraussetzung für das Auslösen einer Transition kann eine Bedingung verwendet werden. Dies wird meist als eine Überwachung einer Transition gesehen. Die Bedingung wird durch einen booleschen Ausdruck formuliert. Falls er als „falsch" ausgewertet wird, wird das Auslösen untersagt, sonst ist die Transition erlaubt.

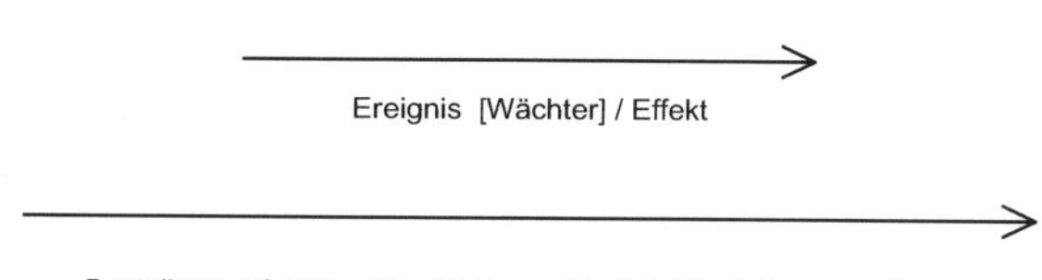

Abbildung 9-5: Transition

Effekt

Manchmal muss die Verwirklichung einer Transition durch Ausführung einer Aktion erfolgen. Diese besondere Aktion wird als Effekt bezeichnet und ihr Abschluss bedeutet den eigentlichen Zustandsübergang. Zu solchen Effekten werden beispielsweise die nötigen Berechnungen oder das Senden eines Signals gezählt.

Notation

Der obere Teil der Abbildung 9-5 zeigt die allgemeine Form der Transition. Sie wird mittels eines Pfeils mit offener Spitze dargestellt. Der Pfeil ist mit einem Ereignis und/oder Wächter und/oder Effekt beschriftet. Jedes dieser Elemente ist optional. Der untere Teil der Abbildung 9-5 stellt einen Übergang zwischen einem nicht erfassten und erfassten Zustand einer Bestellung dar. Das auslösende Ereignis heißt hier `Bestellung erfassen` und kann beispielsweise durch ein Workflowsystem generiert werden. Die Erfassung kann nur durch einen berechtigten Mitarbeiter erfolgen, deshalb wird geprüft, ob der `[Bearbeiter zuständig]` ist. Mit der Erfassung der Bestellung kann unmittelbar nach dem Empfang (Effekt `Bestellung empfangen`) begonnen werden.

Selbst-transition

Eine besondere Form der Transition ist eine Selbsttransition.

> Eine Selbsttransition ist eine Transition, bei der Quell- und Zielzustand identisch sind.

Ein Beispiel für solch eine Selbsttransition könnte aus dem Bereich Beladung genommen werden. Nach dem Stauen des ersten Packstücks ist der **`Container`** (hier als Objekt betrachtet) in einem Zustand, den man als `in_Beladung` bezeichnen kann. Jedes neue Packstück bewirkt, dass der **`Container`** zunächst in dem Zustand `in_Beladung` bleibt, jedoch wird der Packstückzähler um Eins erhöht. Erst wenn das letzte Packstück gestaut wird, wechselt der Zustand vom **`Container`** in `beladen`. Diesen Sachverhalt gibt die Abbildung 9-6 wieder.

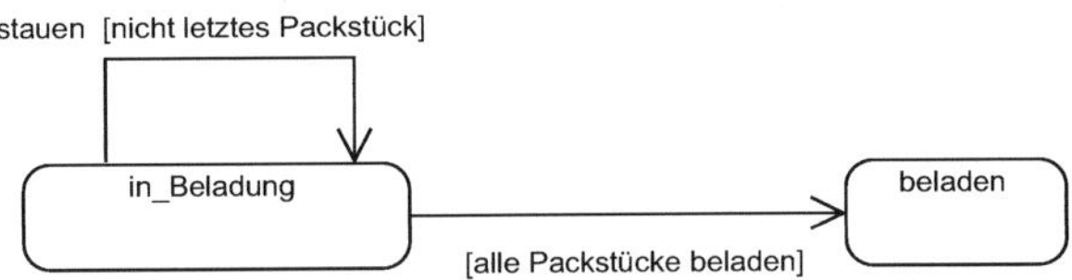

Abbildung 9-6: Selbsttransition

9.4 Transitionsnetzwerkelemente

Es ist auffallend, dass die Zustandsautomaten und Aktivitätsdiagramme vieles gemeinsam haben. Selbstverständlich unterscheidet sich der modellierte Sachverstand. Trotzdem besitzen die Hauptmodellierungselemente - Zustand und Aktivität – das abgerundete Rechteck als Modellierungssymbol. Es ist die gleiche Notation in den beiden Diagrammen. In Kapitel 8.5 wurden Kontrollknoten des Aktivitätsdiagramms besprochen. Jedes dieser Elemente wird in den Zustandsautomaten mit der jeweiligen analogen Bedeutung übernommen. Deshalb wird hier auf ihre Vorstellung verzichtet.

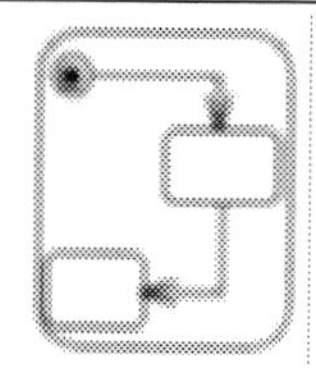

9.5 Aufbau eines Zustandsautomaten

Wie zuvor betont, wird ein Zustandsautomat erstellt, um das Verhalten einer bestimmten Klasse zu modellieren. Im Folgenden wird als Beispiel die Klasse `Lagerplatz` betrachtet und ihre Zustände und relevanten Transitionen dargestellt. Die Abbildung 9-7 enthält den entsprechenden Zustandsautomaten. Es wird ein mehrfachtiefes Satellitenlager betrachtet.

Mehrweg-zustands-automat

Der Zustandsautomat der Klasse `Lagerplatz` ist ein sog. Mehrwegzustandsautomat, d.h. es gibt keinen Ausweg aus dem Diagramm. Wenn das Objekt schon einmal in das Geschehen „eingetreten" ist, bleibt es immer in einem seiner Zustände „gefangen". Das passt sehr gut zum Lebensverlauf eines Lagerplatzes – einmal nach der Inbetriebnahme ist der `Lagerplatz` entweder `leer`, oder `in_Aufnahme`, oder `in_Entnahme`, oder `belegt`, usw. An dieser Stelle wird von dem einen einmaligen Ereignis, der Vernichtung des Lagers, abgesehen, da dies aus der Sicht des Lagerverwaltungssystems vernachlässigt werden kann.

Einweg-zustands-automat

Als Gegenpart zu einem Mehrwegzustandsautomaten wird ein Einwegzustandsautomat betrachtet. Hier wird der Lebensverlauf des Objektes vom Anfang bis zum Ende, vom Entstehen bis zum Vernichten dargestellt. Modellierungstechnisch bedeutet dies, dass sowohl der Startzustand als auch der Endzustand auf solch einem Diagramm vorkommen. Ein Beispiel dafür wäre das Verhalten der Klasse `Auftrag`. Zu einer gewissen Zeit wird der Auftrag generiert, danach bearbeitet, die Leistung abgenommen und der Auftrag endgültig abgeschlossen und gelöscht.

Es ist offensichtlich, dass nach dem Pseudozustand Start in der Abbildung 9-7, der nächste eigentliche Zustand des Lagerplatzes `leer` ist. Der Übergang in den Zustand `in_Aufnahme` erfolgt, wenn die Transition mit dem Ereignis `einlagern` eintritt. In dem Zustand `in_Aufnahme` wird vorbereitend die *entry*-Aktion `vorderen_Platz_freistellen` durchgeführt. Dies trifft zu, wenn schon mindestens eine LE im Lagerplatz gelagert wird. Danach kommt es zur eigentlichen Aufnahme der LE mit der Durchführung der *do*-Aktivität `LE_aufnehmen`. Hier können nun zwei Fälle eintreten. Erstens könnte eine nächste LE eingelagert werden, sofern noch ein `Platz frei` ist. Diese Situation wird mit einer Selbsttransition modelliert, weil sich der Lagerplatz nach wie vor im Zustand `in_Aufnahme` befindet. Zweitens wäre es möglich, dass keine weiteren LE ankommen. Dann geht der Zustand `in_Aufnahme` automatisch in den Zustand `belegt` über.

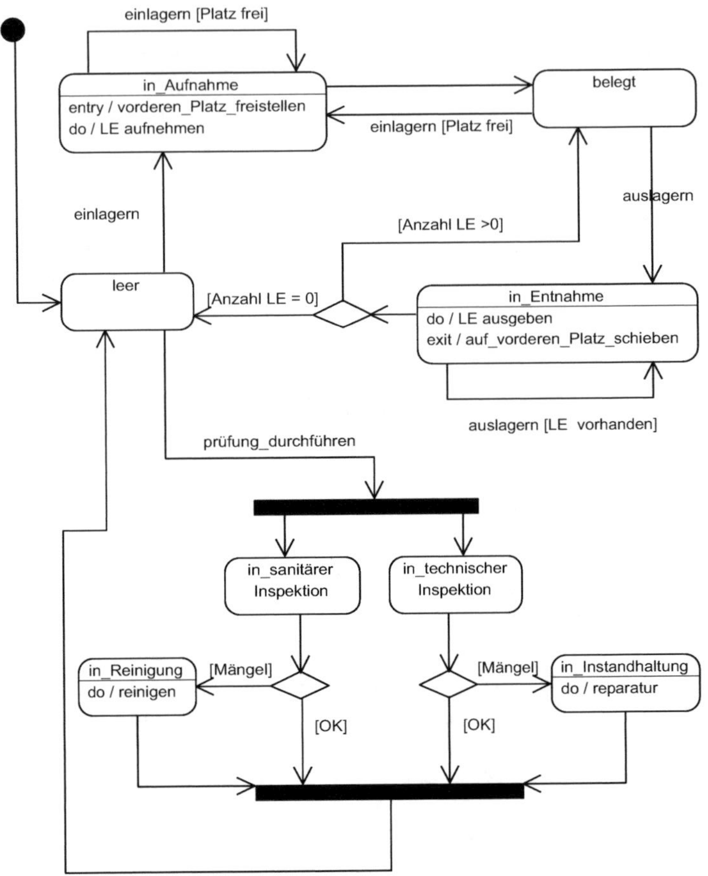

Abbildung 9-7: Zustandsautomat der Klasse `Lagerplatz`

Der Zustand `belegt` ist solange aktiv, bis eins der Ereignisse `einlagern` oder `auslagern` eintritt. `einlagern` ist nur möglich, wenn noch ein `Platz frei` ist. Nach dem Übergang in den Zustand `in_Entnahme` wird die LE ausgelagert, und die *exit*-Aktion `auf_vorderen_Platz_schieben` muss ausgeführt werden, um die mögliche nächste Entnahme vorzubereiten. Mit Hilfe der Selbsttransition wird auch im Zustand `in_Entnahme` eine weitere Auslagerung modelliert. Falls kein weiteres Ereignis `auslagern` ankommt, je nach Anzahl der LE im Lagerplatz, wird der Übergang in den Zustand `leer` (`Anzahl LE=0`) oder in den Zustand `belegt` (`Anzahl LE>0`) stattfinden.

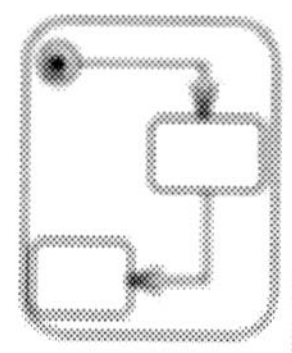

Im übrigen Teil des Diagramms werden die Zustände modelliert, die mögliche Inspektion des Lagerplatzes und eventuelle Folgen darstellen. Aus der Sicht der Modellierungsmethodik soll nur darauf hingewiesen werden, dass die Zustände `in_sanitärer_Inspektion` und `in_technischer_Inspektion` nebenläufig stattfinden dürfen, deshalb wurden der Teilungsknoten und Synchronisationsknoten eingesetzt. Die anderen Zustände und Transitionen sollen selbsterklärend sein.

9.6 Zusammengesetzter Zustand

Um die ganze Komplexität eines Systems modellieren zu können, wie bei fast allen anderen UML-Diagrammen, besteht auch bei den Zustandsdiagrammen die Notwendigkeit des hierarchischen Aufbaus oder besser gesagt, der Schachtelung der Diagramme. Aus diesem Grunde werden die Unterzustände und zusammengesetzten Zustände eingeführt.

Zusammengesetzter Zustand

> Ein zusammengesetzter Zustand ist ein Zustand, der über andere Zustände verfügt; diese werden als Unterzustände bezeichnet.

Durch die Modellierungstechnik unter der Verwendung von Unterzuständen und zusammengesetzten Zuständen, kann eine beliebige Strukturierung der Zustände entwickelt und jede gewünschte Detaillierung der Darstellung erreicht werden. Ein zusammengesetzter Zustand kann auf zweierlei Art und Weise aufgebaut werden, als:

- ein nebenläufiger (orthogonaler) oder
- ein sequenzieller (nicht orthogonaler)

zusammengesetzter Zustand.

Orthogonalität

Ein orthogonaler zusammengesetzter Zustand kann mehrere parallele Bereiche besitzen. Wenn dieser Zustand als solcher aktiv ist, dann gibt es in jedem seiner orthogonalen Bereiche einen Zustand, der aktiv ist. Mit anderen Worten, der gesamte Zustand wird durch alle, gerade aktiven Unterzustände abgebildet. In jedem Bereich gibt es einen Start- und einen Endzustand. Alle Startzustände sind zur gleichen Zeit aktiviert. Ist einer der nebenläufigen Bereiche „schneller" als die anderen, d.h. sein Endzustand wird vor allen anderen erreicht, muss dieser warten, bis die anderen Endzustände erreicht werden. Diese Ablaufweise zeigt, dass der orthogonal zusammengesetzte Zustand erst dann verlassen werden kann, wenn alle enthaltenen Endzustände angetroffen sind.

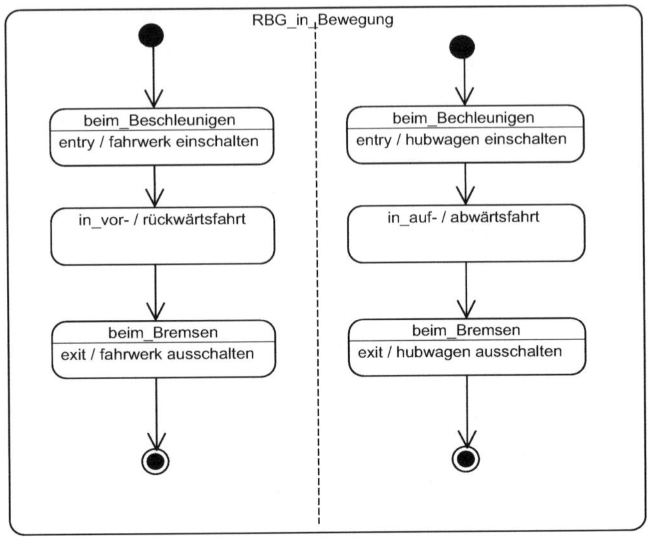

Abbildung 9-8: Ein orthogonaler zusammengesetzter Zustand

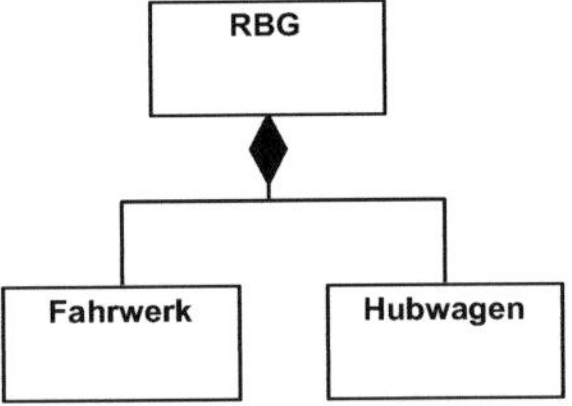

Abbildung 9-9: Klassendiagramm eines RBGs

Die orthogonalen Bereiche eines Zustands entstehen, indem diese mit Hilfe von gestrichelten Linien voneinander getrennt werden.

Notation

Die Abbildung 9-8 zeigt ein Beispiel eines auf diese Weise zusammengesetzten Zustandes. Es handelt sich dabei um einen der Zustände der Klasse `RBG` (Regalbediengerät). Konkret stellt das Diagramm den Zustand `RBG_in_Bewegung` dar. Das RBG setzt sich aus einem Hubwagen, der die vertikale Bewegung realisiert und einem Fahrwerk, das das Gerät vor- bzw. zurückschiebt, zusammen. Auf diese Weise resultiert die momentane Position des RBG aus der Summe beider Bewegungen. Die Nebenläufigkeit, wie in diesem

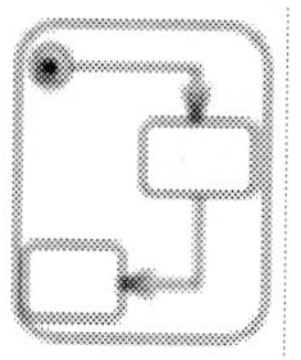

Beispiel zu sehen ist, kann sehr oft ein Ergebnis einer strukturellen Komposition des Objektes sein (vergl. Abbildung 9-9).

Nichtorthogonalität

Nicht orthogonal zusammengesetzte Zustände stellen die zweite Möglichkeit dar, eine Schachtelung des Zustandes abzubilden. Ausgehend von dem Startzustand werden innerhalb eines solchen Zustandes die darin enthaltenen Unterzustände durch die Transitionen eingeschaltet, bis ein Endzustand erreicht wird. Ein sequenzieller zusammengesetzter Zustand darf nur einen Start- und einen Endzustand besitzen, wobei eine Transition selbstverständlich in den zusammengesetzten Zustand führen kann. Zudem ist es auch zulässig, dass aus einem der Unterzustände eine Transition nach draußen geführt wird, bevor ein Endzustand des zusammengesetzten Zustands erreicht wurde.

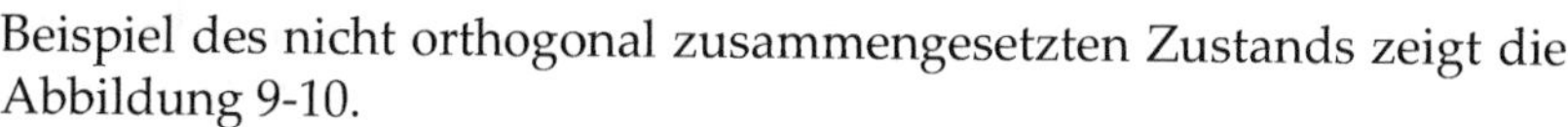

Beispiel des nicht orthogonal zusammengesetzten Zustands zeigt die Abbildung 9-10.

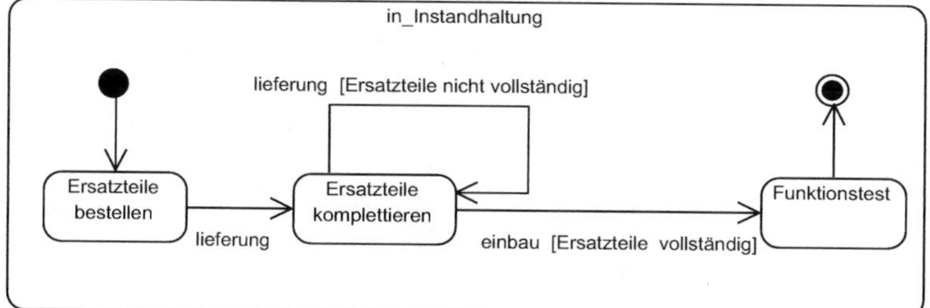

Abbildung 9-10: Nicht orthogonal zusammengesetzter Zustand

9.7 Hinweise zur Modellierung mit Zustandsautomaten

Es soll nochmals ausdrücklich darauf hingewiesen werden, dass mit Hilfe des Zustandsautomaten das Verhalten während der Lebenszeit eines einzelnen Objektes modelliert wird. Abhängig von dem Objekt selbst und der angenommenen Betrachtungsweise, wird das Leben des Objektes, beginnend mit der Erstellung bis zur Vernichtung, oder zyklisch (die Zustände wiederholen sich immer wieder) modelliert. Im ersten Fall entsteht ein Einwegzustandsautomat, im zweiten ein Mehrwegzustandsautomat.

Im Kontext des Objektes sollten Kandidaten für Zustände und Ereignisse identifiziert werden. Danach sollen die möglichen Übergänge erarbeitet werden. Daraus kann das Netzwerk aus den Zuständen und Transitionen modelliert werden.

Zustands-namen

Wie auch bei anderen Diagrammen ist die Namenswahl der Elemente in den Zustandsautomaten von großer Bedeutung. Insbesondere für den unerfahrenen UML-Anwender ist darauf hinzuweisen, dass sich ein Objekt für eine gewisse Zeit in einem Zustand befindet. Deshalb ist es sinnvoll, anstatt des Namens `Bewegung` den Namen `in_Bewegung` zu verwenden. Dadurch wird nicht auf eine Aktivität `Bewegung` hingewiesen, sondern stellt der besagte Zustand `in_Bewegung` ein Zeitintervall im Leben des Objekts dar. Dies klingt ein wenig ungewöhnlich, es leistet aber Hilfestellung, um das Prinzip des Zustandsautomaten richtig zu verstehen. Falls dem Betrachter das Diagramm unübersichtlicher erscheint, sollte das Problem mit den zusammengesetzten Zuständen zu lösen sein.

Um die Übergänge korrekt zu modellieren, sollten die Wächter der Transitionen identifiziert werden. Diese Problematik ist aus der Sicht der späteren Implementierung sehr wichtig. Wenn die Wächter der Transitionen richtig modelliert sind, dann werden die Kontrollstrukturen den gewünschten Ablauf wiedergeben.

Aus der Sicht der Übergänge ist es auch wichtig, die Eintritts- und Ausgangsaktionen zu nennen. Dies erlaubt dem Betrachter die Ausführung des Wechsels besser nach zu vollziehen. Im Zustand selber dürfen Aktivitäten durchgeführt werden. Der UML-Standard schränkt die Anzahl der *entry-*, *exit*-Aktionen und *do*-Aktivitäten nicht ein – es können mehrere modelliert werden. Dies hängt jedoch von dem Bedarf des Diagramms ab, die diesem zugrunde liegt. Meistens wird mit einem Zustand eine *do*-Aktivität assoziiert.

Mit dem Zustandsautomat kann auch die Dynamik des gesamten Systems modelliert werden. Hier erscheint es als besonders wichtig den richtigen Detaillierungsgrad zu wählen, damit das Diagramm mit nicht zu vielen Einzelheiten überladen wird.

Testfragen

1. Wie wird die Dynamik eines Objektes in UML modelliert?

A Als eine lineare Kette von Aktionen

B Als eine Kette von Ereignissen und Aktionen

C Als eine Kette von Zuständen

D Als eine Kette von Ereignissen und Zuständen

2. Welcher dieser Zustände ist von einem `LKW`-Objekt aus der Sicht des Lagerbetreibers irrelevant?

A `in_Beladung`
B `in_Entladung`
C `in_Wartung`
D `leer`

3. Angenommen, dass die angegebene Aktion bzw. Aktivität modelliert ist, wann ist der Zustand des betreffenden Objektes endgültig nicht mehr aktiv?

A Wenn die erste *exit*-Aktion ausgeführt wurde
B Wenn die letzte *exit*-Aktion ausgeführt wurde
C Wenn die *entry*-Aktion ausgeführt wurde
D Wenn die letzte *do*-Aktivität ausgeführt wurde

4. Welches der folgenden Modellierungselemente kommt bei der Beschreibung einer Transition nicht zum Einsatz?

A Aktion
B Ereignis
C Effekt
D Wächter

5. Was bewirkt eine Selbsttransition?

A Ein Übergang in den nächsten Zustand wird automatisch vollzogen
B Der Zustand hält an
C Eine *entry*-Aktion des Zustands wird durchgeführt
D Der Zustand wird zum zweiten Mal wiederholt

6. Welche dieser Notationen stellt kein korrektes Element des Zustandsautomaten dar?

A 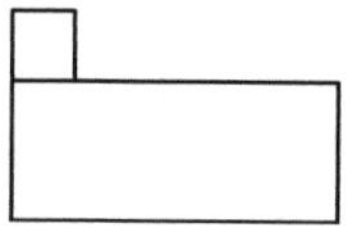
B 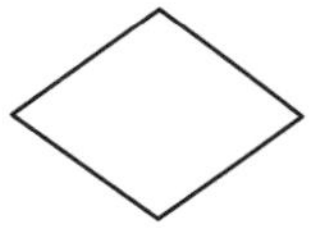
C 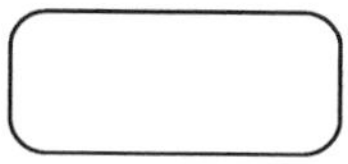
D

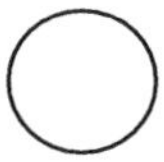

7. Welches der genannten Modellierungselemente enthält keinen Mehrwegzustandsautomat?

A Anfangszustand
B Endzustand
C Entscheidungsknoten
D Synchronisationsknoten

8. Welche dieser Aussagen trifft auf einen orthogonal zusammengesetzten Zustand zu?

A Es gibt keine Unterzustände, die aktiv sein können

B Es gibt nur einen Unterzustand, der aktiv ist

C Es gibt mindestens zwei Unterzustände, die aktiv sein können

D Es gibt viele Unterzustände, die aktiv sein können

9. In einem Einwegzustandsautomaten ...

A wird der Endzustand irgendwann erreicht

B gibt es keine Wiederholungen der Zustände

C gibt es keine orthogonal zusammengesetzten Unterzustände

D wird der Anfangszustand eines Unterzustands einmal passiert

10. Bei der Modellierung der Dynamik eines Objektes wurde ein orthogonal zusammengesetzter Zustand eingesetzt. Was kann im Objektdiagramm, das diesem Objekt entspricht, höchstwahrscheinlich vorkommen?

A Generalisierung

B Assoziationsklasse

C Aggregation

D Komposition

10 Sequenzdiagramme

10.1 Verwendungszweck

Die beiden vorangehenden Kapitel haben sich damit befasst, wie das Verhalten des Systems bezüglich der Folge der Aktionen und Zustandsübergänge modelliert werden kann. Die Dynamik eines Systems spiegelt sich außerdem dadurch wider, dass zwischen den Objekten des Systems Interaktionen stattfinden. Dieses wechselseitige aufeinander Einwirken von Objekten kann verschiedene Formen annehmen. Die Interaktion mit einem anderen Objekt kann sich dadurch manifestieren, dass das der Wirkung ausgesetzte Objekt zu irgendeiner Handlung aufgefordert wird. Üblicherweise wird erwartet, dass das aufgeforderte Objekt eine Operation ausführt und danach weitere Objekte auffordert, die Ergebnisse der Operation an sie und / oder auf das fordernde Objekt weiterzugeben. Es kann sich aber auch um eine wesentlich einfachere Interaktion handeln, bei der das andere Objekt zu keiner Tätigkeit aufgefordert wird – es handelt sich um die Kenntnisnahme gewisser Fakten. In der Tat stellt solch eine Kenntnisnahme auch eine Art Tätigkeit dar, die aber nicht gesondert modelliert wird.

Interaktionsdiagramm

In der UML werden die Interaktionen durch den Austausch der Nachrichten zwischen den Objekten modelliert. Es gibt zwei Perspektiven, um diesen Austausch darzustellen. In einem Sequenzdiagramm liegt der Schwerpunkt auf der Modellierung der zeitlichen Abfolge der Nachrichten. Die Struktur der Kommunikationswege steht dabei im Hintergrund der Betrachtung, da sie sonst einem Kommunikationsdiagramm entspräche. In dem Kommunikationsdiagramm liegt das Augenmerk vor allem auf der Darstellung des Datennetzwerks – wer mit wem kommuniziert. Die Sequenz der Nachrichten wird als untergeordnete Schicht des Diagramms angesehen. Falls der gleiche Sachverhalt, sowohl in einem Sequenzdiagramm als auch in einem Kommunikationsdiagramm, dargestellt wird, so sind sie gegenseitig transformierbar. Aus diesem Grunde bilden sie eine Gruppe der UML-Diagramme – die Interaktionsdiagramme.

Richtung der Nachricht

Eine Nachricht wird dadurch gekennzeichnet, dass sie eine Richtung besitzt, d.h. sie wird von einem Objekt zu einem anderen gesendet. Es gibt also einen Absender und einen Empfänger der Nachricht. Der Kommunikationsweg zwischen den Objekten muss dagegen keine Einbahnstraße sein – die verschiedenen Nachrichten dürfen in beide Richtungen ausgetauscht werden. Bei Bedarf besteht aber die Möglichkeit der Sperrung einer Richtung.

Szenario

In diesem Kapitel werden die Sequenzdiagramme betrachtet. Mit ihrer Hilfe werden Szenarien abgebildet, d.h. es werden die Handlungen einer ausgewählten Menge der Objekte in einer begrenzten Zeitspanne modelliert. Im darauf folgenden Kapitel werden die Kommunikationsdiagramme vorgestellt.

10.2 Objekt, Lebenslinie und Steuerungsfokus

An dem Szenario beteiligen sich Objekte, die miteinander interagieren. Sie senden bzw. empfangen Nachrichten. Um sich beteiligen zu können, müssen diese Objekte existieren, was im normalen Sprachgebrauch als „leben" bezeichnet werden würde.

Lebenslinie

> Eine Lebenslinie ist Ausdruck der Tatsache, dass sich das Objekt an dem Szenario beteiligt.

Notation

Eine Lebenslinie setzt sich aus zwei graphischen Elementen zusammen. Das erste Element ist ein Rechteck mit dem Namen des Objektes, das den Szenariobeteiligten darstellt. Aus diesem Rechteck führt eine gestrichelte Linie vertikal nach unten, eben diese Lebenslinie. Die Länge der Linie besitzt keine Bedeutung. Mit ihrer Hilfe wird die Partizipation am Geschehen gezeichnet. Die Lebenslinie zeigt die Abbildung 10-1a.

Die Objekte können mit der entsprechenden Visualisierung des Stereotyps dargestellt werden. Beispielsweise können Strichmännchen für die Objekte der Umgebung eingesetzt (vergl. Kapitel 2.3) oder Stereotypen wie *«control»*, *«boundary»*, *«entity»* verwendet werden (vergl. Kapitel 3.2).

Steuerungsfokus

Die Beteiligung bedeutet nicht unbedingt, dass ein Objekt immer aktiv am Geschehen teilnimmt, d.h. gewisse Operationen durchführt.

> Ein Steuerungsfokus zeigt einen aktiven Lebensabschnitt eines Objektes an.

Ein Steuerungsfokus (auch eine Aktivierung genannt) wird durch ein schmales Rechteck auf der Lebenslinie dargestellt. Nach Bedarf können auf einer Lebenslinie mehrere Steuerungsfokusse (Abschnitte der Aktivierung) vorkommen, um zu zeigen, wann das Objekt aktiv ist und wann nicht. Ein Beispiel eines Steuerungsfokus stellt die Abbildung 10-1b dar.

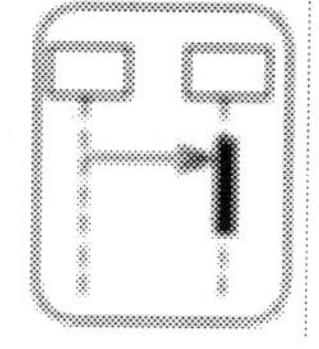

Notation

Wird das Leben zu dem Vergleich weiterhin herangezogen, dann ist es offensichtlich, dass das Sterben nicht vermieden werden kann. In UML wird dies als eine Objektdestruktion behandelt. Diese Tatsache wird graphisch durch ein Kreuz am Ende der Lebenslinie gezeigt, wie in der Abbildung 10-1c.

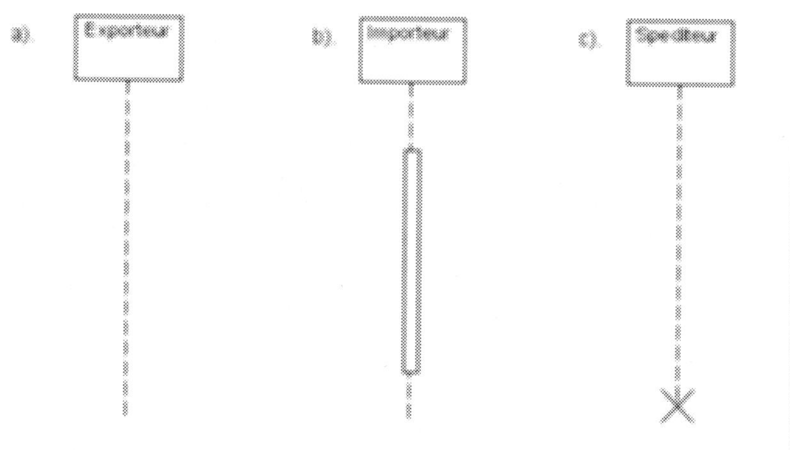

Abbildung 10-1: Lebenslinie, Steuerungsfokus und Objektdestruktion

10.3 Nachricht

Nachrichten sind die Hauptmodellierungselemente eines Sequenzdiagramms, weil sie die Interaktionen zwischen den Objekten darstellen.

Nachricht

Eine Nachricht ist ein Ausdruck der Kommunikation zwischen zwei Objekten.

Aufruf, Antwortnachricht

In dieser Kommunikation stellt eines der Objekte den Sender und das andere den Empfänger dar. Eine Nachricht hat den Charakter eines Aufrufs, wenn der Empfänger tätig sein sollte. Wenn in Folge dieser Aktivität ein Ergebnis erarbeitet wird und zurückgesendet wird, dann handelt es sich um eine Antwortnachricht (*Return*).

Synchrone Nachricht

Die Nachrichten können synchron bzw. asynchron ablaufen. Bei einer synchronen Nachricht wird die Steuerung vom Sender an den Empfänger übertragen. Der Sender wartet solange, bis das Ergebnis des Aufrufs zurückgeschickt und die Steuerung vom Empfänger wieder zurück an den Sender übertragen wird.

Asynchrone Nachricht

Es wird von einer asynchronen Nachricht gesprochen, wenn nach dem Versenden der Nachricht durch den Sender an den Empfänger der Sender seine Aktivität fortsetzt, ohne auf die Antwort des Empfängers zu warten. Dadurch kann eine Nebenläufigkeit modelliert werden.

Notation

Eine Nachricht wird als Pfeil dargestellt, der zwischen den Lebenslinien der beteiligten Objekte vom Sender zum Empfänger geführt wird. Einen Aufruf zeichnet man mit durchgezogener Linie und gefüllter Spitze (1 in der Abbildung 10-2). Eine Antwortnachricht wird mit gestrichelter Linie und offener Spitze dargestellt (2 in der Abbildung 10-2). Für eine asynchrone Nachricht setzt man eine durchgezogene Linie mit offener Spitze (4 und 5 in der Abbildung 10-2). Die Pfeile werden mit dem Namen der Nachricht beschriftet. Zusätzlich können die Parameter in Klammern angegeben werden (1 und 2 in der Abbildung 10-2).

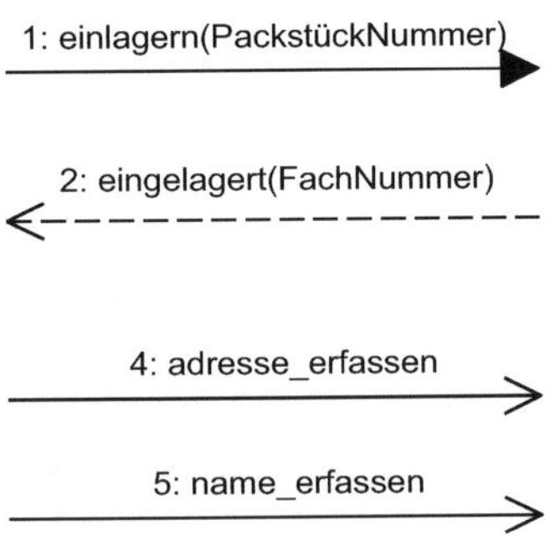

Abbildung 10-2: Nachrichtenarten

Zeitachse

Die Positionierung einer bestimmten Nachricht in Relation zu anderen Nachrichten ist essentiell. Es gilt die Annahme, dass die Zeitachse von oben nach unten verläuft. Weder die Länge der Lebenslinie noch die Länge des Pfads haben Bedeutung im Diagramm. Die relative Lage des Nachrichtenpfeils an der Lebenslinie ist dagegen besonders wichtig. Der höher liegende Pfeil (sprich Nachricht) wird vor dem darunterliegenden Pfeil ausgeführt. Zur Verdeutlichung der Sequenz kann eine Zahl vor dem Namen der Nachricht vorangestellt werden.

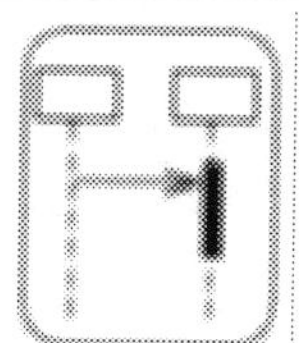

10.4 Aufbau eines Sequenzdiagramms

Die Objekte, die an der Interaktion teilnehmen, werden entlang einer unsichtbaren horizontalen Linie angeordnet. Üblicherweise (keine Forderung des Standards) wird das Objekt, von dem die erste Interaktion ausgeht, äußerst links positioniert. Mit der sinkenden Wichtigkeit werden die weiteren Objekte rechts dargestellt. Die von oben nach unten verlaufende Zeitachse ist unsichtbar. Wegen ihres Verlaufs wird die Abfolge der Nachrichten abwärts realisiert.

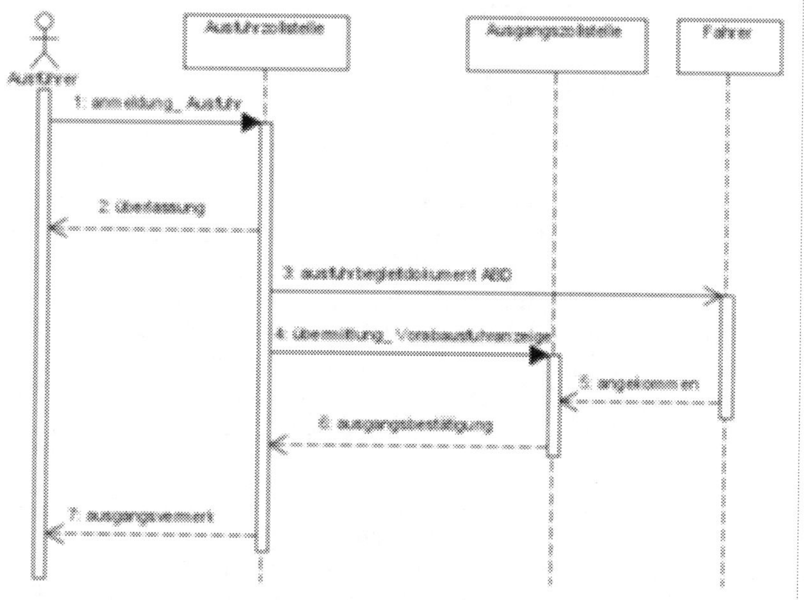

Abbildung 10-3: Sequenzdiagramm – Ausfuhr der Ware mit ATLAS-Ausfuhr (in Anlehnung an [30]).

In der Abbildung 10-3 wird die Abwicklung der Ausfuhrabfertigung durch die Zollstellen mit dem ATLAS-System als ein Sequenzdiagramm dargestellt. Der `Ausführer` sendet eine Ausfuhrmeldung an die `Ausfuhrzollstelle` (Nachricht 1: `anmeldung_Ausfuhr`). Der Ausdruck des Ausfuhrbegleitdokuments (ABD) (Nachricht 3: `ausfuhrbegleitdokument ABD`) erfolgt nach der Überlassung (Nachricht 2: `überlassung`) der Ware zur Ausfuhr bei der `Ausfuhrzoll-`

stelle. Die Nachricht 3 wird als asynchrone modelliert, weil Ausfuhrzollstelle auf die Aktivität des Fahrers nicht wartet und sie nebenläufig zu der Nachricht 4: übermittlung_Vorabausfuhranzeige losgeschickt wird. Die beiden letzten aktivieren entsprechend die Objekte Fahrer und Ausgangszollstelle, wobei der Steuerungsfokus nur auf Ausgangszollstelle übergeben wird. Das Objekt Fahrer agiert autark. Die Tatsache, dass der Fahrer an Ausgangszollstelle angekommen ist, wird mit der Nachricht 5: angekommen modelliert. Infolgedessen sendet die Ausgangszollstelle die Nachricht 6: ausgangsbestätigung an Ausfuhrzollstelle und diese sendet wiederum die Nachricht 7: ausgangsvermerk an den Ausführer, womit der Vorgang beendet wird. Die Nachrichten 2, 5, 6 und 7 wurden als Antwortnachricht dargestellt, weil sie die Antworten auf vorangegangene Aufrufe sind.

10.5 Steuerungsoperator

Nach der Betrachtung der Abbildung 10-3 könnte man sagen, dass die Ausfuhrabfertigung dort als eine einfache, (fast) lineare Abfolge der Nachrichten dargestellt wurde. Wie sieht das aber aus, wenn die Ausfuhrmeldung nicht vollständig ist, wenn sich noch dritte Vermittler beteiligen, wenn die gestellte Ware nicht der angemeldeten entspricht, usw. Der ideale Fall aus der Abbildung 10-3 müsste wesentlich variantenreicher ausgestattet werden. Mit den bisher besprochenen Elementen wird dies aber nicht möglich sein. Deshalb werden Steuerungsoperatoren eingeführt, um beispielsweise Bedingungen, Schleifen, Optionen oder Nebenläufigkeiten darstellen zu können.

Notation

Ein Steuerungsoperator wird innerhalb des Sequenzdiagramms als Rechteck dargestellt. In der oberen, linken Ecke wird ein Tag platziert, um anzugeben, was für ein Typ des Steuerungsoperators gemeint ist. An dem bestimmten Steuerungsoperator beteiligen sich ausschließlich die Objekte, deren Lebenslinien das Rechteck durchlaufen. Es gibt eine Vielzahl an solchen Operatoren. Beispiele der am häufigsten eingesetzten finden Sie in der Abbildung 10-4 Diese Operatoren werden im Folgenden besprochen:

- **Bedingte Ausführung** (das alt-Tag – von *alternative*) – das Rechteck wird durch gestrichelte Linien in eine oder mehrere Bereiche aufgeteilt. Jeder dieser Bereiche stellt eine Ausführung dar und ist mit einem Wächter ausgestattet. Der Wächter enthält eine Bedingung in eckigen Klammern. Wenn diese Bedingung wahr ist, dann wird dieser Bereich aus-

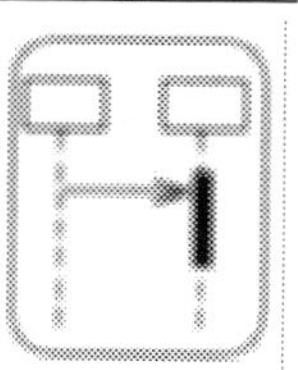

geführt. Wenn mehrere Wächter wahr sind, werden alle ausgeführt. Falls alle Bedingungen falsch sind, werden die Ausführungen des Operators übergangen.

- **Optionale Ausführung** (das `opt`-Tag– von *option*) – stellt eine Vereinfachung der bedingten Ausführung mit nur einem Unterbereich dar.
- **Iterative Ausführung** (das `loop`-Tag – von *loop*) – die darin enthaltenen Operationen werden wiederholt, solange der Wächter wahr ist. Die Anzahl der Wiederholungen richtet sich nach der Spezifikation, die in der Ecke angegeben werden kann.
- **Parallele Ausführung** (das `par`-Tag – von *parallel*) – der Steuerungsoperator ist wie die bedingte Ausführung in mehrere Unterbereiche aufgeteilt, die nebenläufig ablaufen, ohne dass irgendeine Bedingung erfüllt werden muss. Jeder Bereich kann unterschiedliche Lebenslinien enthalten.

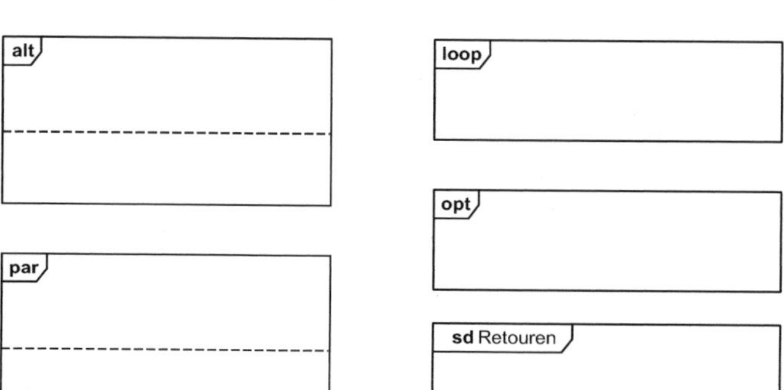

Abbildung 10-4: Steuerungsoperatoren

Die Abbildung 10-4 zeigt zusätzlich (rechts unten) einen Rahmen mit dem `sd`-Tag (von *sequence diagram*) und dem Beispielsnamen `Retouren`. In so einem Rahmen kann das gesamte Sequenzdiagramm gezeichnet werden und als Teil eines übergeordneten Sequenzdiagramms mittels des Steuerungsoperators mit dem `ref`-Tag (von *reference*) eingesetzt werden. Auf diese Weise dürfen die Sequenzdiagramme ineinander geschachtelt werden.

Die nächste Abbildung 10-5 visualisiert, wie die Steuerungsoperatoren eingesetzt werden können. Als Beispiel wurde hier die Retouren-Logistik eines Herstellers der Konsumgüter genommen (die Idee stammt von [1]; um das Diagramm auf die Druckseite anzupassen, wurden einige Vereinfachungen vorgenommen). An der Abwicklung von Reklamationen, Reparaturen und Retouren beteiligen sich folgende Objekte: `Kunde`, `Fachgeschäft`, `Disposition` des Reparatur Centers und `Hersteller`. Die Objekte `Kunde` und `Fachgeschäft` werden als Multiobjekte modelliert, um zu zeigen, dass sich eine Menge dieser Objekte am Geschehen beteiligt.

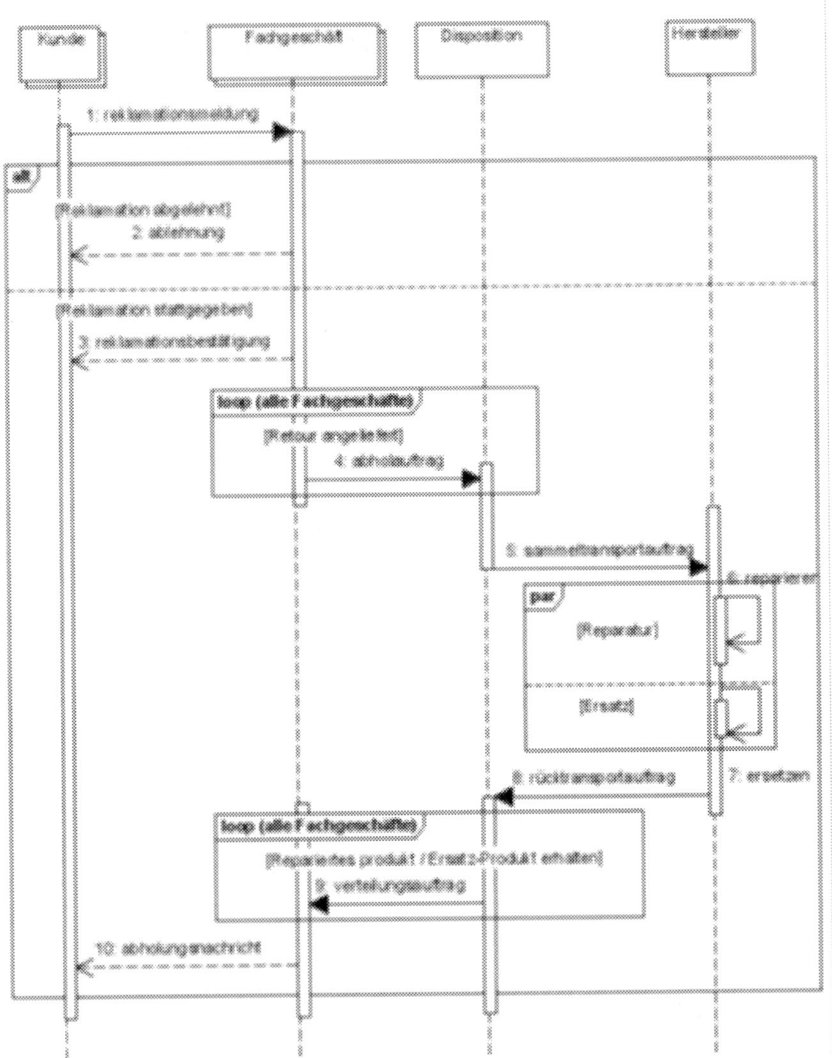

Abbildung 10-5: Retouren-Logistik als Sequenzdiagramm

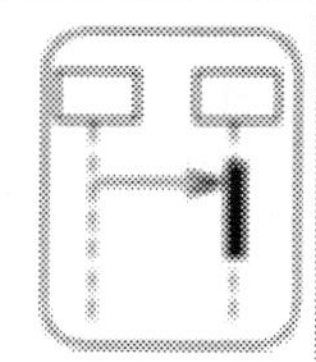

Außer der Nachricht `reklamationsanmeldung` des **Kunden** in einem **Fachgeschäft**, befindet sich der gesamte Ablauf in einem `alt`-Steuerungsoperator. Der obere Teil des `alt`-Steuerungsoperators wird durch die Bedingung `[Reklamation abgelehnt]` überwacht. Der große untere Teil wird durch die Erfüllung der Bedingung `[Reklamation stattgegeben]` zugelassen.

In diesem Unterbereich findet man zwei Schleifen – die `loop`-Steuerungsoperatoren. Die obere Iteration wird eingesetzt, um zu verdeutlichen, dass die Retourware aus allen beteiligten **Fachgeschäften** abgeholt wird, unter der Voraussetzung, dass sie eine Retour avisiert haben (Bedingung `[Retour da]`). Sorge dafür trägt die **Disposition** im Reparatur Center, in der auch die Retourware zwischengelagert wird, bis sie nachher zum **Hersteller** mit einem `sammeltransportauftrag` übergeben wird. Die zweite Schleife wickelt die Distribution der ersetzten bzw. reparierten Waren zu den **Fachgeschäften** ab.

Im Diagramm wurde auch ein `par`-Steuerungsoperator verwendet. Dadurch wird die Abwicklung beim **Hersteller** dargestellt. Die Reparaturen und der Ersatz (neuwertige Ware statt der gelieferten) sind Vorgänge, die nebenläufig durch dafür vorgesehene Abteilungen des **Herstellers** ausgeführt werden können. Um nicht ins Detail zu gehen, wurden die entsprechenden Nachrichten an sich selbst (den **Hersteller**) modelliert, ohne sich mit der internen Abwicklung weiter zu beschäftigen. Aus diesem Grund erfolgt hier der Aufruf an sich selbst – dargestellt durch einen zusätzlichen Steuerungsfokus.

Der große, untere Unterbereich des `alt`-Steuerungsoperators wird mit der Nachricht `abholungsnachricht` an den **Kunden** abgeschlossen.

10.6 Hinweise zur Modellierung mit Sequenzdiagrammen

In dem Sequenzdiagramm steht die zeitliche Abfolge im Fokus. Je nach Umfang des Systems wird eine unterschiedliche Anzahl von diesen Diagrammen nötig sein, um den gesamten Steuerungsfluss des Systems darzustellen. Auf den einzelnen Diagrammen sollen Objekte und ihre Interaktionen modelliert werden, die im bestimmten Kontext eine gemeinsame Aufgabe zu erledigen haben. Das schließt selbstverständlich nicht aus, dass das bestimmte Objekt in mehreren Kontexten vorkommt.

Quelle für Sequenzdiagramm

Eine sehr gute Quelle für die Modellierung mit einem Sequenzdiagramm stellt üblicherweise ein Nutzfall (vergl. Kapitel 2) dar. Dafür kann gleichermaßen auch eine Komponente (vergl. Kapitel 6) gewählt werden. Werden bestimmte Klassen mit ihren Operationen und Assoziationen zu anderen Klassen aus einem Klassendiagramm betrachtet (vergl. Kapitel 3), dann können möglicherweise Abläufe gefunden werden, bei denen es wertvoll wäre, diese mit einem Sequenzdiagramm darzustellen.

Anordnung der Elemente

Die Lesbarkeit des Diagramms wird wesentlich erleichtert, wenn die Objekte mit den Lebenslinien und Nachrichten so angeordnet werden, dass das Diagramm von oben nach unten (wegen der Zeit) und von links nach rechts (wegen der Schachtelung der Aufrufe) analysiert werden kann.

Gebrauch der Steuerungsoperatoren

Machen Sie Gebrauch von den Steuerungsoperatoren, wenn der Ablauf kompliziert ist und Wiederholungen bzw. optionale oder parallele Ausführungen enthält, da das Modellierungselement – der Rahmen mit dem Tag – in dem Sequenzdiagramm sehr gut zu erkennen ist. Dadurch kann dem Betrachter die Struktur des Ablaufs schon auf den ersten Blick verdeutlicht werden.

Für die korrekte Darstellung der Abläufe ist es stets richtig, zwischen den Aufruf- und Antwortnachrichten zu unterscheiden. Jedoch ist es nicht nur die graphische Notation, die die beiden auseinander halten soll. Auch können die Bezeichnungen so gewählt werden, dass die Aufrufnachricht etwas vom Empfänger zu Forderndes ausdrücklich enthält. Die Antwortnachricht dagegen übermittelt nur eine Information an den Empfänger. Welche Erkenntnis er daraus zieht, ist „seine Sache".

Erstellen und Zerstören des Objektes

In diesem Kapitel wurden andere spezielle Arten der Nachrichten wie z.B. zum Erstellen bzw. zum Zerstören des Objektes nicht näher vorgestellt. Die erste Nachricht findet Verwendung, wenn im Ablauf ein neues Objekt benötigt wird. Die zweite kommt zum Einsatz, wenn das entsprechende Objekt nicht mehr am Ablauf teilnimmt. Die beiden Arten können für gewisse Modellierungen gut gebraucht werden.

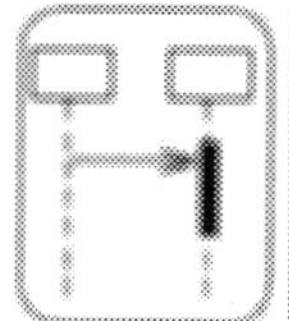

Testfragen

1. Welches der folgenden Diagramme gehört der Gruppe der Interaktionsdiagramme an?

A Kollaborationsdiagramm
B Kommunikationsdiagramm
C Sequenzdiagramm
D Aktivitätsdiagramm

2. Welches der Merkmale enthält eine Nachricht nicht?

A Multiplizität
B Richtung
C Sender
D Empfänger

3. Die Länge der Lebenslinie eines Objekts im Sequenzdiagramm …

A drückt aus, welche relative Priorität dem Objekt zugeordnet wurde
B drückt aus, wie lange sich das Objekt am Szenario beteiligt
C drückt aus, wie lange sich das Objekt aktiv am Szenario beteiligt
D ist nicht proportional zum Zeitraum der Aktivität des Objektes

4. Wo wird ein Steuerungsfokus im Sequenzdiagramm gezeichnet?

A Neben der Lebenslinie
B An der Lebenslinie
C Zwischen zwei Lebenslinien
D Unter dem Objekt

5. Bei welcher Art der Nachricht wartet das sendende Objekt auf die Reaktion des Empfängers?

A Antwortnachricht
B Gerichtete Nachricht
C Synchrone Nachricht
D Asynchrone Nachricht

6. Welcher dieser Pfeile wird nicht zur Modellierung von Nachrichten verwendet?

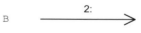

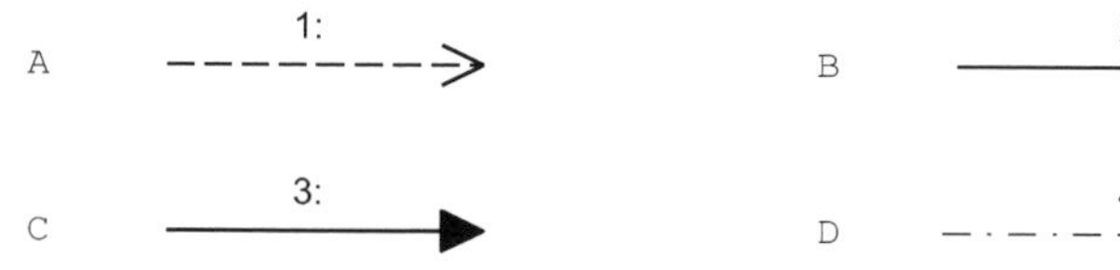

7. Wie verläuft die unsichtbare Zeitachse im Sequenzdiagramm?

A Von rechts nach links

B Von links nach rechts

C Von oben nach unten

D Von unten nach oben

8. Wofür wird ein Steuerungsoperator im Sequenzdiagramm verwendet?

A Um zwei Nachrichten zu synchronisieren

B Um die Antwort auf die Aufrufnachricht abzuwarten

C Um die Nachrichten des Kunden zu modellieren

D Um komplexe Abläufe darstellen zu können

9. Wo wird ein Tag des Steuerungsoperatorrechtecks gezeichnet?

A Linke obere Ecke in einem kleinen Viereck

B Linke obere Ecke in einem kleinen Fünfeck

C Rechte obere Ecke in einem kleinen Viereck

D Rechte obere Ecke in einem kleinen Fünfeck

10. Wie kann die Schachtelung der Sequenzdiagramme verwirklicht werden?

A Durch den Steuerungsoperator mit `ref`-Tag

B Durch den Steuerungsoperator mit `sd`-Tag

C Durch einen Verweis in einer Anmerkung

D Durch eine Verbindung zum Objekt, das sich an dem anderen Sequenzdiagramm beteiligt

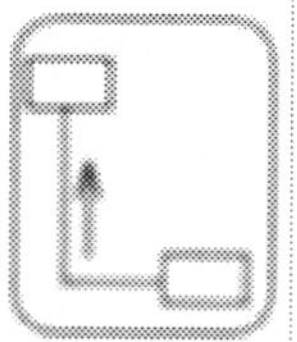

11 Kommunikationsdiagramme

11.1 Verwendungszweck

Ein Kommunikationsdiagramm ist der zweite Typ der Interaktionsdiagramme, zu denen auch die Sequenzdiagramme aus dem vorangegangen Kapitel zählen. Mit einem Kommunikationsdiagramm lassen sich die gleichen Interaktionen wie bei einem Sequenzdiagramm modellieren, jedoch aus einem anderen Blickwinkel. Wie bei einem Sequenzdiagramm finden die Interaktionen zwischen den Objekten statt. Das Hauptinteresse bezieht sich aber nicht auf die zeitlichen Abfolgen, sondern auf die Kommunikationswege.

Topologie

Das Kommunikationsdiagramm zeigt die Verbindungen zwischen den Objekten. Mit Hilfe dieser Wege werden die Nachrichten ausgetauscht. Der entstandene Graph von Objekten (Graphknoten) und Verbindungen (Graphkanten) stellt die Informationsaustauschtopologie des Systems dar. Durch die Darstellung der Kommunikationswege erhält der Betrachter die Einsicht, woher die Objekte ihre Informationen beziehen und wohin diese geschickt werden.

Des Weiteren ist es von Interesse, welche Nachrichten hin und her fließen. Dies aber bleibt im Hintergrund. Es kann auch auf die Sequenzierung der Nachrichten hingewiesen werden, indem eine Nummerierung der Nachrichten vorgenommen wird. Um Verschachtelung der Nachrichten zu verdeutlichen, wird oft eine Dezimalnummerierung, die sog. Dezimalklassifikation von Leibniz, verwendet.

Üblicherweise kann ein Kommunikationsdiagramm in ein Sequenzdiagramm überführt werden und umgekehrt. Deshalb steht es im Ermessen des Modellierers, ob er ein Kommunikationsdiagramm oder ein Sequenzdiagramm oder sogar beide zur Darstellung der Interaktionen auswählt. Werden beide Diagrammtypen eingesetzt, dann kann auf die Darstellung bestimmter Sachverhalte verzichtet werden, die schon besser auf dem anderen Diagramm zum Ausdruck gebracht wurden.

11.2 Lebenslinie und Verbindung

Lebenslinie

Infolgedessen, dass ein Kommunikationsdiagramm und ein Sequenzdiagramm verwandt sind, hat das Modellierungselement Lebenslinie die gleiche Bedeutung, wie es in Kapitel 10.2 beschrieben ist. Da ein Kommunikationsdiagramm keinen zeitlichen Ablauf darstellt, wird auf die eigentliche Lebenslinie in Form des gestrichelten Striches bei der graphischen Notation im Kommunikationsdiagramm verzichtet. Somit ist nur ein Rechteck mit dem Objektnamen geblieben, was leider verwirrend sein kann und nicht zur Klarheit beiträgt.

Wenn zwei Objekte interagieren, dann findet zwischen ihnen Kommunikation statt, wofür eine Verbindung nötig ist.

Verbindung

Eine Verbindung zwischen Objekten ist der Ausdruck des möglichen Nachrichtenaustausches zwischen den Objekten.

Um die Kommunikation innerhalb des Objekts bzw. zwischen den Objekten der gleichen Art zu modellieren, kann eine (reflexive) Verbindung zum selben Objekt verwendet werden.

Notation

Der graphische Ausdruck der Verbindung wird durch eine Linie zwischen den Objekten umgesetzt, die mit einem Namen beschriftet werden kann. In der Abbildung 11-1 werden zwei Verbindungen dargestellt. Die erste ist zwischen der `Reederei` und dem `Schiffskapitän` aufgebaut und wird `Fax` benannt. Die zweite Verbindung existiert zwischen den Abteilungen einer `Reederei` und wird durch ein `Rechnernetzwerk` bewerkstelligt. Falls eine Verbindung innerhalb des gleichen Objektes besteht, so wird sie durch eine Schleife modelliert.

11.3 Nachricht

Die Semantik einer Nachricht in einem Kommunikationsdiagramm und einem Sequenzdiagramm ist gleich. Deshalb wird an dieser Stelle auf das Kapitel 10.2 verwiesen.

Notation

Die graphische Darstellung der Nachricht entspricht der Form des Pfeils des Sequenzdiagramms. Jedoch besteht ein großer Unterschied bezüglich der Anordnung des Pfeils. Im Sequenzdiagramm wird der Pfeil von einer Lebenslinie zur anderen Lebenslinie geführt. Dagegen wird in einem Kommunikationsdiagramm ein kleiner Pfeil neben die Verbindungslinie gezeichnet. Mit der Pfeilspitze wird die Richtung der Nachrichtenweitergabe gezeigt. An einer Verbindung können mehrere Nachrichten angebracht werden, die in unterschiedlichen Richtungen verlaufen können.

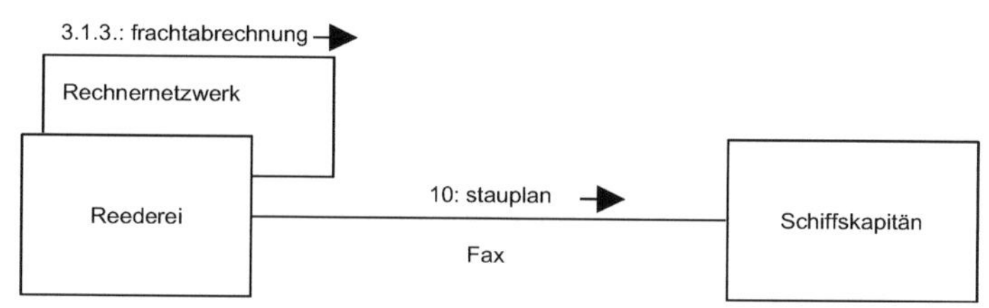

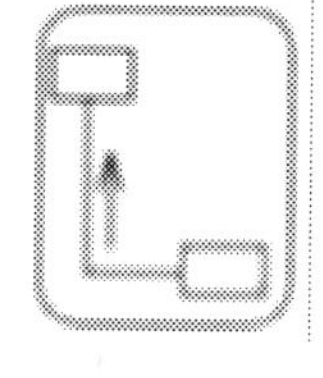

Abbildung 11-1: Verbindungen und Nachrichten im Kommunikationsdiagramm

In der Abbildung 11-1 kann die Nachricht `stauplan`, die die **`Reederei`** an den **`Schiffskapitän`** sendet, betrachtet werden. Die Nachricht `frachtabrechnung` wird zwischen den Abteilungen innerhalb der **`Reederei`** herumgeschickt, um beispielsweise verschiedene Kostenstellen der Fracht zu ermitteln.

In einem Sequenzdiagramm wird in der Regel auf die Durchnummerierung der Nachrichten verzichtet, weil der Ablauf von oben nach unten verständlich ist. In einem Kommunikationsdiagramm ist die mutmaßliche Folge der Nachrichten nicht offensichtlich. Deshalb kann jeder Nachricht eine Nummer vorangestellt werden, die auf die Reihenfolge schließen lässt. Das kann eine fortlaufende oder verschachtelte dezimale Nummerierung sein.

11.4 Aufbau eines Kommunikationsdiagramms

In der Abbildung 11-2 wird die Organisation des Sammelgutverkehrs modelliert. Die Lebenslinien (Objekte) stellen die Beteiligten dar. Einige davon (**`Versender`**, **`Frachtführer`** und **`Empfänger`**) werden als Multiobjekte gezeigt, um auf die Vielzahl dieser Objekte hinzuweisen. Die Aufrufnachrichten fordern bestimmte Leistungen auf (hier durch entsprechende Verträge). Für die Modellierung von Avis-Nachrichten wurden im Diagramm die Antwortnachrichten gewählt. In dem konkreten Fall zeigen sie jedoch keine direkten Reaktionen auf die Aufrufe, eher indirekte. Beispielsweise schließt der **`Versandspediteur`** einen `frachtvertrag` mit einem **`Frachtführer`** ab. Die, von dem **`Frachtführer`** gesendete, `avisierung` wird an den **`Empfangsspediteur`**, hier als eine Art Bestätigung des erfolgten Transportes, modelliert. Die endgültige Bestätigung der Durchführung der Warenlieferung stellt die Nachricht `ware erhalten` dar.

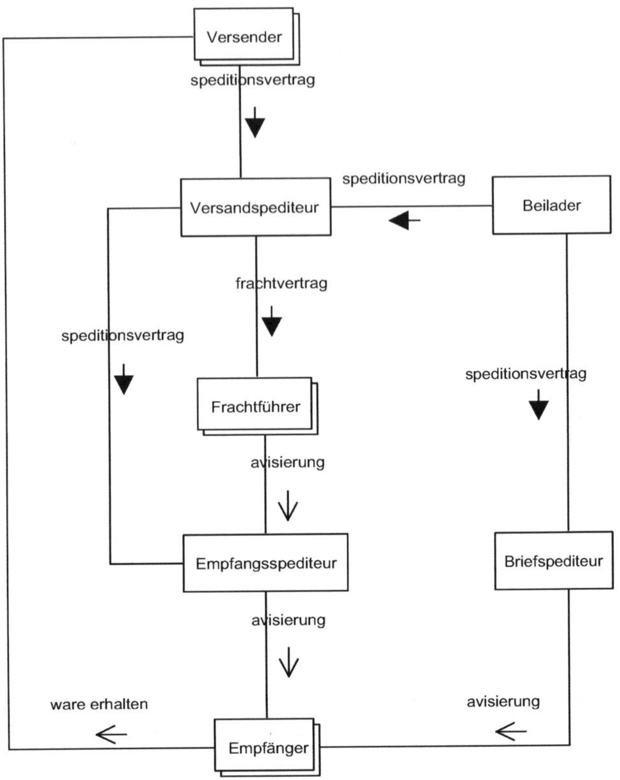

Abbildung 11-2: Kommunikationsdiagramm – Sammelgutverkehr (in Anlehnung an [30])

11.5 Hinweise zur Modellierung mit Kommunikationsdiagrammen

Mit dem Kommunikationsdiagramm wird der andere Aspekt der Interaktionen der Objekte im System modelliert als im Falle des Sequenzdiagramms. Hierbei handelt es sich um die Darstellung der Nachrichtenflüsse aus der Sicht der Organisation der Objekte. Die Modellierung eines Steuerungsflusses mit Hilfe eines Kommunikationsdiagramms hebt die strukturellen Beziehungen zwischen den Instanzen und ihren Interaktionen hervor [3].

Es wird an dieser Stelle darauf hingewiesen, dass durch eine entsprechende Nummerierung der Nachrichten eine semantische Äquivalenz der beiden Interaktionsdiagramme gewährleistet wird. Aus diesem Grunde wird auf weitere Tipps verzichtet und auf Kapitel 10.6 verwiesen.

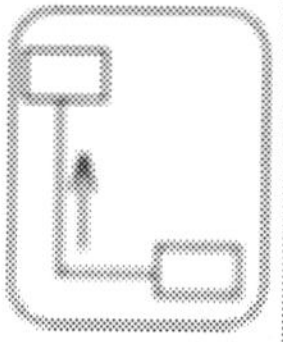

Testfragen

1. Welcher Aspekt des Systems steht bei der Modellierung mit einem Kommunikationsdiagramm im Vordergrund?

A Signaturen der Nachrichten
B Reihenfolge der Nachrichten
C Netzwerk der Kommunikationswege
D Wechselwirkungen der Objekte

2. Mit welchem Diagramm kann der gleiche Sachverhalt wie dem eines Kommunikationsdiagramms dargestellt werden?

A Sequenzdiagramm
B Aktivitätsdiagramm
C Zustandsautomat
D Zeitdiagramm

3. Wie kann ein Kommunikationsweg zwischen den Objekten verlaufen?

A Zum selben Objekt
B Zwischen zwei Objekten richtungslos
C Zwischen zwei Objekten gerichtet
D Von einem Objekt gesplittet zu mehreren Objekten

4. Wie wird die Reihenfolge der Nachrichten in einem Kommunikationsdiagramm dargestellt?

A Durch die unterschiedlichen Spitzen der Pfeile
B Durch die relative Länge der Pfeile
C Von oben nach unten
D Durch Nummerierung

5. Welche Notation wird verwendet, um eine Vielzahl der gleichen Objekte in einem Kommunikationsdiagramm zu modellieren?

A Rechteck mit weißem Schatten
B Quader
C Zwei Rechtecke aufeinander und leicht versetzt
D Stern in der oberen rechten Ecke des Rechtecks

Teil 2

Die Vertiefung

12 Weitere Modellierungselemente

12.1 Einführung

In den Kapiteln des ersten Teils wurden die am häufigsten verwendeten UML-Diagramme vorgestellt. Verwendung können auch seltener eingesetzte bzw. nur für besondere Zwecke vorgesehene Diagramme finden. Diese werden hier vollständigkeitshalber vorgestellt. Es handelt sich aber nur um eine verkürzte Vorstellung.

Nach den bisherigen Kapiteln sollte der Leser den Eindruck vermittelt bekommen haben, wie mit den UML-Diagrammen umgegangen wird und wie sie bei der Modellierung der Systeme eingesetzt werden können. Die Modellierungselemente aus den Kapiteln 2 – 11 sind die meist verwendeten. Sofern diese bekannt sind und richtig verstanden werden, wurden Fähigkeiten erlangt, die der Gestaltung des Inhalts eines Diagramms dienen bzw. dieses wahrnehmen zu können. In vielen Fällen werden die in den vorangegangenen Kapiteln vorgestellten Modellierungselemente ausreichen. Sie schöpfen jedoch die Vielfalt aller UML-Elemente nicht aus.

In dieser Restmenge sind einige seltener verwendete Modellierungselemente, die nicht vorenthalten werden dürfen. Sie werden in den folgenden Kapiteln dargestellt. Die Vorstellung wird aber eher einen enzyklopädischen Charakter haben, ohne Veranschaulichung durch große Diagramme. Falls detaillierte Kenntnisse nötig sein sollten, wird auf zahlreiche Fachbücher zum Thema UML oder auf die offizielle Spezifikation der Sprache verwiesen.

12.2 Nutzfalldiagramme – Erweiterung

Es werden, zusätzlich zu den in Kapitel 2 dargestellten, folgende Modellierungselemente eingeführt

- Generalisierung,
- Kollaboration.

12.2.1 Generalisierung

Das Konzept der Generalisierung wurde in Bezug auf Klassen im Abschnitt 3.3.2 vorgestellt. Der Sinn der Generalisierung in einem

Nutzfalldiagramm sollte dem einer Generalisierung zwischen den Klassen entsprechend verstanden werden. Die Betrachtung der Generalisierung im Nutzfalldiagramm kann zwischen den Akteuren bzw. zwischen den Nutzfällen gleichermaßen ausgeübt werden. In beiden Fällen bedeutet dies, dass das untergeordnete Element die Struktur und das Verhalten des übergeordneten Elements übernimmt und dieses um weitere Eigenschaften erweitert werden kann.

Die graphische Notation der Generalisierung im Nutzfalldiagramm entspricht der Notation, die für die Klassen Verwendung findet. In der Abbildung 12-1 sind die Akteure **Fahrer** und **Disponent** als untergeordnete Akteure des Akteurs **Mitarbeiter** modelliert. Die Nutzfälle `Fahrerverwaltung` und `Disponentenverwaltung` erben ihr Verhalten von dem Nutzfall `Personalverwaltung` und erweitern es um spezifische Funktionalitäten in Bezug auf **Fahrer** bzw. **Disponent**.

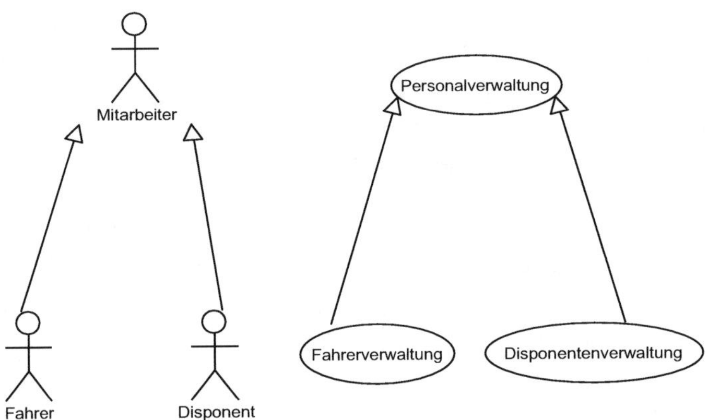

Abbildung 12-1: Generalisierung im Nutzfalldiagramm

12.2.2 Kollaboration

In Kapitel 2 wurde ein Nutzfall als eine Folge der Aktionen definiert, die ein bestimmtes Resultat liefert. Bei dieser Wahrnehmung wird abstrahiert, welche strukturellen Elemente des Systems die darin enthaltenen Aktionen durchführen. Manchmal jedoch kann das Betrachten der Aktionen und Strukturelemente als eine Gesamtheit für ein besseres Verständnis sorgen.

Kollaboration

Eine Kollaboration vertritt eine Struktur der zusammenwirkenden Elemente, die einzeln bestimmte Aktionen durchführen und im Zusammenspiel eine gemeinsame Funktionalität zur Verfügung stellen.

Die Struktur- und Verhaltenselemente, die eine Kollaboration zusammenstellen, können bereits in anderen entsprechenden Diagrammen modelliert werden (z.B. in Klassen-, Komponenten-, Aktivitäts-, Sequenzdiagrammen, usw.). Das Zusammenbringen dieser Elemente in einer Kollaboration dient einer besseren Erläuterung der Funktionalität des Systems. Deshalb werden alle Aspekte, die dieser Erläuterung im Wege stehen könnten, vernachlässigt. Das verbindende Augenmerk einer Kollaboration ist die Erfüllung einer gemeinsamen Aufgabe. Es werden nur diese Operationen und Assoziationen hervorgehoben, die zu dieser Aufgabe beitragen. Aus diesem Grunde kann sich ein bestimmtes Modellierungselement an vielen Kollaborationen beteiligen und sich mit einem (möglicherweise anderen) Teil seiner Struktur bzw. seinem Verhalten einbringen.

Notation

Eine Kollaboration wird als eine Ellipse mit gestrichelten Linien dargestellt. Die Ellipse enthält den Namen der Kollaboration und optional ihre interne Struktur mit den Beziehungen. Ein Beispiel zeigt die Abbildung 12-2. An der Kollaboration **Cross-Docking** beteiligen sich die Klassen **Wareneingang** und **Warenausgang**, die zueinander die Beziehung wird_umgelagert pflegen.

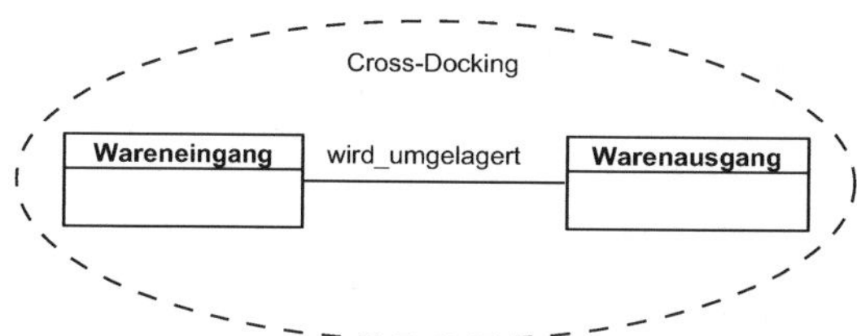

Abbildung 12-2: Kollaboration

Die Kollaboration aus der Abbildung 12-2 kann in einem Nutzfalldiagramm **Lagerwesen** eingesetzt werden, was in der Abbildung 12-3 dargestellt wird. Zwischen der Kollaboration Cross-Docking und dem Nutzfall Umlagern besteht die Beziehung einer Realisierung, die durch einen gestrichelten Pfeil mit geschlossener, nicht gefüllter Spitze dargestellt wird. Die begleitenden Nutzfälle Warenannahme, Warenausgabe und Lagerung wurden dem Nutzfalldiagramm **Lagerwesen** nur „stichwortartig" zur Vervollständigung des Diagramms hinzugefügt.

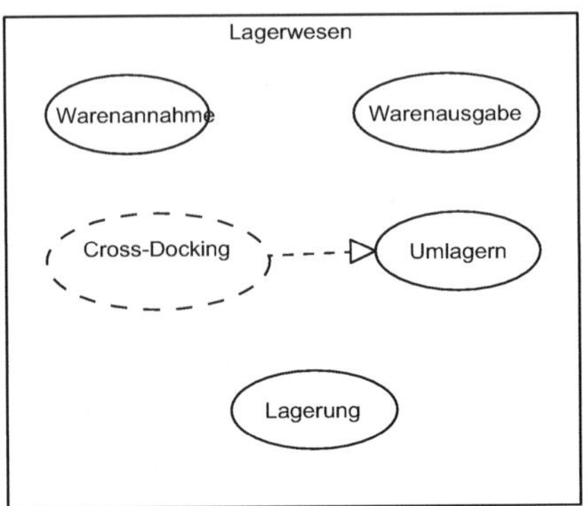

Abbildung 12-3: Nutzfalldiagramm mit einer Kollaboration

12.3 Klassendiagramme – Erweiterung

Die Klassendiagramme wurden ausführlich in Kapitel 4 vorgestellt. Es blieben jedoch einige Begriffe bzw. Modellierungselemente außer Acht. Die werden im Folgenden vorgestellt:

- abstrakte Klasse,
- abstrakte Operation,
- Zusicherung,
- abgeleitetes Attribut und Klassenattribut,
- Verantwortlichkeit,
- Qualifizierte Assoziation,
- Abhängigkeit,
- Signatur der Operation.

12.3.1 Abstrakte Klasse

Im Abschnitt 3.3.2 wurde die Generalisierung eingeführt, die eine Vererbungshierarchie der Attribute und Operationen zwischen den Klassen modellieren lässt. Fallweise kann es sein, dass die Oberklasse keinem realen Objekt entspricht. Sie wird eingeführt, um die gemeinsamen Attribute und Operationen der Unterklassen zu beherbergen.

Abstrakte Klasse

Eine abstrakte Klasse ist eine Klasse, die nicht direkt instanziiert werden darf.

Der Grund, warum die abstrakte Klasse nicht instanziiert wird, liegt darin, dass meist diese Klasse, in Anbetracht der realen Objekte, als nicht vollständig gilt. Sie übernimmt aber viele gemeinsame Eigenschaften der Unterklassen, wodurch die letzten „schlanker" definiert werden können.

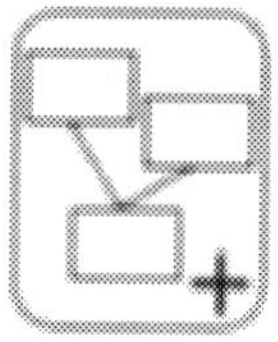

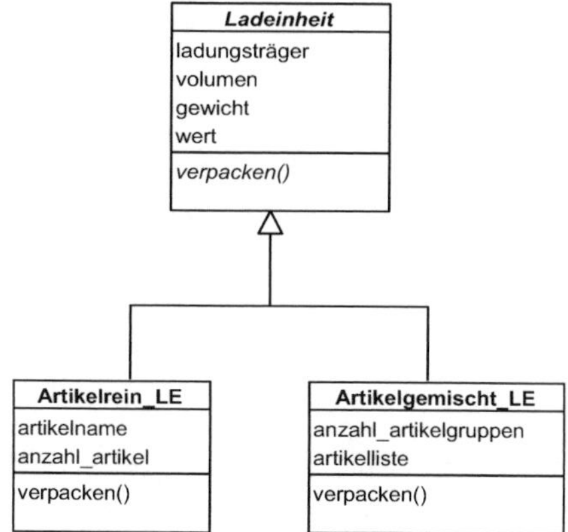

Abbildung 12-4: Abstrakte Klasse

Notation

Der Name einer abstrakten Klasse wird kursiv geschrieben. In der Abbildung 12-4 heißt die abstrakte Klasse *Ladeeinheit*. Ihre Unterklassen heißen `Artikelreine_LE` und `Artikelgemischte_LE`. Die Klasse *Ladeeinheit* beinhaltet einige gemeinsame Eigenschaften der beiden Unterklassen Eine Ladeeinheit ist entweder artikelrein oder artikelgemischt. Deshalb wird nur eine der beiden instanziiert. Aus der Klasse *Ladeeinheit* wird dagegen kein Objekt instanziiert.

12.3.2 Abstrakte Operation

Eine abstrakte Operation befindet sich in einer abstrakten Klasse, also in einer Klasse, die üblicherweise eine Oberklasse ist.

Abstrakte Operation

Eine abstrakte Operation besitzt keine Implementierung.

Eine abstrakte Operation gibt lediglich den Namen und gegebenenfalls Parameter sowie Rückgabewerte an. Es wird nicht gesagt, wie solch eine Operation durchzuführen ist. Sie wird erst in den Unterklassen spezifiziert. In der Abbildung 12-4 wird die Operation *verpacken* in der abstrakten Klasse *Ladeinheit* deklariert, aber tatsächlich erst in den beiden Unterklassen `Artikelreine_LE` und `Artikelgemischte_LE` implementiert.

Notation

Der Name einer abstrakten Operation wird kursiv geschrieben (vergl. Abbildung 12-4).

12.3.3 Zusicherung

Um eine Integrität bzw. den Geltungsbereich des Modells zu gewährleisten, können bestimmte Bedingungen formuliert werden, die die Modellierungselemente zueinander in Beziehung stellen. Beispielsweise kann die zulässige Wertemenge eines Attributes festgelegt werden.

In der Abbildung 3-19 kommt die Klasse `Lagerbereich` mit dem Attribut `gefahrgutklasse` vor. Grundsätzlich ist es denkbar, dass in einem in Betracht kommenden System nur bestimmte Gefahrgutklassen zugelassen werden, z. B. die Klassen 2, 3, 4, 6, 8 und 9. Dieser Sachverhalt könnte durch eine Enumeration angegeben werden:

```
Gefahrgutklasse : {2, 3, 4, 6, 8, 9}
```

In dem gleichen Klassendiagramm kommt eine Klasse `Wareneingang` vor. Diese Klasse verfügt über ein Attribut `toranzahl`. Falls die Anzahl der Tore in einem Intervall [1, 20] liegt, lässt sich das wie folgt ausdrücken:

```
{1 <= toranzahl <= 20}
```

Zusicherung

Eine Zusicherung ist ein in einer natürlichen oder formalen Sprache, formulierter Ausdruck, um die Einschränkung des Modellelements zu definieren. Die Einschränkung muss stets erfüllt werden.

Diese Definition ist in dem Sinne allgemein, dass nicht nur Attribute gemeint sind. Für praktisch jedes Modellierungselement könnte nach Bedarf eine Zusicherung festgelegt werden. Es können z.B. Vor- oder Nachbedingungen für die Nachrichten bzw. Operationen definiert werden, zeitliche Forderungen gestellt oder bestimmte Ordnungen gefordert werden. Betrachten wir nun folgende Operation:

```
umlagern (quelle, ziel)
```

wobei vom Ort `quelle` in den Ort `ziel` umgelagert werden soll. `quelle` sowie `ziel` sind die Parameter der Operation. Eine beispielhafte Vorbedingung kann wie folgt formuliert werden:

```
{(quelle = not leer) and (ziel = leer)}
```

Dagegen kann die Nachbedingung für die gleiche Operation wie folgt lauten:

```
{(quelle = leer) and (ziel = not leer)}
```

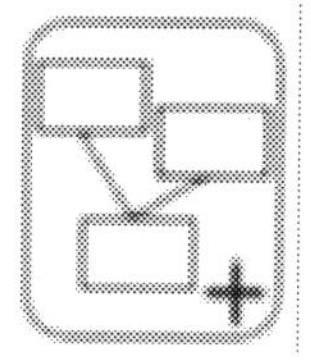

Notation

Eine Zusicherung kann einen Namen besitzen und muss in den geschweiften „{ }“ Klammern eingeschlossen sein. Das Format sieht wie folgt aus:

```
<Zusicherungsname> : {Ausdruck}
```

Beispiel:

```
Max_Geschwindigkeit : { Geschwindigkeit <= 90 km/h}
Auftragsordnung : { Anordnung nach LIFO }
```

Das letzte Beispiel zeigt, dass auch die natürliche Sprache durchaus bei der Definition der Zusicherung berechtigt ist. Es muss aber darauf geachtet werden, dass die Formulierung eindeutig ist.

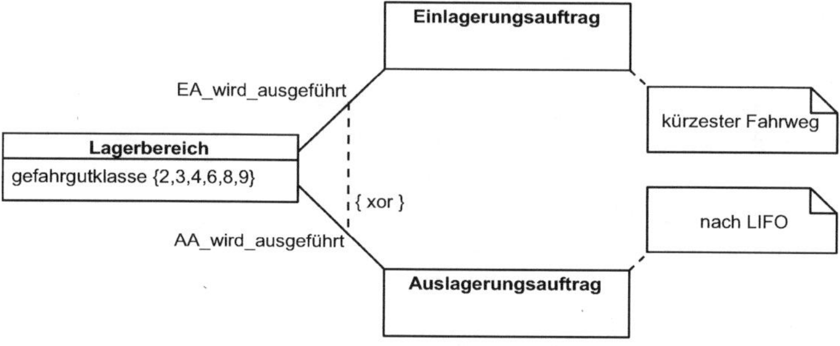

Abbildung 12-5: Zusicherungen

Die Abbildung 12-5 zeigt verschiedene graphische Formen der Zusicherungen. Die Zusicherung `{2, 3, 4, 6, 8, 9}` ist direkt an das Attribut `gefahrgutklasse` angeschlossen. Die Zusicherungen `{kürzester Fahrweg}` und `{nach LIFO}` sind in den Anmerkungen enthalten, die an die entsprechenden Klassen angeknüpft sind. Die Zusicherung `{ xor }` sagt aus, dass entweder ein Einlagerungs- oder ein Auslagerungsauftrag ausgeführt wird (nicht beide zugleich).

OCL

Der vollständige Standard der UML beinhaltet auch die Spezifikation einer textorientierten formalen Sprache OCL (*Object Constraint Language*). Diese Sprache kann verwendet werden, um den Modellierungselementen eine zusätzliche Semantik hinzuzufügen, die sich mit den graphischen Elementen nicht ausdrücken lässt. Ein Beispiel dafür sind komplexe Zusicherungen. Es wird im Buch keine OCL-Referenz gegeben und nur auf entsprechende Buchquellen (z.B. [33], [11]) oder die OMG Spezifikation [25] verwiesen.

12.3.4 Abgeleitetes Attribut und Klassenattribut

Aus den Ausführungen in Kapitel 3 geht hervor, dass sich die Objekte innerhalb einer Klasse dadurch voneinander unterscheiden, dass sie über differenzierte Attributwerte verfügen. Üblicherweise werden solche Werte bei der Instanziierung zugewiesen. Andererseits kann es unter den Attributen solche geben, deren Werte zunächst berechnet und erst danach zugewiesen werden können.

Abgeleitetes Attribut

Ein abgeleitetes Attribut ist ein Attribut, dessen Wert durch eine Zusicherungsformel berechnet wird.

Der Wert eines abgeleiteten Attributs sollte nur auf der Basis der objektinternen, anderen Attribute errechenbar sein. Dabei ist es offensichtlich, dass für ein abgeleitetes Attribut kein Initialwert eingegeben werden muss.

Notation

Dem Namen eines abgeleiteten Attributs wird ein Schrägstrich „/" vorangestellt. In der Abbildung 12-6 wird der Zeitraum, in dem der Artikel noch gelagert werden darf, durch die Zusicherung { `MHD - heute` } berechnet und dem Attribut `kann_gelagert` zugewiesen (`MHD` steht für Mindesthaltbarkeitsdatum).

Artikel
artikelnummer MHD / kann_gelagert : Artikel {MHD - heute} <u>-letzte_Artikelnummer</u>

Abbildung 12-6: Abgeleitetes Attribut und Klassenattribut

Klassenattribut

Eine Besonderheit unter den Attributen stellt ein Klassenattribut dar.

Ein Klassenattribut spezifiziert die Klasse selber (d.h. keines der Objekte der Klasse)

Diese Art des Attributs wird eingesetzt, um die Verwaltung der ganzen Klassen gewährleisten zu können, d.h. ein Klassenattribut stellt nicht die Eigenschaft eines einzelnen Objekts dar, sondern der Klasse, zu der dieses Objekt gehört. Alle Objekte der Klasse dürfen auf dieses Attribut zugreifen.

Notation

Der Name des Klassenattributs wird unterstrichen. In der Abbildung 12-6 kommt in der Klasse **`Artikel`** ein Klassenattribut <u>`letzte Artikelnummer`</u> vor. Solch ein Attribut wird benötigt, um beispielsweise einem neuen Artikel in der Datenbank die nächste ein-

deutige Nummer zuweisen zu können. Ein „-"-Zeichen wurde dem Namen vorangestellt, um zu zeigen, dass die Attributsichtbarkeit als *private* definiert ist. Ein weiteres Beispiel für ein Klassenattribut könnte `artikelanzahl` sein.

12.3.5 Verantwortlichkeit

Damit die Rolle der Klasse in einem Klassendiagramm einfacher zu erkennen ist, kann das Rechteck der Klasse um eine vierte Abteilung erweitert werden, indem ihre Verantwortlichkeit angeben wird.

Verantwortlichkeit

Eine Verantwortlichkeit ist eine Verpflichtung der Klasse, um bestimmte Aufgaben durchzuführen.

Ausfuhrzollstelle
leiter adresse telefon
genehmigung_Ausfuhr() weiterleitung_Ausganszollstelle()
- nimmt die Dokumente entgegen - entscheidet über die Ausfuhr

Strichcode
- kodiert eine Ziffernfolge - ermöglicht automatische Erkenung - die letzte Ziffer ist die Prüfziffer

Abbildung 12-7: Verantwortlichkeiten

Es kann vorkommen, dass die Aufgabenverteilung im Klassendiagramm unklar ist, auch wenn alle Attribute und Operationen der Klassen bekannt sind. Der Grund dafür ist, dass die Namen der Attribute und Operationen eher abgekürzt vereinbart werden. Die Verantwortlichkeit dagegen kann als freier Text formuliert werden und nimmt die Form eines Satzes oder kurzen Abschnitts an.

Die zweite Rechtfertigung für eine Verantwortlichkeit liefert die Anfangsphase der Klassenmodellierung, in der vorerst von den Attributen und Operationen abstrahiert werden darf. Um aber die Aufgabe der Klasse festzuhalten, können zu Beginn ihre Verantwortlichkeiten definiert werden. Diese werden in einem Verfeinerungsprozess in Attribute und Operationen umgewandelt.

Notation

Die Verantwortlichkeiten werden in einem eigenen Bereich unter dem Klassenrechteck dargestellt. In der Abbildung 12-7 wird die Klasse `Ausfuhrzollstelle` mit den entsprechenden Attributen und Operationen aufgezeigt. Darunter wurden die Verantwortlichkeiten „`nimmt die Dokumente entgegen`" und „`entscheidet über die Aus-`

fuhr" untergebracht. Die Klasse Strichcode hat weder Attribute noch Operationen (die entsprechenden Bereiche sind leer), wobei bereits die Aufgaben und eine Eigenschaft angegeben sind.

12.3.6 Qualifizierte Assoziation

Im Abschnitt 3.3.2 wurde die Multiplizität der Assoziation besprochen. Sie bestimmt die Mengen der Objekte, die an den beiden Enden der Assoziation in der Beziehung gelten. Meist sind diese Mengen jedoch unendlich (z.B. die Multiplizität „*"), dadurch ist es schwer erkennbar, wie die Objekte zueinander stehen.

Qualifizierte Assoziation

Eine qualifizierte Assoziation referenziert an einem Ende der Assoziation eine Untermenge der Objekte (meistens ein einziges Objekt).

Üblicherweise wird durch die qualifizierte Assoziation die Multiplizität an dem gegenüberliegenden Ende der Assoziation reduziert, und für die Qualifizierung wird ein Attribut der Klasse verwendet.

Notation

Das Qualifizierungsattribut wird in einem Rechteck an der Seite der Klasse angesetzt, die über den Qualifizierer auf die andere Klasse zugreift. Die Abbildung 12-8 zeigt, wie eine übliche Assoziation in eine qualifizierte Beziehung umgewandelt wird. Retourware kann an vielen Servicepunkt -en repariert werden. Ein Servicepunkt kann mit der Reparatur von vielen Retourware-n beauftragt werden. Diese Situation modelliert der obere Teil der Abbildung 12-8. Im unteren Teil wurde der Qualifizierer reklamationsnummer eingesetzt, um zu zeigen, wie der Servicepunkt erfahren kann, welche Retourware ihm zur Reparatur zugeteilt wird.

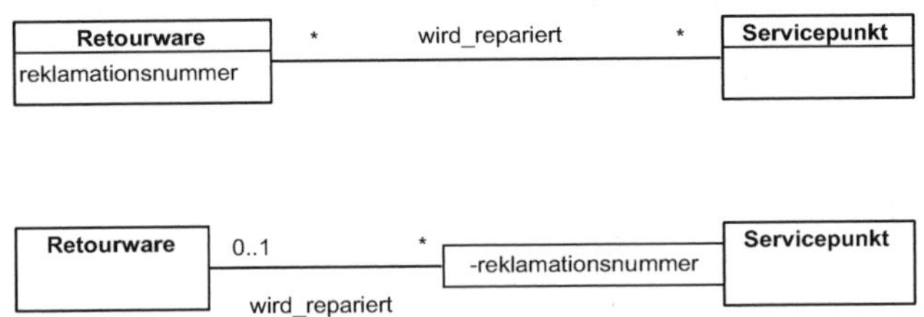

Abbildung 12-8: Qualifizierte Assoziation

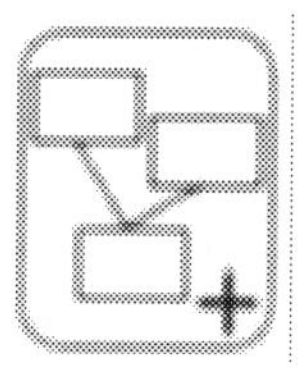

12.3.7 Abhängigkeit

Wie es in Kapitel 3.3.1 bei der Einführung des Begriffs Abhängigkeit angekündigt wurde, werden nun einige weitere Standardstereotypen für die Beziehungen vorgestellt. Mit Hilfe dieser kann die Art der Beziehung zwischen einem Quellelement und einem Zielelement subtiler spezifiziert werden. Der Pfeil geht immer von der Quelle zum Ziel (vergl. Abbildung 3-8). Die Stereotypen werden alphabetisch eingeführt, ohne Rücksicht auf Häufigkeit bzw. Wichtigkeit des Einsatzes.

- *«call»*– eine Beziehung zwischen den Operationen: die Quelloperation ruft die Zieloperation auf. Sie kann auch auf der Klassenebene eingesetzt werden.
- *«create»* – eine Klasse erzeugt die Objekte einer anderen Klasse.
- *«derive»* – ein Element leitet sich (wird z.B. errechnet) von einem anderen Element ab.
- *«instantiate»* – ein Element erzeugt das andere Element (für Klassen setzt man *«create»* ein).
- *«permit»* – ein Element darf private Attribute des anderen Elements verwenden.
- *«realize»* – ein Element implementiert das andere Element.
- *«refine»* – ein Element befindet sich auf einer feineren Abstraktionsebene als das andere Element.
- *«trace»* – ein Element verweist auf eine semantische Abhängigkeit zu dem anderen Element.

12.3.8 Signatur der Operation

Es wird auf das Unterkapitel 12.6.1 verwiesen, in dem die Signatur einer Nachricht besprochen wird. In beiden Fällen ist die Notation die gleiche.

12.4 Aktivitätsdiagramme – Erweiterung

Die Aktivitätsdiagramme wurden in Kapitel 8 vorgestellt. Dabei wurden einige Modellierungselemente, die in besonderen Systemen vorkommen, nicht betrachtet. Es handelt sich um

- Signale,
- Unterbrechungsbereich,
- Mengenverarbeitungsbereich.

12.4.1 Signal empfangen

Der Fluss der Aktionen, der in Kapitel 8 betrachtet wurde, kann durch das Einwirken von beteiligten Objekten beeinflusst werden. So ein Ereignis muss in der Aktivität wahrgenommen werden. Dafür ist eine besondere Aktion des Signalempfanges vorgesehen.

Signal-empfänger

Ein Signalempfänger ist eine Aktion, die durch Empfangen eines Ereignisses den Beginn bzw. die Fortführung der Abarbeitung ermöglicht.

Erreicht der Ablauf einen Signalempfänger, dann bleibt der Token solange in der Aktion gefangen, bis das erwartete Ereignis eintrifft. Falls der Signalempfänger am Beginn eines Flusses modelliert wird, wird er erst gestartet, sobald die Aktivität initiiert wird.

Notation

Ein Signalempfänger wird als ein konkaves Fünfeck mit dem Namen des Signals dargestellt. In der Abbildung 12-9 werden zwei Beispiele gezeigt: links befindet sich ein Signalempfänger in einem Fluss; rechts beginnt der Fluss mit dem Signalempfänger.

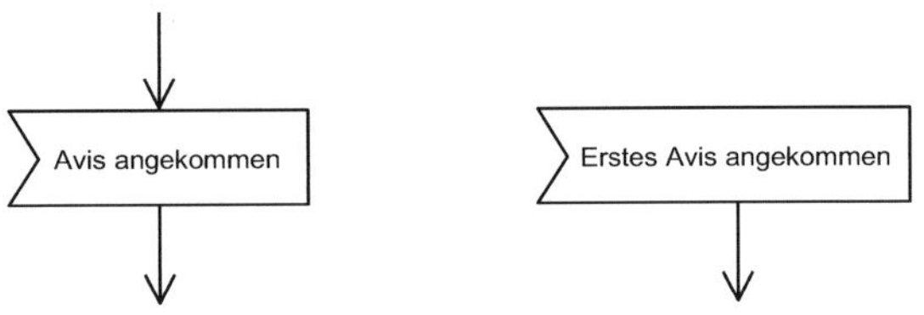

Abbildung 12-9: Signalempfänger

12.4.2 Signal senden

Das Gegenstück zum Signalempfänger ist der Signalsender.

Signalsender

Ein Signalsender ist eine Aktion, die ein Signal an einen Signalempfänger sendet.

Sobald das Signal gesendet wird, gilt die Aktion als beendet und die Abarbeitung der übriggebliebenen Aktivität kann fortgesetzt werden.

Notation

Ein Signalsender wird als ein konvexes Fünfeck mit dem Namen des Signals dargestellt. In der Abbildung 12-10 wird beispielsweise ein Pickauftrag vom Lagerverwaltungssystem an einen Kommissionierer gesendet.

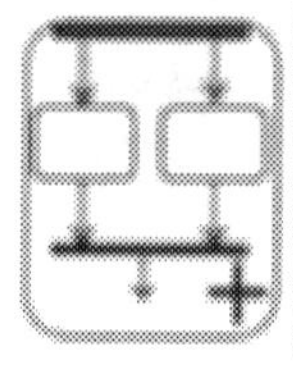

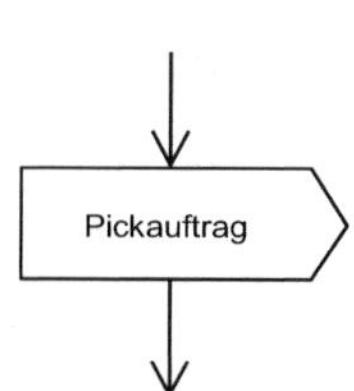

Abbildung 12-10: Signalsender

12.4.3 Zeitereignis

Bestimmte Ereignisse kommen regelmäßig vor, beispielsweise `jeden Tag um 12:00Uhr` oder `jeden Montag in der ungeraden Kalenderwoche`. Diese sollen eine entsprechende Bearbeitung initiieren. Dafür ist eine Zeitereignisaktion vorgesehen.

Zeitereignis

> Ein Zeitereignis startet einen Fluss zum angegebenen Zeitpunkt bzw. nach Ablauf eines Zeitintervalls.

Notation

Das Zeitereignis wird mit einer vereinfachten Eieruhr dargestellt. Das Beispiel dafür zeigt die Abbildung 12-11.

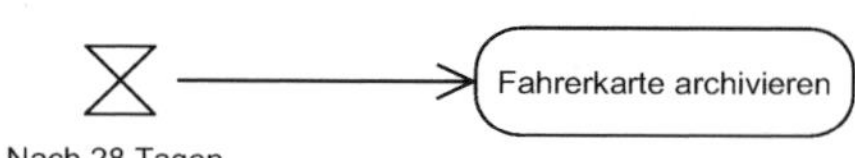

Abbildung 12-11: Zeitereignis

12.4.4 Unterbrechungsbereich

Bei der Modellierung einer Aktivität, außer bei dem normalen Ablauf, können Ausnahmen bzw. ungewöhnliche Ereignisse vorkommen, die eine besondere Abarbeitung benötigen. Das könnte beispielsweise der Druck auf den „Abbruch"-Knopf oder das Überschreiten der Rauchkonzentration im Lager sein, die eine Sprinkleranlage aktivieren soll. Der normale Ablauf, der auf diese Weise unterbrochen werden kann, wird mit einem Unterbrechungsbereich modelliert.

Unterbrechungsbereich

Ein Unterbrechungsbereich umschließt eine oder mehrere Aktionen, die nach dem Eintreffen eines Ereignisses verlassen werden.

Falls es zum Verlassen des Unterbrechungsbereichs kommt, werden sämtliche Abläufe innerhalb des Bereichs abgebrochen (alle Token gehen verloren). Der Ablauf wird über eine spezielle Kante fortgesetzt.

Notation

Der Unterbrechungsbereich wird durch ein abgerundetes, gestricheltes Rechteck dargestellt. Das Verlassen des Unterbrechungsbereiches symbolisiert ein Blitzpfeil. Die Symbole zeigt die Abbildung 12-12.

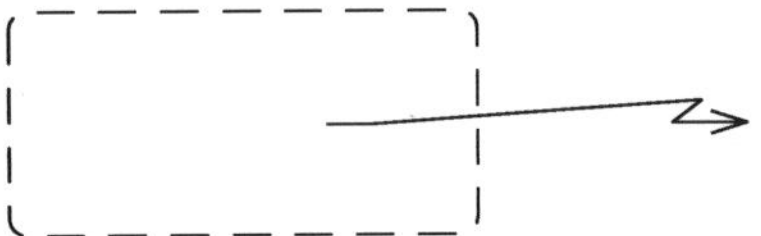

Abbildung 12-12: Unterbrechungsbereich

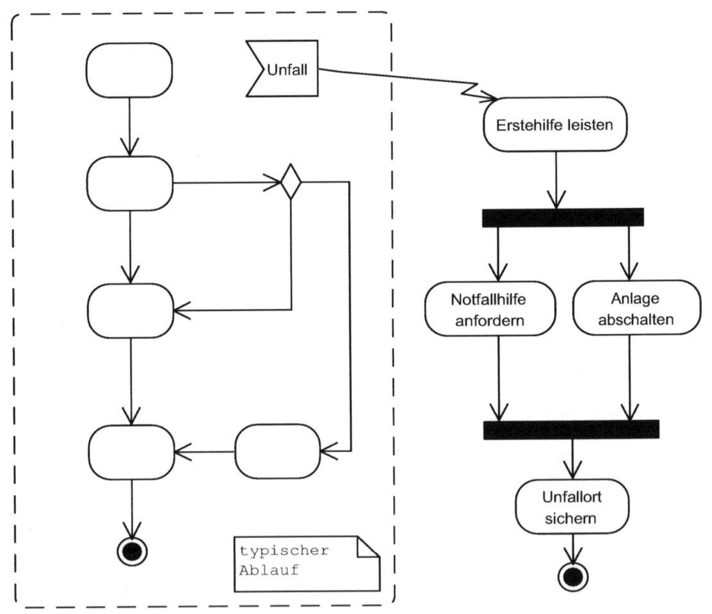

Abbildung 12-13: Unterbrechungsbereich im Einsatz

Ein Beispiel für die Verwendung eines Unterbrechungsbereichs zeigt die Abbildung 12-13. Der normale Ablauf auf der linken Seite wurde lediglich angedeutet.

12.4.5 Mengenverarbeitungsbereich

Bei der Durchführung von Prozessen treten Abläufe auf, in denen viele Objekte separat, aber auf die gleiche Art behandelt werden. Wird z.B. ein Container mit vielen Packstücken angeliefert, dann müssen diese ausgepackt, danach kontrolliert und palettiert werden, um schließlich gelagert zu werden. Diese Aktionen können sogar parallel durch eine Gruppe der Lagerarbeiter durchgeführt werden. Aus der Sicht der Aktivität `Lagerung` werden diese Teilaktionen als Ganzes verstanden. Diese Situation lässt sich mit einem Mengenverarbeitungsbereich modellieren.

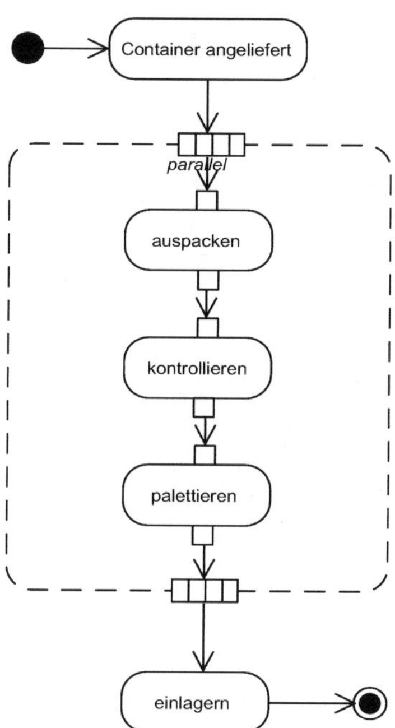

Abbildung 12-14: Mengenverarbeitungsbereich mit Eingabe- und Ausgabeobjektknoten (entsprechend oben und unten)

Mengenverarbeitungsbereich

Ein Mengenverarbeitungsbereich ist ein struktureller Aktivitätsbereich, in dem dieselben Aktionen mehrmals auf eine Menge von Objekten angewandt werden.

Notation

Ein Mengenverarbeitungsbereich ist durch eine gestrichelte Linie umrahmt und besitzt spezielle Eingabe- und Ausgabeobjektknoten. Diese werden durch eine Reihe kleiner Rechtecke dargestellt, um die angesprochene Zerlegung in kleinere Objekte zu symbolisieren. Das gestrichelte Rechteck des Mengenverarbeitungsbereiches kann zusätzlich mit einem Modus wie `parallel`, `iterative` oder `streaming` spezifiziert werden.

Die Abbildung 12-14 zeigt den oben als Beispiel angesprochenen Ablauf eines Wareneingangs.

12.5 Zustandsautomaten – Erweiterung

Auch bei der Besprechung des Zustandsautomaten wurden einige Elemente für die fortgeschrittene Betrachtung ausgelassen. Das betrifft u.a. folgende Elemente:

- Historienzustand,
- Signal,
- Terminator,
- Ein- und Austrittspunkt.

12.5.1 Historienzustand

In Kapitel 9.6 wurden der zusammengesetzte Zustand und der Unterzustand besprochen. Der Aufbau eines Zustandsautomaten ermöglicht das mehrmalige Wechseln zwischen den Zuständen außerhalb und den Zuständen innerhalb des Unterzustands eines Objekts. Die Übergänge der Zustände können recht abwechslungsreich verlaufen, d.h. prinzipiell müssen diese nicht immer den Unterzustand über den gleichen Zustand verlassen. In einigen Fällen wird jedoch gefordert, dass das nächste Betreten des Unterzustands gerade mit dem zuletzt Verlassenen begonnen wird.

Systeme mit Speicher

Das Konzept des Historienzustandes findet praktische Verwendung bei der Modellierung der Systeme mit einem Speicher. Der Mitarbeiter aus dem Lagerbereich möchte beispielsweise am Morgen des nächsten Tags, wenn er das Auftragsmanagementsystem startet, mit der Auftragsbearbeitung fortsetzen, die er am Tag zuvor nicht abgeschlossen hat. Bei der Einlagerung kann es vorkommen, dass der vorgeschriebene Lagerort für den nächsten Einlagerungsauftrag be-

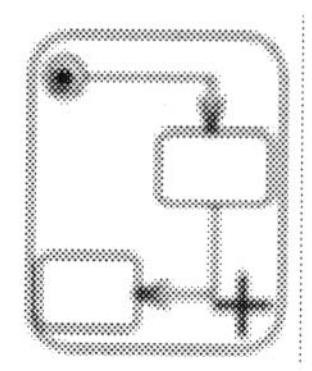

legt ist. Deshalb müssen einige Umlagerungen durchgeführt werden, um den Lagerort zu leeren. Danach kann mit einem zeitweilig abgestellten Einlagerungsauftrag fortgesetzt werden.

Historienzustände werden in flache und tiefe Historienzustände unterteilt. Der Historienzustand kann als eine Art Speicher vorgestellt werden, in dem ein Zustand des Objektes gespeichert wird.

Flacher Historienzustand

> Ein flacher Historienzustand speichert den letzten aktiven Zustand des Unterzustands, wenn dieser verlassen wird. Beim nächsten Übergang in den Unterzustand wird der gespeicherte Zustand als erster aktiv.

Tiefer Historienzustand

> Ein tiefer Historienzustand speichert den letzten aktiven Zustand des Unterzustands der tiefsten Hierarchieebene der Unterzustände, wenn dieser verlassen wird. Beim erneuten Betreten des zusammengesetzten Zustandes wird der gespeicherte Zustand als erster aktiv.

Die beiden Historienzustände werden abhängig davon eingesetzt, wie verschachtelt der Aufbau eines Zustandsautomaten ist.

Notation

Für die Kennzeichnung eines flachen Historienzustandes wird ein Kreis mit dem Buchstaben „H" und eines tiefen Historienzustandes mit dem Buchstaben „H" inkl. des Sterns (also „H*") verwendet. Die Symbole zeigt die Abbildung 12-15.

H H*

Abbildung 12-15: Historienzustände

Die Abbildung 12-16 zeigt einen möglichen Einsatz des flachen Historienzustandes am Beispiel eines fahrerlosen Transportsystems (FTS). Abgesehen von anderen Zuständen der Steuerungseinheit des FTS werden nur die betrachtet, die für die Steuerung der Bewegung und Planung der Wege zuständig sind. Während des Unterzustandes `in_Bewegung` kann sich die Steuerung in einem der Zustände `beim_Beladen`, `in_Fahrt`, oder `beim_Ausladen` befinden. In jedem dieser Zustände kann das Ereignis `neuer Auftrag` vorkommen, wodurch der Unterzustand `in_Bewegung` verlassen wird. Der jeweilige Zustand wird gespeichert, der als letzter aktiv war. Nach dem Übergang befindet sich das FTS im Zustand `in_Wegeplanung`, da der optimale Weg nach dem Eingang des neuen Auftrages neu berechnet werden muss. Aus dem Zustand `in_Wegeplanung` führt die

Transition in den Historienzustand, d.h. in den letzten aktiven Zustand des Unterzustandes in_Bewegung. Dadurch kann das FTS seine Arbeit ohne Unterbrechungen fortsetzen, und zugleich ist der zurückgelegte Weg immer optimal berechnet.

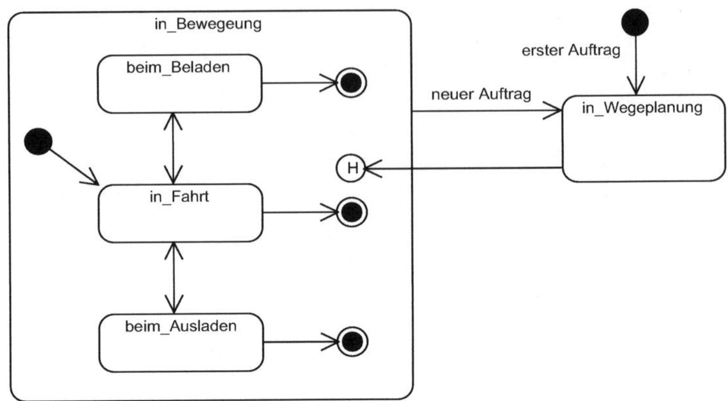

Abbildung 12-16: Fahrerloses Transportsystem mit dem Historienzustand

12.5.2 Empfang, Senden und Aktion des Signals

Eine Transition kann noch weiter spezifiziert werden, indem das Empfangen, Senden oder die Aktion des Signals modelliert werden. Die Bedeutung und Notation ist analog zu den vorher angesprochenen Aktionen im Aktivitätsdiagramm (vergl. Abschnitt 12.4.1-3).

12.5.3 Terminator

Übergang in den Terminator bedeutet, dass die Durchführung des Objektes beendet ist. Das ist äquivalent zum Vernichten des Objektes – kein weiterer Zustand tritt ein. Das graphische Symbol zeigt die Abbildung 12-17.

Abbildung 12-17: Terminator

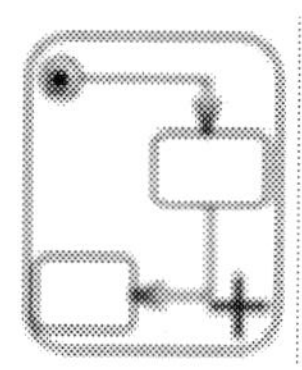

12.5.4 Ein- und Austrittspunkt

Falls es nur eine einzige Möglichkeit gibt, in eine Region bzw. in einen Unterzustand überzugehen, könnte dies über einen Eintrittspunkt modelliert werden. Kann die Region oder der Unterzustand über einen oder mehrere Weg(e) verlassen werden, so kann dafür der Austrittspunkt (können dafür die Austrittspunkte) verwendet werden. Die entsprechenden Symbole zeigt die Abbildung 12-18.

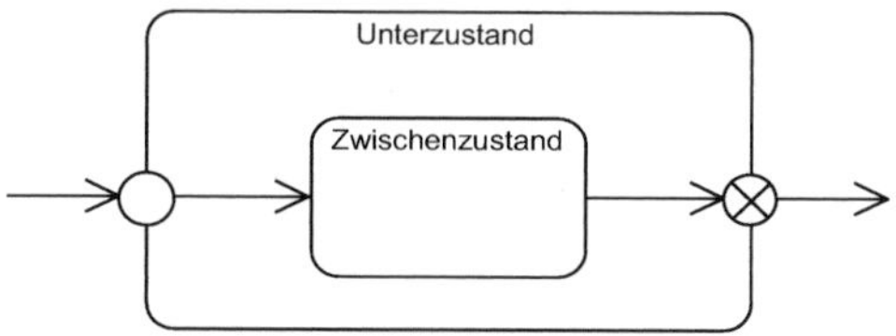

Abbildung 12-18: Eintrittspunkt (links) und Austrittspunkt (rechts)

12.6 Sequenzdiagramme – Erweiterung

Zur Vertiefung der Präsentation der Sequenzdiagramme aus dem Kapitel 11 gehören:

- Signatur der Nachricht,
- Zeitangaben,
- verlorene und gefundene Nachrichten.

12.6.1 Signatur

Bei dem Bedarf, die Detaillierung der Kommunikation zwischen den Objekten zu steigern, ist es manchmal unumgänglich anzugeben, welche Daten genau übergeben bzw. ausgetauscht werden. Dafür wird die vollständige Bezeichnung der Nachricht verwendet – ihre Signatur.

Signatur

Eine Signatur der Nachricht (Operation) enthält ihren Namen, ihre Parameter und gegebenenfalls einen Rückgabewert.

An dieser Stelle wird auf eine formale Definition verzichtet, sie wird lediglich in einer vereinfachten Form dargestellt.

Falls kein Datenaustausch zwischen den Objekten nötig ist, wird eine parameterlose Nachricht verwendet:

```
Nachrichtname
```

Z.B.:

```
findeLeerLagerort
pickauftrag_generieren
```

Meistens aber werden die Daten ausgetauscht. Dann können der Nachricht beliebig viele Argumente (Parameter) mitgegeben werden. Die Parameter müssen durch Kommata voneinander getrennt werden:

```
Nachrichtname (Parameter1, Parameter2, Parameter3, ...)
```

Als Parameter dürfen u.a. diese eingesetzt werden:

- Attribute,
- Konstanten,
- Ein- und Ausgabewerte.

Z.B.:

```
fracht_berechnen (Packstück : String, Gewicht : Float,
                  Volumen : Float)
```

In diesem Beispiel sind die Parameter zusätzlich um den Datentyp erweitert. Die graphische Notation zeigt die Abbildung 12-19.

Die Signatur kann um einen Rückgabewert ergänzt werden:

```
Rückgabewert = NachrichtName (Parameter1, Parameter2,
                              Parameter3, ...)
```

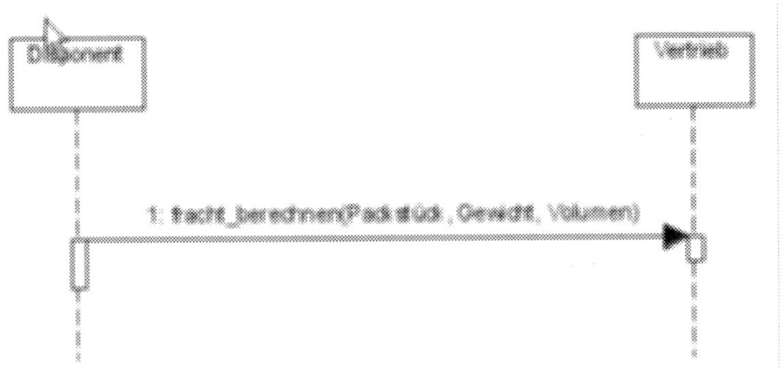

Abbildung 12-19: Nachricht mit Parametern

Aus Übersichtlichkeitsgründen darf dabei auf die Parameterangaben verzichtet werden:

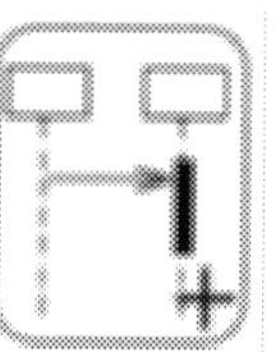

```
Rückgabewert = Nachrichtname
```

Z.B.:

```
Preis = fracht_berechnen
```

In den Ausführungen dieses Unterkapitels wurden die Nachrichten der Interaktionsdiagramme angesprochen. Die gleichen Regeln gelten auch für die Operationen in den Klassendiagrammen.

12.6.2 Zeitangaben

Bei dem Sequenzdiagramm wird als Annahme der Verlauf der unsichtbaren Zeitachse von oben nach unten im Diagramm unterstellt. Es werden aber keine Zeitverhältnisse angegeben. Zur feineren Modellierung besteht die Möglichkeit, die Zeitpunkte und Zeitdauer festzulegen.

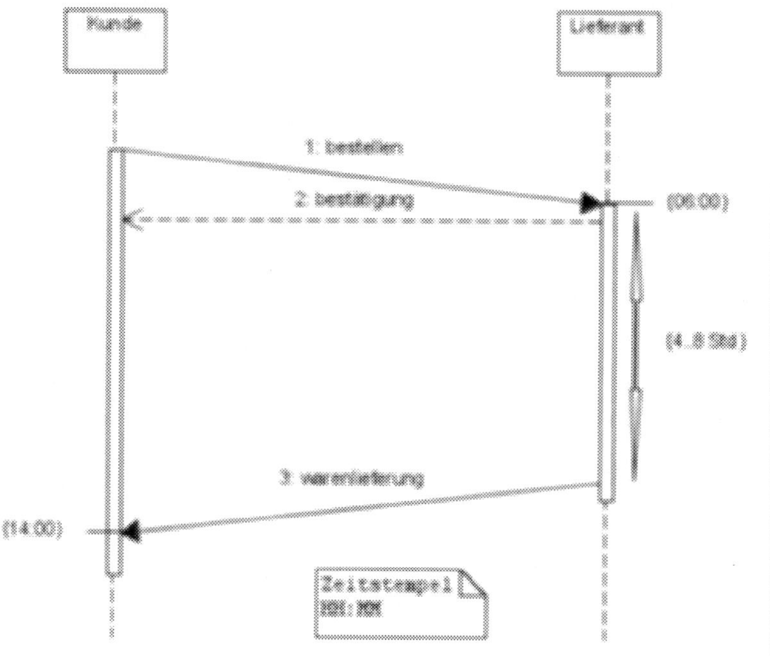

Abbildung 12-20: Zeitangaben im Sequenzdiagramm

Zeitpunkt

Ein Zeitpunkt bestimmt den Moment des Vorkommens von einem Ereignis durch eine numerische Angabe in dem vereinbarten Format.

Das Format kann z.B. als eine Anmerkung auf dem Diagramm festgehalten werden. Wie eine Zusicherung wird der Zeitpunkt in die geschweiften Klammern geschrieben (z.B. `{12:00}`). Möglich sind auch Zeitintervalle wie z.B. `{Montag .. Freitag}`.

Notation

Die Zeitpunkte dürfen an jeder Stelle der Lebenslinie angetragen werden. Der genaue Punkt wird durch einen kleinen Strich markiert.

Zeitdauer

Eine Zeitdauer ist die Zeit, die zwischen zwei Zeitpunkten vergeht.

Notation

Mit einer Linie (Pfeil) werden die Pfeilspitzen bzw. Pfeilfüße mit den Nachrichten oder Zeitpunkten verbunden, und eine Zeitdauerangabe wird gemacht.

In der Abbildung 12-20 soll die Nachricht `bestellen` vor 06:00Uhr bei dem `Lieferant`-en ankommen. Die Meldung `warenlieferung` sollte den `Kunde`-n bis 14:00Uhr erreichen. Dazwischen dürfen 4 bis 8 Stunden vergehen. Das Format der Zeitangaben wurde mit einer Anmerkung vorgegeben.

12.6.3 Verlorene und gefundene Nachricht

Eine Nachricht wird üblicherweise zwischen dem Sender und Empfänger verlaufen. Daraus lässt sich schließen, dass beide Enden der Nachricht gegeben sind. Es können aber Fälle vorkommen, in denen eines der Enden unbekannt ist oder die Angabe des Senders bzw. des Empfängers aus der Sicht der Modellierung vernachlässigt werden kann.

Verlorene Nachricht

Eine verlorene Nachricht ist die Nachricht, deren Sender bekannt ist, aber deren Empfänger unbekannt bleibt.

Gefundene Nachricht

Eine gefundene Nachricht ist die Nachricht, deren Sender unbekannt bleibt, aber deren Empfänger bekannt ist.

Die Tatsache, dass der Sender bzw. Empfänger in dem modellierten Kontext nicht relevant ist, bedeutet jedoch nicht, dass diese nicht existieren.

Notation

Sofern eines der Enden unbekannt ist, wird es mit einem Punkt dargestellt.

In der Abbildung 12-21 wird die Nachricht `feueralarm` als eine gefundene Nachricht modelliert, da es unwichtig erscheint, ob z.B. der Feueralarm über einen automatischen Feuermelder oder durch einen Menschen ausgelöst wurde. Der Vorfall ist meldepflichtig, deshalb wird die Nachricht `vorfallbericht` an irgendeine Behörde weg-

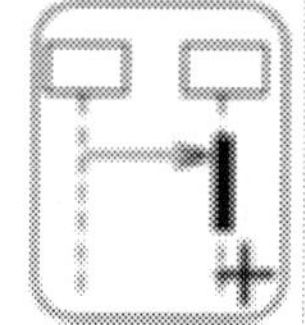

geschickt, die in dieser Phase der Modellierung noch nicht bekannt ist bzw. in der Umgebung des Systems angesiedelt ist.

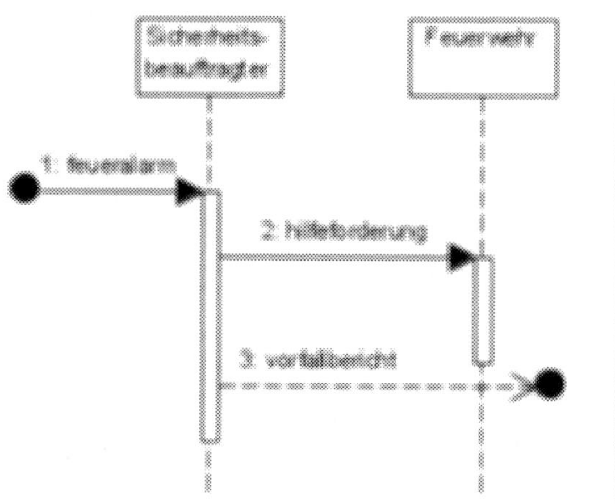

Abbildung 12-21: Gefundene (links) und verlorene (rechts) Nachrichten

13 Weitere Diagramme

Von der Gesamtzahl der 13 Diagramme wurden bisher 10 in den vorangegangenen Kapiteln besprochen. Die fehlenden Diagrammtypen werden der Vollständigkeit halber in diesem Kapitel kurz vorgestellt. Es sind folgende Diagramme gemeint:

- Kompositionsstrukturdiagramm,
- Zeitdiagramm,
- Interaktionsübersichtsdiagramm.

13.1 Kompositionsstrukturdiagramm

Ein Kompositionsstrukturdiagramm stellt Strukturen in ihrem hierarchischen Aufbau dar. In vielen Fällen werden die Systeme betrachtet, die kompliziert und meist sehr umfangreich sind. In solchen Systemen lässt sich ihre Gesamtheit in Subsysteme zerlegen. Die Komponenten, Subkomponenten, Klassen und Attribute sind weitere Stufen des Aufbaus. Eine derartige Zerlegung des Systems kann als eine strukturell-statische Zergliederung bezeichnet werden. Zugleich könnte eine andere Zerlegung vorgenommen werden – die strukturell-dynamische Komposition. In diesem Falle wird die Gesamtfunktionalität des Systems betrachtet und diese in Teile, Kollaborationen (vergl. 12.2.2) und Klassen aufgeteilt [29].

Die Objekte arbeiten in unterschiedlichen Konstellationen zusammen. Ein grundsätzlicher Begriff in dem Zusammenhang ist die Rolle.

Rolle

Eine Rolle repräsentiert einen strukturellen Teilnehmer des Systems, der eine bestimmte Aufgabe zu erfüllen hat.

Strukturell gesehen, ist diese Rolle ein Teil des Systems, da sich ihre Aufgabe zuzüglich der Aufgaben anderer Rollen zur Gesamtheit der Systemfunktionalität fügen.

An dieser Stelle kann eine berechtigte Frage formuliert werden: Aus welchem Grund wird noch ein weiteres Strukturdiagramm benötigt? Zur Verfügung steht doch eine Reihe von Diagrammen wie Klassen-, Komponenten-, Paketdiagramme, usw., mit denen sich verschachtelte Strukturen modellieren lassen. Für den Einsatz der Kompositionsstrukturdiagramme spricht folgende Überlegung. In der Abbildung 13-1 wird ein Klassendiagramm angezeigt, in dem die Klasse `Regal` sowohl als Teil der Klasse Lager sowie als Teil der Klasse Zimmer modelliert wird. Die Klasse Flurförderzeug bedient die Klasse Regal über eine Assoziation. Diese Beziehungen einzeln betrachtet sind konform mit dem Konzept des Klassendiagramms.

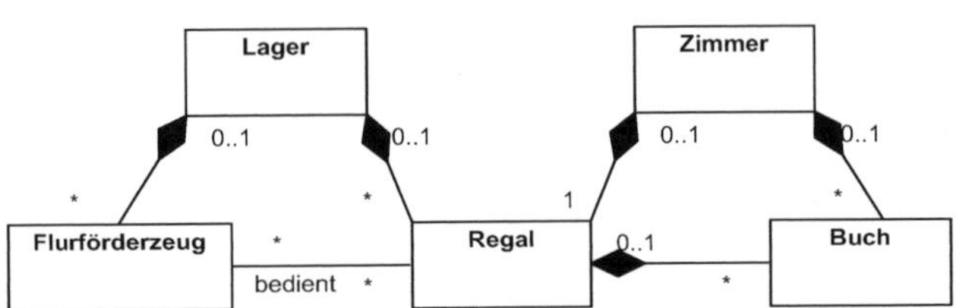

Abbildung 13-1: Die Klasse Regal kann Bestandteil unterschiedlicher Klassen sein.

Wird aber das gesamte Netz der Beziehungen betrachtet, dann wäre es theoretisch zulässig, dass mit einem Flurförderzeug ein Buch aus dem Regal in einem Zimmer geholt wird. Solch eine Situation ist aber eher unrealistisch.

Als Lösung kann an dieser Stelle ein Kompositionsstrukturdiagramm verwendet werden, in dem gesagt wird, aus welchen Teilen eine Klasse bestehen darf.

Teil

Ein Teil gehört einer Klasse an und übernimmt bei ihr eine bestimmte Rolle.

Notation

Ein Teil ist als Rechteck innerhalb eines ihn umgebenen Rechtecks der besitzenden Klasse dargestellt.

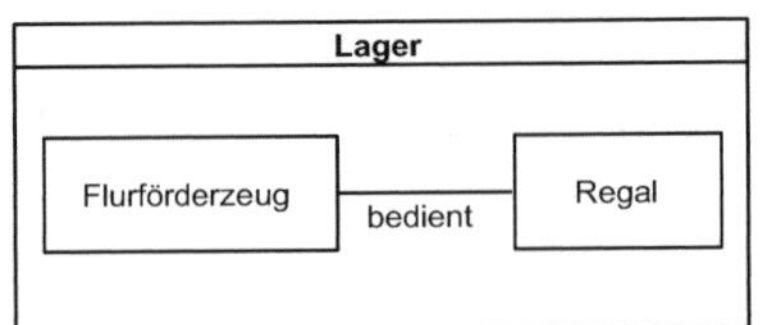

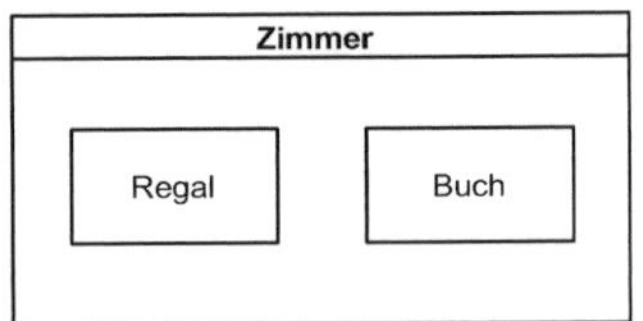

Abbildung 13-2: Kompositionsstrukturdiagramm

Die Abbildung 13-2 stellt die Modellierung aus der Abbildung 13-1 mit Hilfe des Kompositionsstrukturdiagramms dar. Hieraus wird ersichtlich, dass die Teile `Flurförderzeug` und `Regal` Bestandteile der Klasse `Lager` sind. Die Teile `Regal` und `Buch` sind Bestandteile der Klasse `Zimmer`. Wie man sieht, gibt es bei dieser Modellierung keine Verbindung von der Klasse `Buch` über die Klasse `Regal` zu der Klasse `Flurförderzeug`.

Auf analoge Weise können Kollaborationen mit den Rollen/Teilen betrachtet werden. Auf die Besprechung dieser Problematik wird hier verzichtet.

13.2 Zeitdiagramm

Mit einem Zeitdiagramm, dessen Ursprünge in der Elektronik und Elektrotechnik liegen, werden zeitliche Verhältnisse von Zustandsübergängen mehrerer beteiligter Objekte dargestellt. Wie in Kapitel 10 vorgestellt, verläuft die Zeitachse in einem Sequenzdiagramm vertikal, von oben nach unten. Dagegen gibt es im Zeitdiagramm die horizontale Achse, auf der die Zeit von links nach rechts verläuft. Auf der vertikalen Achse ist das Auftragen der Objekte mit ihren Zuständen vorgesehen. Die beiden Achsen ermöglichen es, den Zeitpunkt des Übergangs von einem Zustand in einen anderen zu zeigen. Ferner ist es möglich, unterschiedliche Zeitrestriktionen auf dem Diagramm einzutragen. Mit dem Zeitdiagramm wird dargestellt, wann, wie lange und welcher Zustand stattfindet.

Zeitskala

Der Aufbau eines Zeitdiagramms lässt sich am besten an einem Beispiel erklären. Die Abbildung 13-3 zeigt den Ablauf eines Transportes. Am unteren Rahmen des Diagramms ist eine Zeitskala eingetragen. Die Zeiteinheiten darf der Modellierer selber bestimmen.

Lebenslinie

Der Gesamtbereich des Rahmens wird in eine beliebig große Anzahl von horizontalen Bereichen (Streifen) der sog. Lebenslinien aufgeteilt. In der Abbildung 13-3 können zwei dieser Lebenslinien erkannt werden. Die obere ist für das Objekt `LKW` und die untere für das Objekt `Fahrer` vorgesehen.

Eine Lebenslinie repräsentiert einen Teilnehmer der Interaktion.

Jede Lebenslinie kann über die entsprechende Anzahl der Zustände verfügen. Bei dem Objekt `LKW` wurden die Zustände `leer`, `beim_Beladen`, `in_Fahrt` und `beim_Entladen` erkannt. Für das Objekt `Fahrer` gibt es zwei Zustände `lenken` und `pausieren`.

In dem Zeitraum von 6:00Uhr bis 7:00Uhr (einfachheitshalber sind die Zeitpunkte im Beispiel auf volle Uhrstunden gerundet) befindet sich der Fahrer aufgrund der Nachricht vorfahren (Pfeil in der Abbildung 13-3) im Zustand lenken und der LKW ist leer. Zwischen 7:00Uhr und 8:00Uhr kann der Zustand beim_Beladen beim LKW beobachtet werden. Der Fahrer, als Ergebnis der Nachricht warten, genießt den Zustand pausieren. Um 8:00Uhr startet die Nachricht fahren, was den LKW in den Zustand in_Fahrt und den Fahrer in den Zustand lenken versetzt. Diese Zustände dauern bis 12:00Uhr. Zu diesem Zeitpunkt kann ein nächster Übergang des LKW in den Zustand beim_Entladen und des Fahrers in den Zustand pausieren betrachtet werden. Danach, um 13:00Uhr, ist der LKW leer und der Zustand des Fahrers bleibt pausieren. Beachten Sie, dass in dem Beispiel Nachrichtennamen aus der Sicht des Fahrers formuliert sind.

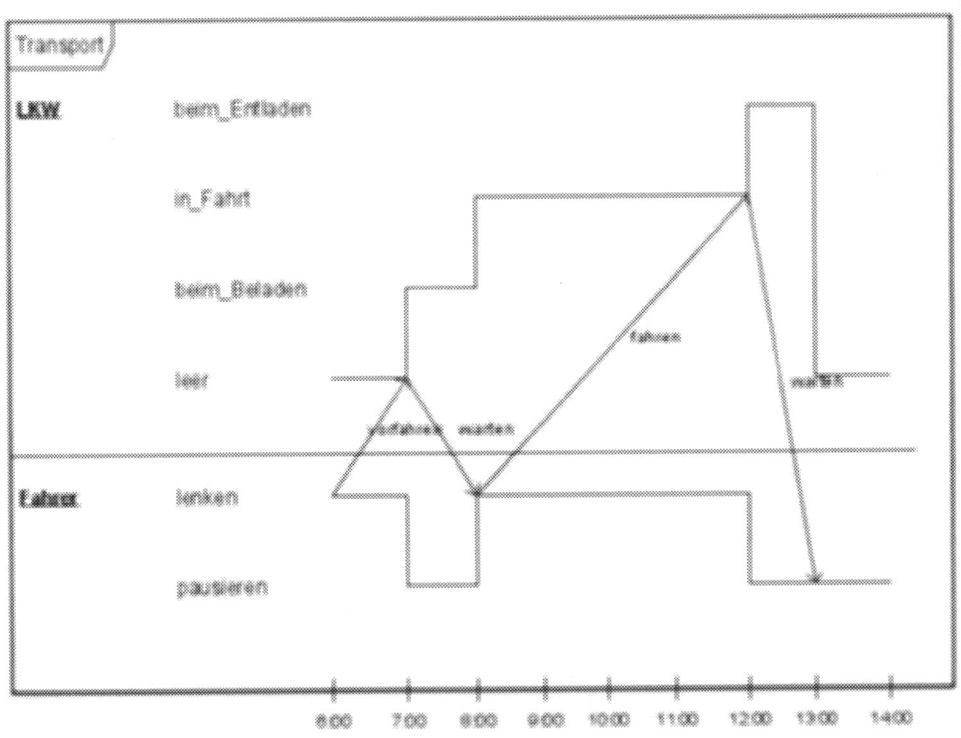

Abbildung 13-3: Zeitdiagram für den Ablauf eines Transportes

Zeitverlaufslinie

Eine Zeitverlaufslinie zeigt an, wie die Übergänge der Zustände einer Lebenslinie in Abhängigkeit von der Zeit und Nachrichten verlaufen.

Diese Zeitverlaufslinie besitzt die Form einer treppenartigen Kurve – ihre Segmente sind entweder horizontal oder vertikal. Die Sprünge ereignen sich in den festgelegten Zeitpunkten.

Der Vorteil eines Zeitdiagramms ist offensichtlich – es kann das Verhalten mehrerer Objekte zeitmäßig gegenübergestellt werden. Zu einem gegebenen Zeitpunkt sind die Zustände vieler Objekte mit einem Blick auf dem Diagramm erfassbar.

13.3 Interaktionsübersichtsdiagramm

In Kapitel 10 wurden die Sequenzdiagramme besprochen, mit denen die Abfolge des Nachrichtenaustausches zwischen den Objekten dargestellt wird. Da die Nachrichten einen atomaren Charakter haben, ist es üblicherweise nicht möglich, umfassende Sachverhalte mit einem Diagramm zu erfassen. Eine Abhilfe schaffen hier die Steuerungsoperatoren und das Referenzieren eines Sequenzdiagramms auf einem anderen Sequenzdiagramm. Dadurch kann eine Schachtelung der Diagramme verwirklicht werden, so dass die Dynamik der großen Systeme dargestellt werden kann.

Ein Interaktionsübersichtsdiagramm ist ein Aktivitätsdiagramm, in dem die Teilabläufe durch referenzierte oder eingebettete Sequenzdiagramme repräsentiert werden. Die Tatsache, dass ein Aktivitätsdiagramm eine Vorlage für ein Interaktionsübersichtsdiagramm ist, bedeutet, dass die Modellierungselemente des Aktivitätsdiagramms, die in Kapitel 8 besprochen wurden, im Interaktionsübersichtsdiagramm eingesetzt werden dürfen. Infolgedessen gibt ein Interaktionsübersichtsdiagramm einen Überblick über die Reihenfolge und die Bedingungen, unter denen die Interaktionen stattfinden.

Ein Beispiel des Interaktionsübersichtsdiagramms zeigt die Abbildung 13-4, dort wird die Abrechnung der Fracht modelliert. Wird der Aufbau dieses Diagramms mit dem Aufbau des Aktivitätsdiagramms verglichen, so fällt direkt auf, dass das Element „Aktion" des Aktivitätsdiagramms durch ein Rechteck im Interaktionsübersichtsdiagramm getauscht wurde. Diese Rechtecke werden Interaktionsreferenzen genannt.

Interaktionsreferenz

Eine Interaktionsreferenz stellt ein Sequenz-, Kommunikations- oder Zeitdiagramm dar. Auch kann ein Interaktionsübersichtsdiagramm als Interaktionsreferenz eingesetzt werden (wodurch eine Schachtelung der Diagramme möglich ist).

Die übrigen Modellierungselemente in der Abbildung 13-4 sind die Elemente eines Aktivitätsdiagramms. Deshalb wird an dieser Stelle auf das Kapitel 8 verwiesen. Falls der Fluss zu einer Interaktionsreferenz führt, wird der entsprechende Aufruf erfolgen, um diese Interaktion abarbeiten zu können. Nach ihrer Beendigung wird der Fluss weiter fortgefahren.

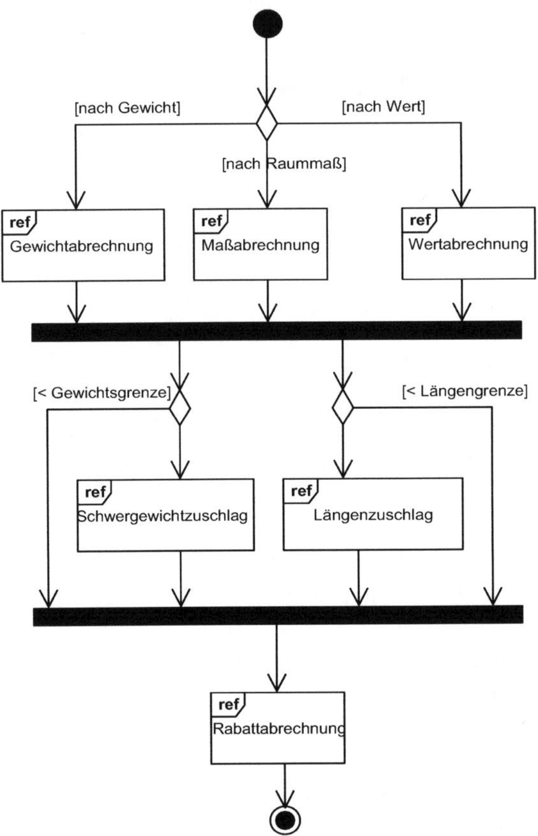

Abbildung 13-4: Interaktionsübersichtsdiagramm für Frachtabrechnung

Das Interaktionsübersichtdiagramm stellt eine Neuheit in UML 2 dar. In der Vorgängerversion des UML-Standards existierte dieses Diagramm nicht. Es muss abgewartet werden, ob sich die Einführung dieses Diagramms durch die Praxis rechtfertigen lässt.

Statt einer Zusammenfassung

In Kapitel 1 wurde die Suche nach einem auf dem Hafenlagerplatz verlorenen Container als Beispiel mit dem Ziel eingeführt, dass mit UML eine entsprechende Suchstrategie mit den Mitteln dieser Sprache modelliert werden kann. Mit keinem Anspruch auf Vollständigkeit stellen die Abbildung Z-1 mit einem Klassendiagramm und die Abbildung Z-2 mit einem Aktivitätsdiagramm die mögliche Lösung dar. Beide Diagramme wurden nur aus der Sicht der Containersuche erstellt und berücksichtigen viele andere Aspekte nicht, die im sonstigen Containerumschlag im Hafen anfallen. Des Weiteren wurde auf Einsatz anderer Diagrammtypen verzichtet.

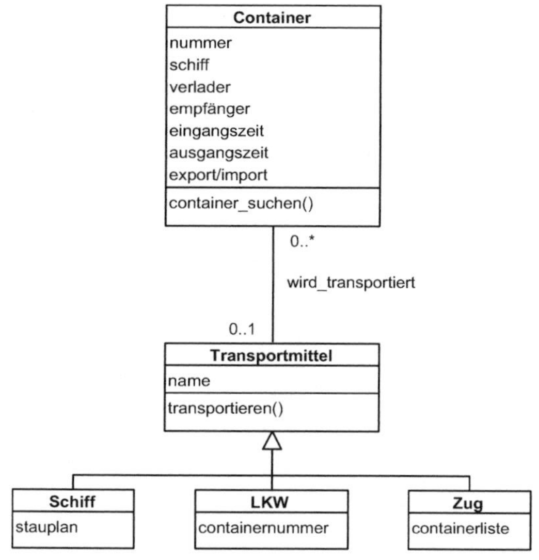

Abbildung Z-1 Klassendiagramm für Containersuchproblem

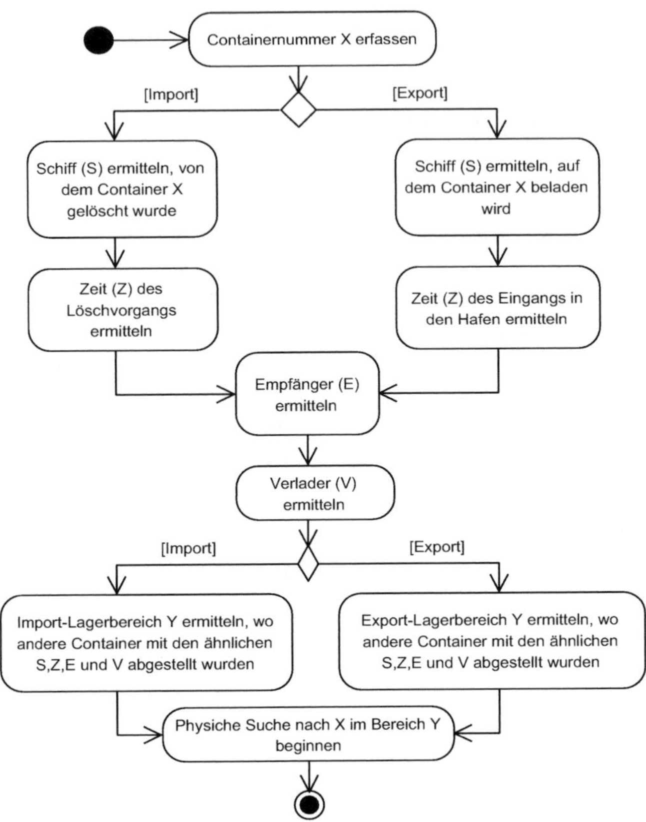

Abbildung Z-2 Aktivitätsdiagramm für Containersuchproblem

Literatur

[1] Baumgarten H., I.-L. Darkow, H. Zadek: *Supply Chain Steuerung und Services*, Springer, Berlin 2004

[2] Booch, G: *Object-Oriented Analysis and Design*, Benjamin/Cummings, Redwood City 1991

[3] Booch G., J. Rumbaugh, I. Jacobson : *Das UML Benutzerhandbuch*, Addison-Wesley, München 2006

[4] Bremenports – http://www.keyports.de/1699_1 (vom 01.11.2009)

[5] Cockburn, A: *Use Cases effekiv erstellen*, Verlag Moderne Industrie Buch, Heidelberg 2003

[6] Cohen S., J. Roussel : Strategisches Supply Chain Management, Springer, Berlin 2005

[7] Corsten D., C. Gabriel : *Supply Chain Management erfolgreich umsetzen*, Springer, Berlin 2004

[8] Dokumentationswesen, Ausgabe: 2003, Beuth, Berlin

[9] Dreier H.: *Günter Grass und die "routinierte Wiederholung"*, Spiegel ONLINE vom 23.04.2001 http://www.spiegel.de/kultur/literatur/0,1518,129866,00.html

[10] Drusinsky D.: *Modelling and verification using UML statecharts*, Elsevier, Oxford 2006

[11] Forbrig P.: *Objektorientierte Softwareentwicklung mit UML*, Hanser, München 2007

[12] Harel D., Statecharts: *A visual formalism for complex systems. Science of Computer Programming*, 8(3):231–274, June 1987.

[13] Hompel M. ten, T. Schmidt: *Warehouse Management*, Springer, Berlin/Heidelberg 2008

[14] Jacobson I., M. Christerson, P. Jonsson, G. Overgaard : *Object Oriented Software Engineering: A Use-Case Driven Approach*, Addison-Wesley, Reading, MA 1992

[15] Jacobson I. u. a.: *Object-Oriented Software Engineering*. Addison-Wesley, Workingham 1993

[16] Kernighan B.W., D. Ritchie: *Programmieren in C*, Hanser Fachbuch, 2. Auflage, München 1990

[17] Kiel S.: *Konzeption von Lagerstrategien zur Optimierung von mehrfachtiefen Satellitenlagern und deren Umsetzung in SAP – ABAP Programmroutinen, am Beispiel eines Lebensmittelproduzenten,* Hochschule Bremerhaven, 2009

[18] Liwinski J.: *Garbaty sukces,* Polityka 6 vom 7.02.2009

[19] *Manifesto for Agile Software Development* -http://agilemanifesto. org/

[20] *MOF 2.0/XMI Mapping,* Version 2.1.1, OMG, 2007

[21] *Object Constraint Language OMG Available Specification Version 2.0,* OMG, 2006

[22] Oestereich B.: *Die UML 2.0 Kurzreferenz für die Praxis,* Oldenbourg, München/Wien 2005

[23] *OMG Unified Modeling Language (OMG UML), Infrastructure,* V2.1.2, OMG, 2007

[24] *OMG Unified Modeling Language (OMG UML), Superstructure,* V2.1.2, OMG, 2007

[25] *OMG Unified Modeling Language Specification,* v. 1.4. OMG, 2001

[26] Potter K. H., H. G Coward : *Encyclopedia of Indian Philosophies,* pp 296-297, Princeton University Press, Princeton, N. J., 1977

[27] Rumbaugh J.: *Object-Oriented Modeling and Design,* Prentice Hall, Englewood Cliffs, N. J. 1991

[28] Rumbaugh J., M. Blaha, W. Premelani, F. Eddy, W. Lorensen : *Objektorientiertes Modellieren und Entwerfen,* Carl Hanser & Prentice-Hall Int., München/Wien/London 1993

[29] Rupp C., J. Hahn, S. Queins, M. Jeckle, B. Zengl*er: UML 2 glasklar,* Hanser, München/Wien 2005

[30] Schick U., H. Haupt, P. Mallon, G. Müller, N. Egger: *Spedition und Logistikdienstleistung. Leistungsprozesse.* Winklers, Braunschweig 2007

[31] Sommerville I.*: Software Engineer*ing, 8. Auflage, Pearson Studium, München 2007

[32] Smialek M.: *Zrozumiec UML 2.0. Metody modelowania obiektowego,* Helion, Gliwice 2005

[33] Störrle H.: *UML 2 für Studenten,* PEARSON Studium, München 2005

[34] Wirth N.: The Programming Language Pascal. 35-63, Acta Informatica, Volume 1, 1971.

Index

R

S

T

U

V

W

X

Z

IT-Management und -Anwendungen

Andreas Luszczak

Grundkurs Microsoft Dynamics AX

Die Business-Lösung von Microsoft in Version AX 2009

2., akt. und erw. Aufl. 2009. XIV, 338 S. mit 177 Abb. und Online-Service Br.
EUR 34,90 ISBN 978-3-8348-0716-8

Paul M. Diffenderfer | Samir El-Assal

Profikurs Microsoft Dynamics NAV

Einführung - Souveräne Anwendung - Optimierter Einsatz im Unternehmen

3., überarb. Aufl. 2008. XII, 317 Seiten mit 190 Abb.
Br. EUR 44,90 ISBN 978-3-8348-0529-4

Alberto Vivenzio

Testautomation mit SAP®

SAP Banking erfolgreich einführen

2010. XVIII, 176 S. mit 222 Abb. und 14 Tab. Br. EUR 39,90
ISBN 978-3-8348-0803-5

Gunther Friedl / Christian Hilz / Burkhard Pedell

Controlling mit SAP®

Eine praxisorientierte Einführung - Umfassende Fallstudie - Beispielhafte Anwendungen

5., überarb. Aufl. 2008. XXII, 279 S. mit 91 Abb. und und Online-Service und Online-Service. Br. EUR 41,90 ISBN 978-3-8348-0419-8

VIEWEG+
TEUBNER

Abraham-Lincoln-Straße 46
65189 Wiesbaden
Fax 0611.7878-400
www.viewegteubner.de

Stand Januar 2010.
Änderungen vorbehalten.
Erhältlich im Buchhandel oder im Verlag.

VIEWEG+
TEUBNER